क्या मेरा
क्या तेरा

(कबीर-वाणी)

भगवान श्री रजनीश
अब केवल 'ओशो'
नाम से जाने जाते हैं।

ओशो के अनुसार उनका नाम
विलियम जेम्स के शब्द
'ओशनिक' से लिया गया है, जिसका
अभिप्राय है सागर में विलीन हो जाना।

'ओशनिक' से अनुभूति की व्याख्या तो होती है, लेकिन, वे कहते हैं कि अनुभोक्ता के संबंध में क्या? उसके लिए हम 'ओशो' शब्द का प्रयोग करते हैं। बाद में उन्हें पता चला कि ऐतिहासिक रूप से सुदूर पूर्व में भी 'ओशो' शब्द प्रयुक्त होता रहा है, जिसका अभिप्राय है : भगवत्ता को उपलब्ध व्यक्ति, जिस पर आकाश फूलों की वर्षा करता है।

क्या मेरा क्या तेरा

(कबीर-वाणी)

ओशो

ओशो द्वारा कबीर-वाणी पर दिए गए
दस अमृत प्रवचनों के संकलन 'कहे कबीर मैं पूरा पाया'
से लिए गए पांच (1-5) प्रवचन

डायमंड पॉकेट बुक्स

संपादन
स्वामी चैतन्य कीर्ति
संयोजन
स्वामी अमानो मनीष
संकलन
मा योग प्रज्ञा
मा अमृत मुक्ति

प्रकाशक : डायमंड पॉकेट बुक्स (प्रा.) लि.
X-30, ओखला इंडस्ट्रियल एरिया, फेज-II
नई दिल्ली-110020

Phone : 011-40712200
E-mail : sales@dpb.in
Website : www.diamondbook.in

अनुक्रम

सावधान-पांडित्य से

एक

सूत्र

पंडित बाद बदंते झूठा।
राम कह्यां दुनिया गति पावे, षांड कह्यां मुख मीठा।।
पावक कह्यां पांव ते दाझै, जल कहि त्रिषा बुझाई।
भोजन कह्यां भूष जे भाजै, तो सब कोई तिरि जाई।।
नर के संग सुवा हरि बोलै, हरि परताप न जानै।
जो कबहूं उड़ि जाय जंगल मैं, बहुरि न सुरतैं आनै।।
बिनु देखे बिनु अरस परस बिनु, नाम लिए का होई।
धन के कहे धनिक जो हो तो, निरधन रहत न कोई।।
सांची प्रीति विषै माया सूं, हरि भगतनि सूं हांसी।
कहैं कबीर प्रेम नहिं उपज्यौ, बांध्यो जमपुर जासी।।
चलन चलन सब कोउ कहत है,- ना जांनों बैकुंठ कहां है।
जोजन एक परमिति नहीं जानै। बातनि हीं बैकुंठ बखानै।।
जब लगि है बैकुंठ की आसा। तब लगि नहिं हरिचरन निवासा।।
कहै सुनै कैसे पतिअइए। जब लगि तहां आप नहिं जइए।।
कहै कबीर यहु कहिए काहि। साध संगति बैकुंठहि आहि।।
मथुरा जाउ भावै द्वारिका, भावै जाउ जगनाथ।
साध संगति हरिभजन बिन, कछू न आवै हाथ।।
मेरो संगी दोई जन, एक वैष्णो एक राम।
यो है दाता मुकति का, वो सुमिरावै नाम।।
हरि सेती हरिजन बड़े, समझि देखु मन मांहि।
कह कबीर जग हरि विषे, सो हरि हरिजन मांहि।

कठोर राहें

जो उलझे धागों का एक गुफ्फा-सा बन गई हैं
न इनको रंगों की तेज बरखा से कुछ गरज है,
वो तेज बरखा जो मुंह-अंधेरे
किसी पुजारिन के कंपकंपाते सफेद होठों पे नाचती है
न इनकी मंजिल-वो-शामे-गम है, जो एक मैला-सा तश्त लेकर
मुसाफिरों से लहू के कतरों की भीख रो-रो के मांगती है
दहकते तारे, हजीं दुआएं, लरजते हाथों से बांटती हैं
कठोर राहें जो आगे बढ़कर, अदा दिखाकर पलट गई हैं
पलट के पहलू बदल गई हैं
घनेरी शब अपनी काली कमली में गुम खड़ी है
ये सोचती है
भंवर की बेनूर चश्मेतर जमीं
कोई-सा सीधा सफेद रस्ता उभर के चमके
तो शब का राही उधर को लपके
ये शब का राही
समय के धारे पे बहते-बहते भंवर की सूरत उभर गया है
हजार राहों में घिर गया है!

रात है—और अंधेरी रात है। और रास्ते सब बुरी तरह उलझ गए हैं।

इस उलझन में फंसा आदमी... न पता है कहां से आता है; न पता है कहां जाता है। न पता है कि किस राह को चुने, कैसे चुने? कोई कसौटी भी हाथ नहीं है। कोई उजाला और रोशनी भी

साथ नहीं।

कठोर राहें जो आगे बढ़कर, अदा दिखाकर पलट गई हैं
पलट के पहलू बदल गई हैं

और कभी राह ठीक भी लगती है; थोड़ी ही दूर जाकर बदल जाती है, पलट जाती है; पहलू बदल जाता है। कुछ का कुछ हो जाता है।

कठोर राहें
जो उलझे धागों का एक गुफ्फा-सा बन गई हैं

जैसे सुलझाओ और उलझता है गुफ्फा; सुलझने का कोई उपाय नहीं मालूम होता। और बड़ी अंधेरी रात है।

घनेरी शब अपनी काली कमली में गुम खड़ी है
ये सोचती है
भंवर की बेनूर चश्मेतर जमीं

रोशनी जरा भी नहीं है। खोजते, टकराते राही की आंखें आंसुओं से भर गई हैं।

भंवर की बेनूर चश्मेतर जमीं
कोई-सा सीधा सफेद रस्ता उभर के चमके
तो शब का राही उधर को लपके

कोई सफेद सीधा रास्ता दिखाई पड़ जाए। कोई सीधी-सीधी गैब मिल जाए तो राही लपके।

ये शब का राही।
समय के धारे पे बहते-बहते भंवर की सूरत उभर गया है
हजार राहों में घिर गया है!

और ऐसा नहीं कि यह राही आज ही चल रहा है—चल रहा है जन्मों-जन्मों से। न मालूम कितने जन्मों से! अनंत काल से चल रहा है। चलते-चलते ही उलझ गया है। इतना चल चुका है, इतनी राहों पर चल चुका है, कि इसकी सब राहों का इकट्ठा परिणाम इसके भीतर उलझे धागों का एक गुफ्फा बन गया है।

यह सच है—रात अंधेरी है और रास्ते उलझे हुए हैं। लेकिन दूसरी बात भी सच है: जमीन कितनी ही अंधेरी हो, कितनी ही अंधी हो, अगर आकाश की तरफ आंखें उठाओ, तो तारे सदा मौजूद हैं। आदमी के हाथ में चाहे रोशनी न हो, लेकिन आकाश में सदा रोशनी है। आंख ऊपर उठानी चाहिए।

तो ऐसा कभी नहीं हुआ, ऐसा कभी होता नहीं है, ऐसी जगत की व्यवस्था नहीं है। परमात्मा कितना ही छिपा हो, लेकिन इशारे भेजता है। और परमात्मा कितना ही दिखाई न पड़ता हो, फिर भी जो देखना ही चाहते हैं, उन्हें निश्चित दिखाई पड़ता है। जिन्होंने खोजने का तय ही कर लिया है, वे

खोज ही लेते हैं।

जो एक बार समग्र श्रद्धा और संकल्प और समर्पण से यात्रा शुरू करता है—भटकता नहीं। रास्ता मिल ही जाता है। ऐसे रास्तों के उतारने वाले का नाम ही संतपुरुष, सद्गुरु है।

एक परम सद्गुरु के साथ अब कुछ दिन यात्रा करेंगे—कबीर के साथ। बड़ा सीधा-साफ रास्ता है कबीर का। बहुत कम लोगों का रास्ता इतना सीधा-साफ है। टेढ़ी-मेढ़ी बात कबीर को पसंद नहीं। इसलिए उनके रास्ते के नाम हैः सहज योग। इतना सरल है कि भोलाभाला बच्चा भी चल जाए। वस्तुतः इतना सहज है कि भोलाभाला बच्चा ही चल सकता है। पंडित न चल पाएगा। तथाकथित ज्ञानी न चल पाएगा। निर्दोष चित्त होगा, कोरा कागज होगा तो चल पाएगा।

यह कबीर के संबंध में पहली बात समझ लेनी जरूरी है। वहां पांडित्य का कोई अर्थ नहीं है। कबीर खुद भी पंडित नहीं हैं। कहा है कबीर नेः *'मसि कागद छूयौ नहीं, कलम गही नहिं हाथ।'*—कागज-कलम से उनकी कोई पहचान नहीं है। *'लिखा-लिखी की है नहीं, देखा-देखी बात'*—कहा है कबीर ने। जो देखा है, वही कहा है। जो चखा है, वही कहा है। उधार नहीं है।

कबीर के वचन अनूठे हैं; झूठे जरा भी नहीं। और कबीर-जैसा जगमगाता तारा मुश्किल से मिलता है।

संतों में कबीर के मुकाबले कोई और नहीं। सभी संत प्यारे और सुंदर हैं। सभी संत अद्भुत हैं; मगर कबीर अद्भुतों में भी अद्भुत हैं; बेजोड़ हैं।

कबीर की सबसे बड़ी अद्वितीयता तो यही है कि जरा भी उधार नहीं है। अपने ही स्वानुभव से कहा है। इसलिए रास्ता सीधा-साफ है; सुथरा है। और चूंकि कबीर पंडित नहीं हैं, इसलिए सिद्धांतों में उलझने का कोई उपाय भी नहीं था।

बड़े-बड़े शब्दों का उपयोग कबीर नहीं करते। छोटे-छोटे शब्द हैं जीवन के—सब की समझ में आ सकें। लेकिन उन छोटे-छोटे शब्दों से ऐसा मंदिर चुना है कबीर ने कि ताजमहल फीका है।

जो एक बार कबीर के प्रेम में पड़ गया, फिर उसे कोई संत न जंचेगा। और अगर जंचेगा भी तो इसलिए कि कबीर की ही भनक सुनाई पड़ेगी। कबीर को जिसने पहचाना, फिर वह शक्ल भूलेगी नहीं।

हजारों संत हुए हैं, लेकिन वे सब ऐसे लगते हैं, जैसे कबीर के प्रतिबिंब। कबीर ऐसे लगते हैं, जैसे मूल। उन्होंने भी जानकर ही कहा है, औरों ने भी जानकर ही कहा है—लेकिन कबीर के कहने का अंदाजे-बयां, कहने का ढंग, कहने की मस्ती बड़ी बेजोड़ है। ऐसा अभय और ऐसा साहसी और ऐसा बगावती स्वर, किसी और का नहीं है।

कबीर क्रांतिकारी हैं। कबीर क्रांति की जगमगाती प्रतिमा हैं। ये कुछ दिन अब हम कबीर के साथ चलेंगे—फिर कबीर के साथ चलेंगे। कबीर को चुकाया भी नहीं जा सकता। कितना ही बोलो, कबीर पर बोलने को बाकी रह जाता है। उलझी बात नहीं कही है; सीधी-सरल बात कही है। लेकिन अकसर ऐसा होता है कि सीधी-सरल बात ही समझनी कठिन होती है। कठिन बातें समझने में तो हम बड़े कुशल हो गए हैं, क्योंकि हम सब शब्दों के धनी हैं, शास्त्रों के धनी हैं।

सीधी-सरल बात को समझना मुश्किल हो जाता है। सीधी-सरल बात से ही हम चूक जाते हैं। इसलिए चूक जाते हैं कि सीधी-सरल बात को समझने के लिए पहली शर्त हम पूरी नहीं कर पाते। वह शर्त है—हमारा सीधा-सरल होना।

जटिल बात समझ में आ जाती है, क्योंकि हम जटिल हैं। सरल बात चूक जाती है, क्योंकि हम सरल नहीं हैं। वही तो समझोगे न—जो हो? अन्यथा कैसे समझोगे?

इसलिए कबीर पर मैं बार-बार बोलता हूं; फिर-फिर कबीर को चुन लेता हूं। चुनता रहूंगा आगे भी। कबीर सागर की तरह हैं—कितना ही उलीचो, कुछ भेद नहीं पड़ता।

कुछ बात कबीर के संबंध में समझ लो, वे उपयोगी होंगी।

एक—कि कबीर के संबंध में पक्का नहीं है कि हिंदू थे कि मुसलमान थे। यह बात बड़ी महत्त्वपूर्ण है। संत के संबंध में पक्का हो ही नहीं सकता कि हिंदू है कि मुसलमान है। पक्का हो जाए, तो संत संत नहीं; दो कौड़ी का हो गया।

जब तुम कहते होः गांव में जैन संत आए हैं; जब तुम कहते होः गांव में हिंदू संत आए हैं—तब तुम अपमान कर रहे हो संतत्व का। और अगर जैन संत भी मानता है कि जैन संत है, तो अभी संत नहीं। संत और विश्लेषण में! जैन... और हिंदू... और मुसलमान! संत होकर भी ये क्षुद्र विशेषण लगे रहेंगे तुम्हारे पीछे? कभी सीमाओं से बाहर आओगे कि नहीं? घर छोड़ दिया, समाज छोड़ दिया; लेकिन समाज ने जो संस्कार दिए थे, वे नहीं छोड़े। जिस घर में पैदा हुए थे, वह जैन था, उसको छोड़ दिया; मगर जैन तुम अभी भी हो—संत होकर भी! तो कहीं कुछ बात चूक गई। तीर निशाने पर लगा नहीं; मेहनत तुम्हारी व्यर्थ गई।

संत होने का अर्थ ही है कि अब न कोई हिंदू रहा, न कोई मुसलमान रहा, न कोई ईसाई रहा। संत का अर्थ है—सत्य के हो गए; अब संप्रदाय के कैसे हो सकते हो? संत का अर्थ हैः धर्म के हो गए; अब पंथों के कैसे हो सकते हो?

पर कबीर के संबंध में तो बात बहुत साफ है। कुछ पक्का नहीं बैठता। हिंदू थे कि मुसलमान। हिंदुओं का दावा है—हिंदू थे; मुसलमानों का दावा है—मुसलमान थे। यह बात प्रीतिकर है।

जब भी संत होगा, तो ऐसा होगा। हिंदू दावा करेंगे—हमारे। ईसाइयों को जीसस दिखाई पड़ जाएंगे कबीर में, और मुसलमानों को मोहम्मद दिखाई पड़ जाएंगे, और हिंदुओं को कृष्ण मिल जाएंगे, और बौद्धों को बुद्ध का दर्शन हो जाएगा।

संत तो दर्पण है; तुम अपनी जो भावदशा लेकर आओगे, उसी को झलका देगा। ऐसा तो सभी संतों के साथ होता है, होना चाहिए। लेकिन कबीर का जन्म भी कुछ रहस्यमय है। मीठी कहानियां हैं। मनगढ़ंत भी हो सकती हैं; मगर फिर भी महत्त्वपूर्ण हैं।

हिंदू कहते हैं—एक विधवा ने संत रामानंद के चरण छुए। रामानंद अपनी मस्ती में होंगे। उन्होंने खयाल ही न किया कि कौन चरण छू रहा है। स्त्री थी, चरण छूती थी, घूंघट डाले होगी या... चेहरा भी नहीं देखा, कपड़े भी नहीं देखे, और आशीर्वाद दे दिया। संत तो बिना देखे ही आशीर्वाद दे देते हैं। देख-देखकर जो आशीर्वाद दे, वह संत थोड़े है। तुम मांगो तब दे, वह कोई संत थोड़े है। संत तो आशीर्वाद है। संत का तो होना ही आशीर्वाद है। उसके चारों तरफ तो आशीर्वाद

बरसते ही रहते हैं। आशीर्वाद दे दिया कि पुत्रवती हो। और वह थी विधवा। अब बड़ी मुश्किल हो गई।

यह कहानी बड़ी मधुर है। ऐसा हुआ हो या न हुआ हो, यह सवाल ही नहीं है। इतिहास का मेरे लिए कोई मूल्य नहीं है। मेरे लिए तो मूल्य है शाश्वत, चिरंतन सत्यों का।

तो एक शाश्वत सत्य कि संत, मांगो तो आशीर्वाद दे, ऐसा नहीं। संत देख-देखकर आशीर्वाद दे, ऐसा भी नहीं। संत तो आशीर्वाद देता ही चला जाता है। आशीर्वाद के अतिरिक्त उसके पास कुछ देने को है भी नहीं। आशीर्वाद उसकी सुगंध है। और आशीर्वाद ही उसकी श्वास-प्रश्वास है।

तो यह विधवा को आशीर्वाद दे दिया कि पुत्रवती हो। यह आशीर्वाद भी अर्थपूर्ण है। स्त्री जब तक मां न बन जाए, तब तक कुछ अधूरा रह जाता है। पुरुष के पिता बनने से कुछ खास फर्क नहीं पड़ता।

पुरुष का पिता बनना औपचारिक है, संस्थागत है। स्त्री का मां बनना औपचारिक नहीं; प्राणगत है। पुरुष का काम तो बच्चे के जन्म में बड़े दूर का है; कुछ खास नहीं है; ना के बराबर है। लेकिन स्त्री का काम ना के बराबर नहीं है। स्त्री अपने गर्भ में बच्चे को पालती है; अपना प्राण उड़ेलती है। फिर बच्चे को बड़ा करती है। लंबी साधना है।

तो जो स्त्री मां नहीं बन पाती, कुछ अधूरी रह जाती है; कुछ कमी रह जाती है; कुछ खाली-खाली रह जाता है; कुछ भराव कम रहता है। इसलिए इस देश में संत आशीर्वाद देते रहे—पुत्रवती हो!

दे दिया आशीर्वाद, देखा भी नहीं कि विधवा है, सफेद कपड़े पहने हुए है, हाथ में चूड़ियां नहीं हैं, माथे पर तिलक-टीका नहीं है। इतना तो देख लेते!

फिर कहानी यह कहती है कि जब संत आशीर्वाद दे दे, तो आशीर्वाद पूरा होना चाहिए। संत का आशीर्वाद खाली तो नहीं जा सकता। यह बात भी समझने जैसी है।

सत्य से जो स्वर उठेगा, वह खाली नहीं जा सकता है। सत्य से जो तीर निकलेगा, वह निशाने पर लगेगा ही। और संत कह दे, तो अस्तित्व को उसे पूरा करना ही होगा। क्योंकि संत अपने से तो कुछ कहता नहीं; किसी अहंकार-अस्मिता से तो कहता नहीं। निरहंकार भाव से कहता है। संत खुद तो कहता ही नहीं; परमात्मा ही उससे जो कहता है, वही कहता है। परमात्मा के हाथ बांसुरी की भांति है संत।

विधवा थी, विवाह तो कर न सकती थी; संत ने आशीर्वाद दे दिया था, तो बच्चा हुआ। इसलिए 'कबीर' नाम। हिंदू कहते हैं कबीर नाम, क्योंकि इस विधवा के हाथ, कर से कबीर का जन्म हुआ—तो 'करवीर'; उससे कबीर बना। यह तो केवल प्रतीक-घटना है। इसको इतिहास मत मानना। हाथों से बच्चे पैदा होते नहीं।

जैसे जीसस की कहानी है—कुंवारी मरियम से पैदा हुए; कुंवारी स्त्री से कोई पैदा नहीं होता। लेकिन यह हो सकता है कि मरियम इतनी पवित्र रही हो, इतनी निर्दोष रही हो, कि उसका कुंवारापन आत्मिक है। उसकी ही सूचना है कुंवारापन। कुंवारापन यानी अकलुषित भाव, निर्दोष भाव।

और जीसस जैसा व्यक्ति पैदा हो, तो साधारण स्त्री से हो भी नहीं सकता। कोई असाधारण स्त्री चाहिए। फल से ही तो हम वृक्ष का पता लगाते हैं। जीसस: से पता लगता है कि मरियम भी अनूठी रही होगी।

इसलिए सभी संतपुरुषों के साथ अनूठी कहानियां जुड़ जाती हैं। कहानियां मूल्य की नहीं हैं। लेकिन संत इतना अनूठा पुरुष है कि हम यह स्वीकार नहीं कर पाते कि वह वैसे ही जन्मता होगा, जैसे और सब जन्मते हैं।

इन क़हानियों में हमारी इसी पीड़ा की सूचना है।

हम यह स्वीकार नहीं कर पाते कि जीसस ऐसे ही पैदा होते हैं, जैसे और सब लोग पैदा होते हैं; या कबीर ऐसे ही पैदा होते हैं, जैसे और सब लोग पैदा होते हैं। कबीर को कुछ भिन्न ढंग से आना चाहिए। कबीर इतने अनूठे हैं कि अनूठे ढंग से आना चाहिए। हम स्वीकार कर नहीं पाते कि कबीर और उन्हीं चलाए रास्तों से आएंगे, जिनसे और लोग आते हैं। इसलिए कहानियां हैं।

लेकिन मुसलमानों की अपनी कहानी है। और 'कबीर' शब्द वहां ज्यादा सार्थक मालूम होता है, बजाय इस हिंदू-कथा के—'करवीर' से। यह तो ऐसा लगता है जैसे किसी ने ईजाद कर लिया—कबीर में से। लेकिन कुरान में कबीर अल्लाह का एक नाम है। इसलिए मुसलमान कहते हैं कि कबीर अल्लाह का नाम है: करवीर नहीं। यह आदमी अल्लाह की जीती-जागती प्रतिमा है—इसलिए कबीर।

कुछ भी हो, कबीर का जन्म रहस्य में छिपा है।

नीरू जुलाहा और उसकी पत्नी नीमा ने... दोनों लौट रहे थे। नीरू जुलाहा गौना कराके लौट रहा था, काशी की तरफ आ रहा था, अपने घर की तरफ आ रहा था, और काशी के पास लहरतारा तालाब में हाथ-पैर धोने को रुका था कि वहीं उसने रोने की आवाज सुनी, पास की झाड़ी में, तो भागा; देखा, तो यह बच्चा पड़ा था।

इतना प्यारा बच्चा नीरू जुलाहे ने कभी देखा नहीं था। उसकी आंखें ऐसी थीं, जैसे मणि—ऐसी रोशनी थी उसकी आंखों में; और उनके चारों तरफ प्रकाश था। और वह साधारण-सी झाड़ी एक अपूर्व आनंद से भरी मालूम पड़ती थी। एक गहन शांति और एक आनंद!

नीमा तो डरी कि कुछ झंझट होगी, लोग क्या कहेंगे, अपवाद होगा, मगर उसने भी जब बच्चे को देखा, तो उसका भी दिल डोल गया। वे उठाकर कबीर को घर लाए। शायद यहां दोनों कहानियां जुड़ जाती हैं; शायद कबीर विधवा से पैदा हुए थे, विधवा उन्हें छोड़ गई थी—तालाब के पास। और नीरू जुलाहा और नीमा उसकी पत्नी, ये तो मुसलमान थे, इन्होंने कबीर को पाला।

कबीर, ऐसा लगता है कि हिंदू घर में पैदा हुए और मुसलमान घर में पले। इसमें एक अपूर्व संगम हुआ। इससे एक अपूर्व समन्वय हुआ।

कबीर में हिंदू और मुसलमान संस्कृतियां जिस तरह तालमेल खा गईं, इतना तालमेल तुम्हें गंगा और यमुना में भी प्रयाग में नहीं मिलेगा; दोनों का जल अलग-अलग मालूम होता है। कबीर में जल जरा भी अलग-अलग मालूम नहीं होता।

कबीर का संगम प्रयाग के संगम से ज्यादा गहरा मालूम होता है। वहां कुरान और वेद खो गए कि रेखा भी नहीं छूटी।

लेकिन कथा रहस्यपूर्ण है और उसमें और भी हिस्से जुड़े हैं। जरूर रामानंद का कुछ-न-कुछ हाथ रहा होगा। या तो उनके आशीर्वाद से इस विधवा को यह बच्चा उत्पन्न हुआ है या इस विधवा को बच्चा उत्पन्न हुआ है और रामानंद की करुणा है इस विधवा पर, इस बच्चे पर। यद्यपि इसे छुड़वा दिया है या छोड़ दिया है; मगर रामानंद उस बच्चे की चिंता लेते रहे। तो नीरू जुलाहे ने मुसलमान की पूरी संस्कृति दी, और रामानंद के रस ने हिंदू-भाव को कायम रखा। दोनों बातें मिल गईं और एक हो गईं।

कबीर युवा हुए, तो स्वभावतः वे रामानंद के शिष्य होना चाहते थे, लेकिन यह अड़चन की बात थी, क्योंकि दुनिया तो जानती थी कि वे मुसलमान हैं। रामानंद मुसलमान को कैसे दीक्षा देंगे? रामानंद के शिष्यों में बड़ा विरोध था। तो मीठी घटना है कि कबीर ने एक उपाय चुना।

अगर गुरु को खोजना ही हो शिष्य को, तो शिष्य खोज ही लेगा। सारी व्यवस्थाएं, औपचारिकताएं, शिष्टाचार, समाज के नियम इत्यादि पड़े रह जाएंगे।

तो कबीर जाकर नदी के तट पर कंबल ओढ़ कर सो रहे। सुबह-सुबह पांच बजे, अंधेरे में आते हैं रामानंद स्नान करने, उनके रास्ते में सो रहे। रामानंद का पैर लग गया अंधेरे में; चोट खा गया कोई, तो रामानंद के मुंह से निकलाः राम-राम। और कबीर ने उनके पैर पकड़ लिए, और कहा कि 'मंत्र दे दिया फिर!' ऐसे मंत्र लिया! इसको कहते हैं—खोजी! इसको कहते हैं—मुमुक्ष!

गुरु टाल रहा था, व्यवस्था अनुकूल नहीं पड़ रही थी, समाज विरोध में था; लेकिन मंत्र-दीक्षा तो लेनी थी। गुरु का वचन तो लेना था। गुरु का आशीर्वाद तो लेना था।

इजिप्त में एक पुरानी कहावत है कि जब तक शिष्य, गुरु से चुराने को तैयार न हो, तब तक कुछ भी नहीं मिलता। यह कबीर के संबंध में तो बड़ी लागू होती है। गुरु से चुरा लिया। गुरु ने तो 'राम-राम' कहा था ऐसे ही पैर की किसी पर चोट लग गई, पता नहीं कौन है, 'राम-राम' निकल गया होगा; लेकिन कबीर ने पैर पकड़ लिए और कहा कि अब आशीर्वाद दो, मंत्र तो दे ही दिया! ऐसे कबीर दीक्षित हुए।

कबीर ने कहा है—*'काशी में हम प्रगट भए हैं, रामानंद चेताए।'* इतना ही मंत्र और कबीर कहते हैंः चेता दिया। फिर कोई फिक्र भी नहीं है। कहाः इतना बहुत है—राम-राम। एक 'राम' से काम चल जाता है, दो बार राम-राम कह दिया, अब और क्या चाहिए? चेता दिया। *'काशी में हम प्रगट भए हैं, रामानंद चेताए।'*

यह झगड़ा कबीर के जीवन में चलता रहा—कि वे हिंदू हैं कि मुसलमान। मुसलमान भी पूजते रहे; हिंदू भी पूजते रहे। लेकिन बुद्धि तो छोटी होती है, वह झगड़ा चलता रहा, वह मरने तक चला!

कबीर जब मरे, तो लाश पड़ी है, कफन डाल दिया गया है। हिंदू कहते हैंः हम जलाएंगे और मुसलमान कहते हैंः हम गड़ाएंगे। सोचो, कबीर जैसे व्यक्ति के पास रहकर भी लोग चूक जाते हैं! अंधेपन की भी एक सीमा होती है! कबीर के पास रहे, कबीर को चाहा, और इतना भी न समझ

पाए! जिंदगी-भर कबीर के संगम में नहाए, और कुछ भी न धुला। मरते वक्त भी झगड़ा खड़ा हो गया। लाश पड़ी है और शिष्य झगड़ रहे हैं कि जलाएं कि गड़ाएं! और जब चादर उघाड़कर देखी तो पाया कि कबीर वहां नहीं हैं; कुछ फूल पड़े हैं।

यह भी प्रतीक-कथा है। ऐसा हुआ हो, मैं नहीं कहता। चमत्कारों में मेरा कोई आग्रह नहीं है। मगर कथाओं में अर्थ है; वे चमत्कारों से ज्यादा मूल्यवान हैं। चमत्कार से कुछ तुम्हारी प्रज्ञा निखरती भी नहीं। चमत्कार से तो तुम्हारी प्रज्ञा और धूमिल हो जाती है। इसलिए चमत्कारों की बकवास में मत पड़ना कि ऐसा हुआ। लेकिन इतनी बात समझ लेना कि संत का जीवन तो फूलों जैसा है। वह अपने पीछे कुछ फूल ही छोड़ जाता है। बस, इतना ही समझना।

संत का जीवन स्थूल नहीं है; सूक्ष्म है। संत का जीवन पत्थरों-जैसा नहीं है, फूलों जैसा है; अभी है, अभी उड़ जाएगा।

और संत को समझना हो तो फूल की अवस्था समझनी चाहिए। कितना कोमल! फिर भी कितना जीवंत। क्षण भर को टिकता है, लेकिन क्षण भर में भी शाश्वत की झलक दे जाता है। क्षण भर को है; अभी है, अभी समाप्त हो जाएगा; सुबह है, सांझ नहीं होगा—लेकिन इस थोड़ी-सी देर में परमात्मा का प्रतीक बन जाता है; परमात्मा का सौंदर्य झलका जाता है।

कुछ फूल पड़े रह गए। सभी संतों के पीछे कुछ फूल पड़े रह जाते हैं। फूलों पर झगड़ना मत। फूलों पर झगड़ा क्या है? जितना अपनी नासापुटों में भर सको, उस गंध को भर लेना। उन फूलों को जितना अपने प्राणों में ले जा सको, ले जाना। क्योंकि जो फूल प्राणों में ले जाएगा, उसके भीतर का फूल खिल जाएगा। थोथी बातों में मत पड़ना। थोथे झगड़ों में मत पड़ना।

लेकिन आदमी तो आदमी है। उन्होंने फूल ही बांट लिए। उन्होंने कहा: 'कोई फिक्र नहीं, बांटकर तो रहेंगे; बंटवारा तो होगा।' फूल बांट लिए। अब आधे फूल जलाए गए और आधे फूल गाड़े गए। अब फूल न तो जलाने चाहिए और न गाड़ने चाहिए। फूल के साथ यह दुर्व्यवहार होगा। मगर यही हुआ।

ये आदमी के अंधेपन की और नासमझी की कहानियां हैं। उस जगह पर आज आधे में कब्र है—और आधे में समाधि। एक छोटा-सा मकान है मगहर में, जिसमें आधे में मुसलमानों ने कब्र बना रखी है, क्योंकि वहां उन्होंने फूल गड़ाए थे; और हिंदुओं ने समाधि बना रखी है; बीच में बड़ी दीवाल उठा रखी है।

कबीर ने जिंदगी भर जोड़ा और शिष्यों ने फिर तोड़ दिया! कबीर ने गंगा-यमुना को मिलाया, शिष्यों ने फिर अलग-अलग बांट लिया।

कबीर जैसे व्यक्ति को समझना हो, तो उसके साथ जितनी कहानियां जुड़ी हैं, उन सभी का मनोवैज्ञानिक अर्थ खोजने की कोशिश करनी चाहिए। मनोवैज्ञानिक अर्थ—ऐतिहासिक नहीं। उनके भीतर क्या तत्त्व हो सकता है, यह खोजने की कोशिश करनी चाहिए।

काशी के पंडित उनसे नाराज थे। अब पंडितों को कहोगे *'पंडित बाद बदंते झूठा'*—तो नाराज न होंगे, तो और क्या होंगे? कि पंडित बकवासी हैं, कि व्यर्थ के वाद-विवाद में लगे हैं—व्यर्थ की मारा-मारी में, शब्दों की झूठी खींचतान में, बाल की खाल निकालने में। पंडित

नाराज थे। हिंदू पंडित नाराज थे, मुसलमान मौलवी नाराज थे।

मौलवी और पंडितों दोनों ने मिलकर, सिकंदर लोधी उस समय बादशाह था, उससे प्रार्थना की कि कबीर को दंडित किया जाना चाहिए। और कसूर वही, जो सदा संतों का रहा है। सिकंदर लोधी ने पूछा कि 'कसूर क्या है इस आदमी का? इसे दंडित क्यों किया जाना चाहिए?' तो इन्होंने कहा कि इसका दावा है कि यह भगवान है। *'कहै कबीर मैं पूरा पाया!'* पूरा भगवान पा लिया है। रत्ती भर बाहर नहीं छूटा है। यह कबीर वैसी घोषणा कर रहा है, जैसे उपनिषद् कहते हैं : *अहं ब्रह्मास्मि!* यह कबीर वैसी ही घोषणा कर रहा है, जैसी मंसूर ने की थी—*अनलहक!* कि मैं सत्य हूं।

सिंकदर लोधी को भड़काया। और तुम यह जानकर आश्चर्यचकित होओगे कि पंडित और राजनीतिज्ञ में सदा से संबंध रहा है। वह जो पंडित है, मौलवी है, पुरोहित है, वह—और जो राजनेता है—उन दोनों में सदा की सांठ-गांठ है। वे दोनों एक ही षड्यंत्र में लागू रहे हैं, एक ही षड्यंत्र में सम्मिलित रहे हैं। और वह षड्यंत्र हैः किसी तरह धर्म न जम पाए पृथ्वी पर। क्योंकि धर्म पंडित को भी मिटा देगा—और राजनेता को भी; क्योंकि धर्म सारे अहंकारों को जला डालता है। इसके पहले कि धर्म उन्हें जला दे, स्वभावतः वे धर्म को जलाने में तत्पर हो जाते हैं।

तो कहानी है कि कबीर को आग में फेंका गया। सिकंदर लोधी राजी हो गया और कबीर को आग में फिंकवाया। आग उन्हें जला नहीं पाई। सत्य को आग में जलाने का उपाय नहीं है, इतना ही जानना। जैसा कृष्ण ने गीता में कहा है—*नैनं छिंदंति शस्त्राणि, नैनं दहति पावकः।* न तो मुझे शस्त्र छेद सकते हैं; और न आग मुझे जला सकती है। इतना ही समझना। ऐसा मत सोचना कि कबीर ने कोई मदारीगिरी की। प्रतीक हैं ये तो।

आग में जलाने का मतलब ऐसा नहीं है कि सच में ही आग में जलाया। आग में जलाने का मतलब है—गालियां दी होंगी, अपमान किए होंगे, झूठी अफवाहें उठाई होंगी, सब तरह की लपटें फैलाई होंगी। उन सब लपटों के बीच में कबीर को घिरा दिया होगा। और सभी नाराज थे।

और मजा यही है कि संतों के साथ सभी नाराज हो जाते हैं। जिनके साथ होना चाहिए, जिनके साथ राजी होना चाहिए, उनसे नाराज हो जाते हैं! और ऐसे अपने ही पैरों पर कुल्हाड़ी मार लेते हैं।

आग का मतलब यह मत समझना कि लकड़ियां लाए, और तेल डाला और आग लगाई। आग का मतलब यही है कि जलाने का सब तरह उपाय किया। किसी तरह कबीर उद्विग्न हो जाएं, जल-भुन उठें। किसी तरह फफोले उठ आएं उनकी आत्मा में। किसी तरह क्रोधित हो जाएं। किसी तरह गालियों का उत्तर गाली से देने लगें, तो जीत हो जाए। लेकिन कबीर की शांति अखंडित रही, उनका मौन अविच्छिन्न रहा। उनके प्रेम की धारा वैसी ही बहती रही। उनकी प्रार्थना में कोई खलल न पड़ा।

कहते हैं—एक पागल हाथी उनके सामने आकर ठिठककर खड़ा हो गया; झुककर उसने प्रणाम किया। पागल हाथी तुम्हारे तथाकथित समझदार आदमियों से कम पागल होते हैं—इतना ही समझना।

और यह कहानी कुछ नई नहीं है; कोई कबीर के साथ ही जुड़ी है, ऐसा नहीं है। औरों के साथ भी जुड़ी है। बुद्ध के साथ भी। मतलब इतना ही है कि पागल हाथी भी तुम्हारे तथाकथित समझदार पंडित-पुरोहितों से, मुल्लाओं से, राजनेताओं से, राजाओं से, तुमसे कहीं ज्यादा समझदार होता है।

पागल हाथी को छोड़ा और पागल हाथी ठिठककर खड़ा हो गया। उसने देखा होगा कबीर को। उसने देखा होगा—इस रोशन व्यक्तित्व को। उसने देखी होगी यह लपट, यह रोशनी, यह प्रकाश! उसने देखी होगी यह गंध। उसने देखा होगा : यह परम सौंदर्य, यह खिला हुआ कमल। ठिठक गया होगा।

ऐसा सौंदर्य कभी-कभी होता है। आदमी नहीं देख पाता, क्योंकि आदमी हिंदू है, मुसलमान है; आदमी ईसाई है, जैन है। आदमी की आंखों पर हज़ार धारणाओं के परदे हैं। हाथी बेचारा न तो हिंदू है, न मुसलमान है, न ईसाई है। कोई शास्त्र नहीं है हाथी के सिर पर; कोई शब्दों का जाल नहीं है। निर्दोष आंखें हैं। इसलिए देख लिया होगा। इसलिए पहचान गया होगा।

अकसर ऐसा हो जाता है कि पशु भी पहचान लेते हैं और आदमी नहीं पहचान पाते!

संत फ्रांसिस के संबंध में बहुत-सी कहानियां हैं कि पशु पहचान लिए और आदमी नहीं पहचाना। क्योंकि पशु का अर्थ है—सरलता। आदमी का अर्थ है—जटिलता। आदमी पागल न दिखाई पड़े तो पागल है; और पशु पागल भी हो तो भी इतना पागल नहीं होता है; फिर भी कुछ होश कायम रह जाता है।

इन कहानियों पर ध्यान करना। इन कहानियों को सिर्फ कहानियां मत मान लेना।

दुनिया में दो तरह के लोग हैं। एक तो कहेंगे कि हां, ऐसा हुआ। नासमझ हैं वे। कहेंगे—ऐतिहासिक है यह बात; सच में ही पागल हाथी छोड़ा, और सच में ही पागल हाथी ठिठक गया।

मैं इस तरह के लोगों से राजी नहीं हूं। क्योंकि इस तरह के लोग संतों की गरिमा को नहीं समझ पाते और व्यर्थ की बातों में उलझ जाते हैं। फिर इनके ही कारण दूसरा वर्ग पैदा हो जाता है। वह कहता है—ऐसा हो ही कैसे सकता है? पागल हाथी पागल हाथी है। फिर व्यर्थ का विवाद चलता है।

मैं इस विवाद के बाहर तुम्हें निकाल लेना चाहता हूं। मैं तुमसे इतना कहना चाहता हूं कि ये कहानियां सूचक हैं। ये बोध-कथाएं हैं। बड़े प्रतीक इनमें छिपे हैं, इनको खोलो तो खूब रस मिलेगा। वह रस इतना ही है कि आदमी पागल हाथियों से भी ज्यादा पागल है।

और मतलब ही इतना है कि पागल आदमियों को छोड़ा होगा। आदमियों को पागल किया होगा—पंडितों ने, पुरोहितों ने भड़काया होगा। जलाया होगा लोगों को, लोगों को उकसाया होगा कि 'हिंदू-धर्म खतरे में है; कि इसलाम धर्म खतरे में है; कि शास्त्र को डुबा देगा यह आदमी! और यह आदमी होकर दावा करता है कि मैं परमात्मा हूं! यह बात बरदाश्त नहीं की जा सकती। इस आदमी को दंड देना होगा।' ऐसे लोगों को पगलाया होगा। भीड़ को पागल किया होगा। भीड़ उत्तप्त हो गई होगी। इतना ही अर्थ है।

और इतना ही अर्थ है कि पागल पशु भी तथाकथित बुद्धिमानों से ज्यादा बुद्धिमान होता है।

सोचना इस पर, और शर्म खाना इस पर। सोचना इस पर, और दुखी होना इस पर। और देखना कि कहीं ऐसा तुम्हारे साथ भी तो नहीं हो रहा है? क्योंकि ये शाश्वत कथाएं हैं। इसलिए हर संत के जीवन में घटती हैं।

पश्चिम में लोग जब कबीर, बुद्ध, महावीर, कृष्ण, क्राइस्ट, इन सबके ऊपर अध्ययन करते हैं, तो वे बड़े हैरान होते हैं कि वही-वही कहानी! सबके जीवन में कैसे घट सकती है! यह कहानी तो झूठी मालूम पड़ती है, मनगढ़ंत मालूम पड़ती है; संतों के साथ लोग इसे जोड़ देते हैं।

लेकिन मैं तुमसे कहता हूं—हर संत के साथ वही घटता है। कहानी की मैं नहीं कह रहा हूं; लेकिन हर संत के साथ वही घटता है। क्योंकि आदमी वैसा-का-वैसा है; आदमी में कुछ फर्क नहीं हुआ है।

बैलगाड़ी चली गई, बैलगाड़ी की जगह जेट हवाई जहाज आ गए; लेकिन आदमी वैसा-का-वैसा है। आदमी जमीन पर से चलना छोड़कर चांद पर चलने लगा है, लेकिन आदमी वैसा-का-वैसा है।

अगर बुद्ध आएंगे, तुम फिर गाली दोगे। और जीसस आएंगे, तुम फिर सूली लगाओगे। और सुकरात आएगा, तो तुम फिर जहर पिलाओगे। तुम वैसे-के-वैसे हो। तुम्हारी चेतना में कोई गुणात्मक परिवर्तन नहीं हुआ। तुम्हारे आस-पास का सामान बदल गया है, लेकिन तुम नहीं बदले। वस्तुएं बदल गई हैं, लेकिन तुम्हारी चैतन्य की दिशा में कोई क्रांति घटित नहीं हुई। इसलिए कहानी वही-की-वही है, क्योंकि आदमी वही-का-वही है।

कबीर के इन वचनों को समझो। *'पंडित बाद बदंते झूठा।'*

कहते हैं—वाद-विवाद झूठा है।

साधारणतः हम कहते हैं...। अगर दो आदमी विवाद कर रहे हों, तो हम कहते हैं—उसमें एक सच है, एक झूठ है। जो तुमसे मेल खाता है, वह सच है; जो तुमसे मेल नहीं खाता, वह झूठ है। तुम सत्य की कसौटी हो जैसे! अगर हिंदू और मुसलमान विवाद करते हों और तुम हिंदू हो तो कहोगेः हिंदू ठीक हैं, मुसलमान गलत हैं। मुसलमान हो, तो कहोगेः मुसलमान ठीक हैं, हिंदू गलत हैं।

लेकिन कबीर कहते हैं—वाद-विवाद झूठा है। जब दो व्यक्ति विवाद कर रहे हों तो विवादी में कोई भी ठीक नहीं होता। विवाद ही अंधे और नासमझ करते हैं। विवाद का अर्थ होता है—शब्दों की खींचतान; तर्क-जाल। विवाद का अर्थ होता है कि जैसे शब्दों के ही आयोजन से, तर्क के प्रमाण से हम सत्य का निर्णय कर लेंगे।

सत्य का अनुभव होता है; निर्णय नहीं होता। सत्य कोई गणित की पहेली नहीं है। सत्य तो जीवन का अनुभव है, जैसे प्रेम जीवन का अनुभव है।

प्रेम के संबंध में क्या विवाद करते हो? अगर किसी आदमी ने कहा कि मैं इस स्त्री को प्रेम करता हूं, इस स्त्री से सुंदर स्त्री दुनिया में कोई भी नहीं, तो तुम विवाद करते हो? तुम कहते हो, 'रुको जी! मेरी पत्नी के होते हुए तुम ऐसा कैसे कह रहे हो?' नहीं, तुम विवाद नहीं करते। तुम

समझते हो कि यह आदमी क्या कह रहा है। यह असल में यह कह ही नहीं रहा है कि दुनिया में इस जैसी सुंदर कोई स्त्री नहीं। यह इतना ही कह रहा है कि दुनिया में इससे ज्यादा सुंदर कोई स्त्री मालूम नहीं पड़ती। यह अपनी बात कह रहा है। यह अपना अनुभव कह रहा है। यह कोई सत्य की उद्घोषणा नहीं कर रहा है। यह अपनी पसंद दिखला रहा है।

अगर कोई आदमी कहता है कि गुलाब का फूल मुझे सबसे ज्यादा सुंदर मालूम पड़ता है, तो तुम विवाद नहीं करते हो। तुम यह नहीं कहते कि, 'सुनो, कमल भी है, और कमल के रहते तुम यह किस तरह की बात कर रहे हो? और मैं इस तरह का झूठ न चलने दूंगा।' तुम कहते हो—'ठीक है, पसंद-पसंद की बात है। तुम्हें जो पसंद है...। जिसे जो रुचे।'

लेकिन जब कोई आदमी कहता है कि कृष्ण से प्यारा कोई आदमी नहीं, तो तुम झगड़ा करने खड़े हो जाते हो! तुम कहते हो; मैं मुसलमान, मैं जैन, मैं बौद्ध। तुम कृष्ण की चर्चा कर रहे हो, कृष्ण में रखा क्या है? अरे, देखो महावीर को! कृष्ण की चर्चा कर रहे हो, कृष्ण में क्या रखा है? देखो बुद्ध को!

वहां तुम वही भूल कर रहे हो। कबीर कहते हैं—वाद-विवाद से निर्णय होने वाला नहीं है। इसलिए समझदार वाद-विवाद नहीं करता।

जितनी शक्ति वाद-विवाद में लगाते हो, उतनी शक्ति से तो सत्य को जाना ही जा सकता है। जितनी मेहनत से पंडित बनते हो, उतनी मेहनत से तो प्रज्ञा का जन्म हो सकता है। जितनी मेहनत से यह कूड़ा-कर्कट इकट्ठा करते हो शास्त्रों का, उतनी मेहनत से तो परमात्मा ही तुम्हारे द्वार आ जाए; शायद उससे कम मेहनत से द्वार आ जाए।

पांडित्य नहीं, प्रार्थना चाहिए। तर्क-वितर्क नहीं, अनुभूति चाहिए।

'पंडित बाद बदंते झूठा।'

'राम कह्यां दुनिया गति पावे'...। अगर राम-राम कहने से मोक्ष मिलता होता; सिर्फ राम-राम दोहराने से अगर मोक्ष मिलता होता...*'षांड कह्यां मुख मीठा'*...तब तो शक्कर कह देते और मुंह मीठा हो जाता। *'पावक कह्यां पांव ते दाझै'*...तब तो आग कह देते और पैर जल जाता। और *'जल कहि त्रिषा बुझाई'*...और जल कह देते और प्यास बुझ जाती। हम सब जानते हैं : जल कहने से प्यास नहीं बुझती। सच तो यह है : जल कहने से प्यास दबी पड़ी हो, तो उभरकर प्रकट हो जाती है।

तुम मुझे बैठे-बैठे सुन रहे हो, शायद तुम्हें याद भी न आए प्यास की। और फिर कोई कह दे—'ठंडा जल'—तो प्यास बुझेगी नहीं, वह जिसकी याद नहीं आ रही थी, उसकी याद आ जाएगी।

राम-राम कहने से राम मिलता नहीं। राम-राम कहने से इतना ही हो सकता है कि राम मुझे अब तक नहीं मिला, अब मैं क्या करूं? कैसे पा लूं? प्यास जग सकती है; प्यास बुझ नहीं सकती।

लेकिन लोग हैं, जो सोचते हैं : राम-राम की रट लगा देने से पहुंच जाएंगे। *'राम कह्यां दुनिया गति-पावे'*...तब तो सारी दुनिया मोक्ष चली जाए। क्योंकि राम-राम कहने में लगता क्या है? खर्च भी कुछ नहीं होता। कभी भी बैठे राम-राम कह लिया।

लोग माला रख लेते हैं, दूकान चलाते जाते हैं, माला भी चलाते जाते हैं। थैली में माला छिपाए रखते हैं; किसी को दिखाई भी न पड़े, नहीं तो किसी की नजर लग जाए! अपनी माला घुमाते रहते हैं! एक हाथ से लोगों की जेब काटते हैं, दूसरे हाथ से माला घुमाते रहते हैं। मुख में राम, बगल में छुरी। राम कहने में हर्ज भी कहां है; मेहनत भी कहां है; श्रम भी क्या लगता है! यंत्रवत् आदत हो जाती है!

'*भोजन कह्यां भूख जे भाजै*'...और अगर 'भोजन' कहने से भूख बुझ जाती होती—तो '*सव कोई तिरि जाई*'—तो सभी तिर जाएं। फिर तो कोई अड़चन नहीं। फिर राम-राम कह दिया—और तिर गए। फिर तो बड़ी सस्ती हो गई बात। फिर तो कदम भी न उठाना पड़ा। जीवन को बदलना भी न पड़ा; जीवन को सुंदर भी न बनाना पड़ा। जीवन को शुद्ध भी न बनाना पड़ा। कुछ साधना भी न करनी पड़ी।

कबीर कहते हैं—ऐसी झूठी कहानियां गढ़ रखी हैं। ऐसी तक कहानियां गढ़ रखी हैं कि अजामिल मर रहा था, तो उसने अपने बेटे नारायण को बुलाया। नाम था बेटे का नारायण। और ऊपर के नारायण समझे कि मुझे बुला रहा है! ऐसे बेटे को बुलाते हुए मर गया। मोक्ष चला गया। यह तो हद हो गई!

'*पंडित बाद बदंते झूठा।*' झूठ की भी सीमा होती है। थोड़ा लाज करो, थोड़ा संकोच करो। यह तो बहुत ज्यादा बात हो गई। तुमने परमात्मा तक को धोखा दे दिया! और यह अजामिल पापी था, चोर था, हत्यारा था—सब भूल गया मामला। और मजा यह है कि इसने राम को पुकारा भी न था, बुला रहा था अपने बेटे को; और किसी को पता नहीं, किसलिए बुला रहा था। जहां तक संभावना तो यही है कि बेटे को बुला रहा होगा कि चोरी की, हत्या की तरकीबें बता जाए। मरते वक्त बाप वही बताता है, जो जानता है। और तो क्या बताएगा?

जिंदगी भर पाप किए थे, तो कुछ कुंजी दे जाए बेटे को। इसलिए बुलाया होगा नारायण को। क्योंकि जिंदगी भर की पूंजी उसकी यही थी। शायद कुछ गुर दे जाए कि 'देख बेटा, मैं कभी पकड़ा गया था, इस तरह की भूल दुबारा मत करना। चोरी को जाए तो इस-इस बात की सावधानी रखना। किसी की हत्या करो, तो हाथ-पैर के निशान मत छोड़ आना। मैं फंस गया था या फंसते-फंसते बच गया था। तू जरा ध्यान रखना।' कुछ तरकीबें होंगी। कुछ जो उसने कभी अपने बेटे को नहीं कहीं, अब मरते वक्त कह जाना चाहता है। मरते वक्त लोग वही कहते हैं, जो जिंदगी भर छिपाए रखा।

अब तो जाने का वक्त आ गया। शायद बता जाए कि धन कहां गड़ा रखा है; वह जो राजा की तिजोड़ी गायब हो गई थी, वह अपने घर के आंगन में कहां गड़ी है। कुछ कह जाए। या कह जाए कि कौन-कौन दुश्मन मेरे बचे रह गए हैं; जिनको मैं नहीं मार पाया, बेटा तू मारना। मेरी आकांक्षा पूरी करना।

मैंने सुना है—एक आदमी ऐसा मर रहा था। बड़ा उपद्रवी था। जिंदगी भर अदालत, अदालतबाजी—इसके सिवा उसे कोई काम नहीं था। अदालत उसका मंदिर, उसकी मसजिद। अदालत उसकी पूजा, उसकी प्रार्थना। बस, उठता सुबह और चला अदालत! गांव भर को परेशान कर रखा था। हर किसी पर मुकदमा चला देता था। किसी भी बहाने मुकद्दमा चला देता था।

मुकद्दमा चलाने में उसको रस था।

तो जब मरने लगा तो उसने अपने बेटों को पास बुलाया। जरा बेटे डरे हुए थे, क्योंकि बाप की आदतों से परिचित थे। कहा कि मेरी एक इच्छा है, उसे पूरी कर देना; अब मैं तो जा रहा हूं। बड़े बेटे तो तीन थे, वे तो दूर ही खड़े रहे। उन्होंने कहा कि पता नहीं कहां की खतरनाक इच्छा में आखिरी वक्त फंसा जाए! छोटा बेटा जरा छोटा था, नासमझ था, वह पास आ गया। उसने कहा—आप कहिए, आपकी आखिरी इच्छा हम जरूर पूरी करेंगे।

उसने कहा—'बेटा पास आ। कान में कहा कि ये तीन तो लफंगे हैं। मैं मर रहा हूं . . . दगाबाज! मेरा खून इनकी हड्डी-मांस में बह रहा है। और ये झुके नहीं; मेरे पास आए नहीं। तू आया, तू मेरा असली बेटा है। एक काम करना। जब मैं मर जाऊं, तो मेरे शरीर के टुकड़े-टुकड़े काटकर पड़ोसियों के घर में फेंक देना। मेरी आत्मा बड़ी प्रसन्न होगी, अगर ये लोग जंजीरों में बंधे अदालत की तरफ जा रहे होंगे . . . इनके घर में फेंक देना . . . मैं तो मर गया, अब तो काम ही खतम हो गया, तो आखिरी मजा क्यों न लिया जाए! और मेरे हाथ-पैर काटकर पड़ोसियों के घर में फेंक देना; पुलिस में रिपोर्ट लिखा देना कि मेरे बाप की हत्या हो गई। सब बंधे चले जाएंगे, तो मेरी आत्मा बैकुंठ की तरफ जाती हुई बड़ी प्रसन्न होगी कि देखो, चले!'

तो अजामिल भी कुछ ऐसा ही करना चाहता होगा। इससे ज्यादा की आशा उससे नहीं हो सकती। लेकिन पंडितों ने खूब कहानी गढ़ी है! इन्हीं कहानियों के आधार पर आदमी को धोखा दिया गया है। आदमी को खिलौने दे दिए गए हैं।

असली बातें तो देने की पंडित के पास नहीं हैं। सत्य तो नहीं दे सकता। राम तो नहीं दे सकता, लेकिन 'राम' शब्द दे सकता है। राम तो वही दे सकता है, जिसने खुद जाना हो।

कबीर के संबंध में भक्तमाल में नाभाजी ने लिखा है—*'आरूढ़ दसा ह्वै जगत परमुख देखी नहीं भनी।'*—कबीर ने उस स्थिति में बैठकर ही जो कहा—वही कहा। *'परमुख देखी नहीं भनी।'* दूसरों के मुख से कही हुई बातों को नहीं दोहराया—और दूसरों के द्वारा देखी गई बातों को नहीं दोहराया। उस दशा में स्वयं आरूढ़ हो गए, तब कुछ कहा।

पंडित खुद भी नहीं उस दशा में आरूढ़ हुआ है। पंडित उतना ही दूर है, जितना पापी—और कभी-कभी पापी से ज्यादा दूर। इसलिए मैं बहुत खोजता रहा कि अजामिल, चलो मान भी लो कि यह पापी था और किसी तरह कुछ बात हो गई, जम गई बात किसी तरह; चला गया होगा।

मगर पंडित भी यह कथा नहीं गढ़ पाए अब तब कि कोई पंडित चला गया हो अजामिल जैसा। पापी था, चला गया, चलो जाने दो—चलेगा; लेकिन पंडित भी इतनी हिम्मत नहीं जुटा पाए, कि उन्होंने ऐसी कोई कथा गढ़ ली हो कि कोई महापंडित था, जिंदगी भर शास्त्रों में उलझा रहा, शब्दों में उलझा रहा, वाद-विवाद में पड़ा रहा और मरते वक्त अपने बेटे को बुलाया 'नारायण' और भगवान समझे कि मुझे बुला रहा है—और मोक्ष चला गया हो। पंडित भी इतनी हिम्मत नहीं कर पाए। पापी को तो भिजवा दिया किसी तरह कहानी में, लेकिन पंडित नहीं।

मेरे देखे भी पापी शायद कभी पहुंच भी जाए, पंडित कभी नहीं पहुंचता। क्योंकि पापी शायद किसी दिन पछताए। यह बहुत असंभव है कि पापी न पछताए। क्योंकि जब तुम पाप करते हो, तब

तुम्हारी पूरी अंतरात्मा कहती हैः मत करो, मत करो!

जब तुम पाप करते हो, तब तुम कभी पूरे-पूरे उसमें नहीं होते; तुम्हारा अंतरतम तो बाहर ही रहता है। वह तो कहता है; बचो, अभी भी बच जाओ; रुक जाओ! पुकारता जाता है। हालांकि उसकी आवाज धीमी और तुम्हारी आवाजों का तुम्हारा शोरगुल बहुत है। हालांकि अंतरतम की आवाज बहुत-बहुत धीमी है और तुम्हारी आदतों की आवाजें बड़ी गहरी हैं। शायद तुम सुनो-न-सुनो, यह दूसरी बात है। तुम गुनो-न-गुनो, यह दूसरी बात है। लेकिन तुम्हारा अंतरतम सदा कहता है : रुको, ठहर जाओ, मत करो; पीछे पछताओगे।

पापी भी इतना पापी नहीं होता कि उसके भीतर आवाज न उठती हो। ऐसा कोई पापी नहीं होता, क्योंकि परमात्मा, तुम चाहे कितना ही पाप करो, तुम्हारे भीतर अपनी आशा लगाए रहता है कि आज नहीं कल जागोगे; आज नहीं कल पहुंचोगे। तुम्हारे भीतर पुकारे चला जाता है।

लेकिन पंडित को पछतावा नहीं होता। पंडित को पछतावा क्यों हो? उसने कुछ पाप तो किया नहीं। वह तो सोचता है, उसने बड़े पुण्य का कार्य किया। पंडित तो सोचता है कि मैं तो शास्त्रों में भी रमा रहा; उसकी ही याद में लगा रहा; राम-राम जपता रहा।

तो पंडित कैसे पछताएगा! और जो पछताएगा नहीं, वह पहुंचेगा नहीं। क्योंकि जो पछताएगा नहीं, वह झुकेगा नहीं। क्योंकि जो पछताएगा नहीं, वह समर्पित नहीं होगा।

पंडित अहंकार से भरा रहेगा। पापी का क्या अहंकार हो सकता है! अहंकार कहने योग्य क्या है उसके पास? मंदिर नहीं बनवाए, मसजिदे नहीं बनवाईं, धर्मशालाएं नहीं खुलवाईं; लोगों को लूटा-खसूटा, मारा! क्या उसके पास है—अहंकार को सजाने के लिए? अहंकार पर घाव-ही-घाव हैं; श्रृंगार तो बिलकुल नहीं।

पंडित के पास तो बड़ा श्रृंगार है। तपस्वी के पास बड़ा श्रृंगार है। साधु के पास बड़ा श्रृंगार है। अहंकार सजा हुआ है। सजे हुए अहंकार से छुटकारा पाना बहुत मुश्किल है।

चलो, इसलिए मैं मान भी लेता हूं कि अजामिल पहुंच गया हो; लेकिन पंडित? पंडित कभी नहीं पहुंचा।

पंडित बाद वदंते झूठा।
भोजन कह्यां भूष जे भाजै, तो सब कोई तिरि जाई।
नर के संग सुवा हरि बोलै, हरि परताप न जानै।

और तुमने देखा कि आदमी के साथ रहते-रहते तोता भी 'हरि-हरि' बोलने लगता है। तुम जो बोलते हो, वही बोलने लगता है। लेकिन हरि-हरि दोहराने से तोते को कुछ हरि का प्रताप तो पता नहीं चलता; हरि की कुछ महिमा तो पता नहीं चलती। तोता लाख जपता रहेः हरि-हरि, तोता संत तो नहीं हो जाता? सुना नहीं कभी कि कोई तोता बुद्ध हो गया हो!

और पंडित तोता है। तोते से ज्यादा नहीं। उसे भी हरि के प्रताप का कोई पता नहीं। प्रताप का तो पता तभी होता है, जब तुम उसके प्रताप में प्रविष्ट हो जाओ। प्रताप का तो पता तभी होता है, जब तुम समाधिस्थ हो जाओ। प्रताप तो स्वाद से पता चलता है। फिर महिमा बढ़ती ही जाती है। फिर

महिमा इतनी सघन हो जाती है कि कितता ही नाचो, और कितना ही गाओ—चुकती नहीं। कहना चाहो, कही नहीं जाती; अभिव्यंजना नहीं हो पाती। अपूर्व वर्षा होती है अमृत की। लेकिन वह तो तभी पता होगा, जब तुम हरि में प्रविष्ट हो जाओ और हरि तुममें प्रविष्ट हो जाए। तोते बने रहने से यह न होगा।

नर के संग सुवा हरि बोलै, हरि परताप न जानै।
जो कबहूं उड़ि जाए जंगल में, बहुरि न सुरतैं आनै।

और अगर कभी मौका मिल जाए तोते को, खुला छूट जाए पिंजरा, निकल भागे, तो फिर जंगल में भूलकर भी हरि-हरि नहीं दोहराएगा। किसलिए? हरि से लेना-देना क्या? '*बहुरि न सुरतैं आनै।*' फिर सुरति न करेगा। फिर स्मरण न करेगा। फिर जंगल में बैठकर नहीं कहेगा; हरि-हरि-हरि! क्या लेना-देना हरि से? बात खतम हो गई। वह तो आदमी के साथ फंस गया था झंझट में, तो हरि-हरि दोहराने लगा था।

ऐसे ही पंडित शास्त्रों की झंझट में हरि-हरि दोहराने लगता है। पढ़ता है, प्रभाव पड़ता है, दोहराने लगता है। लेकिन ऐसे प्रभाव का कोई मूल्य नहीं है—जो तुम्हारी प्रभा न बन जाए। जो तुम्हारे ऊपर संस्कारों की तरह ही रहे, उससे तुम्हारी मुक्ति नहीं होगी।

'*बिनु देखे, बिनु अरस परस बिनु, नाम लिए का कोई।*' यह शब्द बड़ा प्यारा है। '*बिनु देखे*'...जब तक देखोगे ना हरि को, कैसे उसका प्रताप अनुभव होगा? आंखें भरें उससे, हृदय भरे उससे, स्पर्श हो उसका! *बिनु देखे,*...बिना दर्शन के कुछ भी न होगा। विश्वास किए मत बैठे रहना; विश्वास धोखा है। '*पंडित बाद वदंते झूठा...।*' अनुभव करना। विश्वास किए मत बैठे रहना। विश्वास करके गंवाया, बहुत पछताओगे।

और ऐसे ही लोग गंवा रहे हैं, लोग विश्वास किए बैठे हैं कि ईश्वर है।

मेरे पास लोग आते हैं। वे कहते हैं कि 'हम मानते हैं कि ईश्वर है।' मानने से क्या होगा? तुम मानते हो, इससे ही जाहिर होता है कि जानते नहीं। हम उन्हीं बातों को मानते हैं, जिनको जानते नहीं। जिनको जानते हैं, उनको तो कोई नहीं कहता कि हम मानते हैं। तुम यह तो नहीं कहते कि ये हरे वृक्ष जो यहां खड़े हैं, हम इनको मानते हैं! तुम जानते हो, मानने का सवाल नहीं है। सूरज उगा हुआ है, तुम यह तो नहीं कहोगे कि हम मानते हैं कि सूरज उगा हुआ है। तुम कहोगे कि हम जानते हैं कि सूरज उगा हुआ है। लेकिन अंधा आदमी कहेगा कि हम मानते हैं कि सूरज उगा हुआ है। अंधा कैसे कहे कि हम जानते हैं कि सूरज उगा हुआ है?

मानना तो उसी का होता है, जिसको तुमने जाना नहीं। मानना दो कौड़ी का है; असली सवाल जानना है। मानने से क्या होगा? और मानने का कारण क्या होगा तुम्हारे भीतर? क्यों मानते हो कि ईश्वर है?

अकसर तो लोग डर के कारण मानते हैं; भय के कारण मानते हैं: मृत्यु के कारण मानते हैं। असहाय हैं, इसलिए मानते हैं। ये कोई बातें मानने की हुईं? कहीं भय से प्रेम का जन्म हुआ है? कहीं भय से प्रार्थना उठी है? भय से तो वासना उठती है। और जिससे हमारा भय का संबंध है उससे

हमारा संबंध ही नहीं। भय से कहीं सेतु बनता है?

मंदिर और मसजिद में लोग प्रार्थना कर रहे हैं, पूजा कर रहे हैं—घुटनों पर झुके हुए हैं; सिर नवाए हुए हैं। मगर जरा गौर से इनके भीतर देखो: शरीर ही झुका है; अहंकार जरा भी नहीं झुका है। और यह भी हो सकता है कि वहां सिर झुकाए देख रहे हों कि लोग देख रहे हैं कि नहीं मुझे, कि कितनी प्रार्थना कर रहा हूं; कितनी नमाज पढ़ रहा हूं! दिन में पांच बार नमाज पढ़ता हूं। यह पापी कोई एकाध बार पढ़ लेता है तो समझता है कुछ हो गया। मैं पांच बार पढ़ता हूं। वर्षों से नहीं चूका हूं। भीड़-भीड़ देख ले कि मैं कितनी पूजा कर रहा हूं, कितनी प्रार्थना कर रहा हूं!

यह भी अहंकार हो गया।

'तुम्हारी महक मन को मोह लेती है। बड़ी प्यारी व मीठी गंध है तुम्हारे पास। दुनिया में तुमसे अधिक सुवासित कोई भी नहीं होगा'—फूल से किसी ने कहा।

फूल ने उत्तर दिया—

'नहीं, ऐसी बात नहीं; धरती की सुगंध मुझसे बहुत श्रेष्ठतर है। मैं तो कुछ भी नहीं हूं। यह छोटी-सी सुगंध मुझमें है, यह भी धरती से आती है और धरती में अनंत गंध भरी है।'

जब धरती से यह प्रश्न पूछा गया, तो उसने कहा कि—

'मैं क्या! मैं कुछ भी नहीं। असली गंध तो मेघ में होती है। जब मेघ बरसता है, तो उसी की गंध मुझमें समा जाती है। मेघ के बिना तो मैं बिलकुल रूखी-सूखी हूं, मरुस्थल हूं। वे जो आकाश में मेघ घिरते हैं आषाढ़ के, गंध देखनी है, उनकी देखो! मुझमें क्या रखा है?'

इस प्रकार पूछे जाने पर मेघ ने इंद्र को इशारा किया कि—

'मेरा क्या, उसकी आज्ञा! सब उसके इशारे से होता है! उसकी अंगुली में इतनी गंध है कि उसका इशारा आया कि गंध फैल जाती है।'

इंद्र से पूछा तो इंद्र ने विष्णु को बताया कि—वही सम्हाले हैं सबको; मुझको भी वही सम्हाले हैं। जो भी गंध है, उसकी है। जो भी महिमा है उसकी है।

विष्णु ने ब्रह्मा को बताया। उसने कहा—'मैं सम्हालता क्या, अगर ब्रह्मा न बनाते? उन्होंने बनाया सब! सब सुगंध उनकी!'

और जब ब्रह्मा से पूछा गया, तो ब्रह्मा ने कहा—'सर्वाधिक सुवासयुक्त तो मानव ही हो सकता है, क्योंकि मेरी महिमा इतनी ही है कि मैंने मनुष्य बनाया और मेरी महिमा क्या है?'

स्वभावतः चित्रकार की महिमा यही है कि उसने चित्र बनाया। और कवि की महिमा यही है कि उसने काव्य रचा। और मूर्तिकार की महिमा और क्या है?—उसकी मूर्ति।

तो ब्रह्मा ने कहा: 'मनुष्य को देख लो, बस! मनुष्य में है सारी गंध का वास!'

और जब मनुष्य से यह प्रश्न पूछा गया, तो वह अहंकार में अकड़कर बोला—'अरे मूर्ख! भला मुझसे भी अधिक कोई सुवासित हो सकता है? मैं परम सुगंधमय हूं।'

और वह तुम जान सकते हो कि सुगंध कहां है। सुगंध हमेशा निरंहकार में है। फूल में भी सुगंध थी; और धरती में भी सुगंध थी—और मेघ में भी—और इंद्र में भी—और विष्णु में

भी—और ब्रह्मा में भी। मनुष्य सुगंधहीन हो गया। यह अहंकार कि मैं परम सुगंधमय हूं। और चिल्लाकर बोला: 'अरे मूर्ख, यह भी कोई पूछने की बात है? तुझे दिखाई नहीं पड़ता कि मैं मनुष्य हूं? भला मुझसे भी अधिक कोई सुवासित हो सकता है?'

अहंकार से दुर्गंध उठती है। निरहंकार से सुगंध उठती है। तो तुम्हारी पूजा, प्रार्थनाएं, तपश्चर्याएं अगर तुम्हारे अहंकार को ही सजाती हैं, तो थोथी हैं।

'पंडित बाद बदंते झूठा।'

'बिनु देखे बिनु अरस-परस बिनु'...देखना होगा प्रभु को। आंखों में आंखें डालकर देखना होगा प्रभु को। उसकी सूरत समा जाए भीतर। रोएं-राएं में समा जाए। धड़कन-धड़कन में समा जाए। तुम कह सको कि मैंने जाना है, मैंने देखा है। मैंने देखा—अपनी आंखों से देखा है। *'बिनु अरस-परस बिनु...।'* अरस-परस हो, स्पर्श हो। अनुभव हो। उसके संग नाचो। उसके साथ रास हो। उसके साथ गीत गुनगुनाओ। उसके साथ बैठो—तो जाना। और जाना—तो कुछ होगा।

'नाम लिए का होई'...ऐसा राम-राम जपने से कहीं कुछ होता है? *'राम कह्यां दुनिया गति पावे, षांड कह्यां मुख मीठा।... पंडित बाद वदंते झूठा।'*

व्यर्थ की बकवासें हैं। राम-राम कहने से कुछ न होगा—राम को जानने से कुछ होगा। तुम कितना ही राम-राम चिल्लाते रहो, तुम्हारा हृदय कुछ और ही चिल्ला रहा है। तुम धन के प्रेमी हो, तो ऊपर तुम राम-राम कर रहे हो, और भीतर धन की गुहार चल रही है, धन से अरस-परस हो रहा है। यह राम की तो फिजूल बकवास लगा रखी है। शायद इसी आशा में कि राम-राम कहते रहो, तो ज्यादा धन मिल जाए। राम की प्रार्थना भी धन के लिए! राम की प्रार्थना भी यश के लिए। जिस दिन तुम राम की प्रार्थना राम के लिए ही करोगे, उस दिन सार्थक होगी।

एक आदमी मरकर स्वर्ग के लोहे के फाटक के पास पहुंचा। उसने दरवाजा खटखटाया। दरवाजे पर एक देवदूत प्रगट हुआ। देवदूत ने उस आदमी से नाम पूछा। उस आदमी ने कहा—'मुल्ला नसरुद्दीन!'

देवदूत ने कहा—'हमें तुम्हारे यहां आगमन की कोई सूचना नहीं मिली। कहीं कुछ भूल-चूक हो गई!'

'फिर भी,' उसने कहा कि 'जब धरती पर थे, तो तुम काम क्या करते थे? अपने बाबत ब्यौरा दो, ताकि मैं रजिस्टर में जाकर देखूं कि मामला क्या है; भूल-चूक कहां हो गई!'

मुल्ला नसरुद्दीन ने कहा—'कबाड़ी था साहब, कबाड़ी। पुराना लोहा खरीदा और बेचा करता था।'

'तुम यहीं ठहरो,' देवदूत बोला, 'मैं भीतर से तुम्हारा खाता देखकर अभी आता हूं।'

थोड़ी देर बाद देवदूत वापस आया तो मुल्ला नसरुद्दीन गायब था और साथ में लोहे का फाटक भी।

कबाड़ी तो कबाड़ी! जिंदगी भर पुराना लोहा खरीदना-बेचना! देवदूत भीतर गया और उसने देखा: यह मौका छोड़ने जैसा। स्वर्ग छोड़ दिया; ले भागे लोहे का फाटक!

तुम्हारा अंतरतम क्या है, वही निर्णायक है। तुम्हारे अंतरतम में जो है, वही तुम हो; ऊपर-ऊपर के धोखे में मत पड़ना। ऊपर-ऊपर कहे राम-राम और भीतर चलता हो कुछ, तो ध्यान रखना कि जो भीतर है, वही निर्णय करेगा तुम्हारे जीवन का।

बिनु देखे बिनु अरस-परस बिनु, नाम लिए का होई।
धन के कहै धनिक जो हो तो, निरधन रहत न कोई।

अगर धन कहने से धनिक हो जाते, तो सभी धनिक हो गए होते। धन ही धन तो लोग कह रहे हैं। लेकिन धन कमाना पड़ता है, तब कोई धनिक होता है। राम भी कमाना पड़ता है, तब कोई राम का होता है।

सांची प्रीति विषय माया सूं, हरि भगवत सूं हांसी।
कहै कबीर प्रेम नहिं उपज्यौ, बांध्यो जमपुर जासी।

'सांची प्रीति विषय माया सूं...।' और ये तथाकथित जो पंडित हैं, जो राम-राम की बकवास लगाए रखे हैं और बड़ा विवाद और तर्क फैलाए रखे हैं, और प्रमाणित करते हैं कि ईश्वर है, या नहीं; ऐसा है, वैसा है; उसका रूप, उसका रंग, उसका ढंग, सब ब्यौरे से समझाते हैं—इनको अगर गौर से देखोः 'सांची प्रीति विषय माया सूं!' इनकी सच्ची लगन तो विषय और माया में है। इन पंडितों को खरीद लेना बड़ा आसान है। ये पंडित तुम जो चाहो, वही कहने लगेंगे; इनकी आकांक्षा पूरी कर दो। ये तुम्हारे घर सौ रुपए महीने पर आकर प्रार्थना कर जाते हैं; पूजा कर जाते हैं। तुम सोचते हो, तुम किसको धोखा दे रहे हो! पूजा भी किसी और से करवा रहे हो!

यह तो ऐसे ही हुआ कि तुम्हें प्रेम करना हो अपने बेटे से, और एक नौकर रख लो कि 'मुझे तो फुरसत रहती नहीं, तो तू आकर कभी-कभी इसका सिर थप-थपा दिया कर; कभी इसको गले लगा लिया कर—मेरी तरफ से!' यह बात बेहूदी लगती है। लेकिन परमात्मा के साथ लोग यही करते हैं। आदमी रख लेते हैं किराए का कि तू पूजा कर जाया कर रोज। मैं तो, इतना समय नहीं है कि घंटी बजाऊं कि थाली सजाऊं, कि आरती उतारूं—तू उतार दिया कर; यह काम तू कर दिया कर, फल मैं ले लूंगा; तू अपना रुपया ले लेना।

तुम किसको धोखा दे रहे हो? पंडित को कुछ लेना नहीं, उसे रूपये लेना है। कल अगर उसे कोई और ज्यादा रूपये देने वाला मिल जाएगा, तो तुम्हें छोड़ जाएगा। कल अगर उसे कोई और धन देने वाला मिल जाएगा, तो वह हिंदू धर्म छोड़कर मुसलमान हो सकता है; मुसलमान छोड़कर ईसाई हो सकता है।

तुम देखते हो—ईसाइयों ने इतने लोग ईसाई बनाए हैं—सब प्रलोभन के आधार पर! रोटी-रोजी, नौकरी मिल जाती है, शिक्षा मिल जाती है, अच्छा मकान मिल जाता है। ठीक है; आदमी ईसाई हो जाता है।

मुसलमानों ने कितने लोग मुसलमान बना लिए—तलवार के बल पर! यह बड़े मजे की बात है—तलवार के बल पर आदमी धार्मिक हो गया, मुसलमान हो गया! घबड़ा गया मरने से; सोचा—चलो ठीक है, जान बचाओ। 'लौटकर बुद्धू घर को आए, जान बची और लाखों पाए!'

चलो, जान बचाओ, मुसलमान हो जाओ, इसमें रखा क्या है? वह मुसलमान हो गया!

तुम्हारा हिंदू, मुसलमान, ईसाई—वास्तविक तुम्हारे हृदय के अनुभव से निकला है, कि ऐसा ही कुछ बाहरी बातों से तय हो गया है? और न तुम तलवार से झुके हो, न तुम रोटी-रोजी से झुके हो—फिर भी तुम्हारा हिंदू-मुसलमान होना कितने मूल्य का है! हिंदू-घर में पैदा हो गए तो हिंदू, क्योंकि मां-बाप ने दिमाग में हिंदू-धर्म घुसा दिया। न उनके पास हिंदू-धर्म था, न उनके मां-बाप के पास था। उधार उनका था, उधार तुम्हें बना दिया। यह सब थोथा है।

इसलिए कबीर कहते हैं—*'पंडित बाद वदंते झूठा। सांची प्रीति विषय-माया सूं।'*

पंडित से कहते हैं—तेरी प्रीति हमें राम में नहीं लगती। तेरी प्रीति तो हमें लगती है धन, पद, प्रतिष्ठा—इसमें।

देखते हो तुम—इलाहाबाद हाई-कोर्ट में मुकदमा चल रहा है वर्षों से। शंकराचार्य की एक गद्दी पर दो आदमियों का दावा है कि असली शंकराचार्य कौन! अब यह बड़े मजे की बात है कि शंकराचार्य होने का निर्णय भी अदालत करेगी, कि असली शंकराचार्य कौन! और ये जो दो आदमी अदालत में मुकदमा लड़ रहे हैं शंकराचार्य होने का, इनको शंकराचार्य से कुछ भी लेना-देना है? इनको पद की फिक्र है। उस गद्दी पर करोड़ों रुपए हैं, पद-प्रतिष्ठा है। उस गद्दी पर जाना है। ये राजनीतिज्ञ हैं। इनका धर्म से क्या लेना-देना!

इनको अगर कल कोई और ज्यादा बड़ी गद्दी देने को मिल जाए, कोई कहे कि 'आओ, चलो, पोप हो जाओ वेटिकन के, कहां तुम यह छोटी-मोटी बात में पड़े हो, इसमें रखा क्या है! शंकराचार्य की गद्दी का मूल्य कितना है? आ जाओ, पोप हो जाओ।' पोप की तो बड़ी ही महिमा है। आधी पृथ्वी ईसाई है। अरबों-खरबों रुपयों का फैलाव है। सम्राट है पोप। तो ये वहां चले जाएंगे। इनको क्या लेना-देना है।

मैंने सुना है—एक पादरी रोज प्रवचन देता था, तो गांव का सबसे बूढ़ा आदमी सामने ही बैठता था—बड़ा प्रतिष्ठित धनी आदमी। और न केवल सामने बैठता था...। उम्र भी कोई अस्सी-बयासी साल की हो गई—थका-मांदा जिंदगी भर का। मगर वह दानी भी था। चर्च को उसने दान भी दिया था। और सबसे बड़ा प्रतिष्ठित नागरिक भी था, मेयर भी रह चुका था। और कई बातें थीं। तो वह सामने ही बैठता और पुरोहित को बहुत अखरता, क्योंकि वह दो-तीन मिनट में ही सो जाता। सिर हिलाने लगता। न केवल इतना—घुर्राता भी! सामने ही घुर्राता—बैठकर। तो वह पुरोहित बड़ा परेशान होता। उसको बड़ी बाधा पड़ती। उस बूढ़े के साथ उसका छोटा नाती भी आता था—सात-आठ साल का लड़का।

उसने तरकीब निकाली। पुरोहित ने उसके नाती को एक दिन अलग से बुलाया और कहा कि 'देख, तू अपने दादा को जगा दिया कर, मैं तुझे चार आने दिया करूंगा। जब भी वे सोएं, जगा दिया। जरा-सा धक्का मार दिया।'

चार आने के लोभ में उसने कहा, 'अच्छा कर देंगे।' तो जैसे ही बूढ़ा सोता, वह लड़का उसको जगा देता। ऐसा तीन सप्ताह तक तो बिलकुल ठीक चला। वह पुरोहित बड़ा प्रसन्न था। लेकिन चौथे सप्ताह देखा कि बूढ़ा सो रहा है, घुर्रा रहा है; लड़का बैठा है और जगा नहीं रहा। उसे

बड़ी हैरानी हुई। उसने एक-दो दफे इशारा भी कियाः लड़का इधर-उधर देखे। उसने उसको फिर इशारा किया कि... । उस लड़के ने इशारा कर दिया कि 'नहीं'। पीछे उसको बुलाकर पूछा कि 'बात क्या है! हम तेरे को चार आने देते हैं, काहे का देते हैं? चार आने रोज हम तेरे को देते हैं। तू जगाता क्यों नहीं?'

उसने कहा—'दादा आठ आने देने लगे हैं। उन्होंने कहा है : 'मुझे जगाना भर नहीं, आठ आना ले लिया कर। अब मैं नहीं जगा सकता। अब आप सोच लो। अगर रुपए का इरादा हो...!'

तुम्हारी चाहत क्या है, उसपर सब निर्भर होगा।

'सांची प्रीति विषय-माया सूं, हरि भगतन सूं हांसी।' और ये पंडित-पुरोहित—धन के पीछे दीवाने, पद के पीछे दीवाने, प्रतिष्ठा के पीछे दीवाने, घने अहंकार से भरे हुए लोग—और भक्तों के लिए हंसते हैं— *'हरि भगतन सूं हांसी।'*

कबीर अनुभव से कह रहे हैं। कबीर काशी में रहे हैं—पंडितों के घर में रहे। कबीर की खूब हंसी उड़ाई होगी उन्होंने कि कबीर पागल है, कि कबीर के वंश का कुछ ठिकाना नहीं है—कि हिंदू है कि मुसलमान, कुछ पक्का नहीं है; भ्रष्ट है; जुलाहे के घर में पला है, शूद्र है। कबीर की खूब हंसी उड़ाई होगी उन्होंने। कबीर के भक्तों की हंसी उड़ाई होगी कि कहां जाते हो, किसके पास जाते हो?

तो कबीर कहते हैं कि खुद का तो मन विषय-माया में लगा है—*हरि भगतन सूं हांसी*—और जो हरि के भक्त हैं, उनके प्रति हंसते हो!

भक्तों के प्रति हमेशा पंडित हंसा है। भक्त को पंडित बरदाश्त नहीं कर सकता। क्योंकि भक्त होता है, हृदय से; और पंडित जीता है खोपड़ी में। खोपड़ी सदा हृदय पर हंसती है।

इसलिए तो लोग कहते हैं—'प्रेम अंधा होता है।' कौन कहता है यह?—यह खोपड़ी कहती है कि प्रेम अंधा होता है। प्रेम आता हृदय से। खोपड़ी कहती है : हृदय की बकवास में मत पड़ना, नहीं तो झंझट में आओगे। मेरी सुनो, मेरी मानो, अगर होशियारी से जीना हो, अगर दुनिया में कुछ कर जाना हो— धन कमाना हो, पद कमाना हो—मेरी सुनो। हृदय की सुनी—कि गए। न घर के रहोगे, न घाट के। हृदय की बात में पड़ना ही मत, यह भावनाओं का मामला है; भावनाएं तो अंधी होती हैं। यह दुनिया कहीं भावना से चलती है? यहां हिसाब-किताब चाहिए, तर्क-बुद्धि चाहिए, यहां होशियारी चाहिए, चालाकी चाहिए, कपट-कुशलता चाहिए। यहां राजनीति-कूटनीति चाहिए। यह प्रेम-व्रेम से होगा? प्रेम-व्रेम को हटाकर रखो, अलग करो, बीच में मत आने दो। अगर प्रेम को बीच में लाए, तो मुश्किल पड़ेगी।

प्रेम मुश्किल लाता है। इसलिए तो लोगों ने प्रेम को बिलकुल बांधकर रख दिया है। प्रेम मुश्किल लाता है सच है; लेकिन प्रेम आनंद भी लाता है। और इसलिए तो लोग निरानंद हो गए हैं। प्रेम को बांधकर रख दिया है; मुश्किल से डर गए हैं। तो जीवन से सारा सुख, सारा संगीत खो गया है। जी रहे हैं—मरुस्थल की तरह। मरुद्यान भी नहीं। एक जरा-सा जल का झरना भी नहीं। सूखे-साखे लोग, जिनके जीवन में कोई रसधार नहीं बहती!

सांची प्रीति विषय-माया सूं, हरि भगतन सूं हांसी।
कहै कबीर प्रेम नहिं उपज्यौ, बांध्यो जमपुर जासी।

और कबीर कहते हैं—समझ लो इस बात को। यह खोपड़ी के खेल से कुछ भी न होगा, तर्क से कुछ भी न होगा, विचार से कुछ न होगा, ज्ञान से कुछ न होगा। होगा, तो प्रेम से होगा। *'कहै कबीर प्रेम नहिं उपज्यौ'*... अगर प्रेम नहीं उपजा, अगर भावना नहीं जगी, अगर भाव नहीं उठा—तो याद रखो; 'बांध्यो जमपुर जासी' जल्दी ही यम के दूत आएंगे और ले जाएंगे नरक। क्योंकि प्रेम ही केवल स्वर्ग ले जाता है। क्योंकि प्रेम ही प्रार्थना बन सकता है। और प्रार्थना ही परमात्मा के चरणों तक ले जा सकती है।

धन्यभागी हैं वे, जो प्रेम कर पाते हैं। मृत्यु से वे ही बच सकेंगे, जो प्रेम कर पाते हैं।

प्रेम ही एकमात्र अमृत की झलक है—इस मृत्यु के लोक में। इस अंधेरी रात में, जहां सब रास्ते उलझ गए हैं—प्रेम ही एक रोशनी है, एक दीया है।

प्रेम की सुनो। प्रेम की मानो। और प्रेम जो गंवाने को कहे, गंवा दो। प्रेम के साथ जो भी गंवाया, वह कमाना है। और बुद्धि के साथ जो भी कमाया, वह एक दिन गंवाना होगा।

होशियारी छोड़ो। समझदारी छोड़ो। नासमझी में बड़ा रस है। अज्ञानी हो रहो, क्योंकि अज्ञान निर्दोष है। ज्ञान की अकड़ डुबाएगी। यह ज्ञान का पत्थर तुम्हारी छाती से बंधा रहा, तो डूबोगे। 'बांध्यो जमपुर जासी।'

'चलन चलन सब कोइ कहत है, ना जानै बैकुंठ कहां है।' और यह पंडित लोगों से कहता है कि 'चलो, चलो, उठो, परमात्मा को पाने चलो; स्वर्ग को खोजो; मोक्ष की यात्रा करो।'

'चलन चलन सब कोइ कहत है, ना जानै बैकुंठ कहां है।' और इसको खुद भी पता नहीं कि बैकुंठ है कहां! इसने खुद देखा नहीं आंख से! इसने परमात्मा की तस्वीर देखी नहीं, क्योंकि परमात्मा की तस्वीर देखी होती, तो इसका जीवन और होता। इसका जीवन तो गवाही नहीं देता। इसका जीवन तो प्रमाण नहीं देता कि इसने परमात्मा को देखा।

जिसने एक बार देख लिया परमात्मा को, एक झलक भी, एक बार कौंध गई उसकी बिजली—फिर वह आदमी कुछ और ही ढंग का आदमी हो जाता है। वह आदमी इस जगत में बिलकुल अजनबी हो जाता है। इस जगत में वह इस जगत का नहीं होता—इस जगत के पार का प्रतीक हो जाता है। और वह एक दफे झलक जाए, तो भूलती नहीं याद; सतत बनी रहती है।

साधारण प्रेम में ऐसा हो जाता है तो परमात्मा के प्रेम का तो कहना ही क्या? यह गीत सुनो—

कुछ दिनों से, करीबे-दिल है वो दिन
जब अचानक, इसी जगह, इक शक्ल
मेरी आंखों में मुस्कुराई थी
एक पल के लिए तो—एक वो शक्ल
जाने क्या कुछ थी, झूठ भी, सच भी

शायद इक भूल—शायद इक पहचान
कुछ दिनों से तो, जान-बूझ के, अब
ये समझने लगा हूं, मैं ही तो हूं
जिसकी खातिर ये अक्स उभरा है
कुछ दिनों से तो, अब मैं दानिस्ता
इस गुमां का फरेब खाता हूं
रोज, एक शक्ल, इस दोराहे पर
अब मेरा इंतिजार करती है
एक दीवार से लगी, हर सुबह
टिकटिकी बांध, नीमरुख, यकसूं
अब मेरा इंतिजार करती है
मैं गुजरता हूं—मुझको देखती है
मैं नहीं देखता—वो देखती है
उसके चेहरे की साख्त, साऊते-दीद
जर्द ओठों की पपड़ियां, पीतल
सुर्ख आंखों की टुकड़ियां कुरमज!
रोगनी धूप में, धंसते हुए पांव
मुंतिजर-मुंतिजर, उदास-उदास
एक यही चेहरा, एक पल के लिए
जाने क्या कुछ था—लेकिन अब तो मुझे
अपनी ये भूल भूलती ही नहीं!
एक दिन ये शबीह देखी थी
कुछ दिनों से करीबे-दिल है वो दिन
कुछ दिनों से तो बीतते हुए दिन
इसी एक दिन में ढलते जाते हैं
दिन गुजरते हैं अब तो यूं जैसे
उम्र इसी दिन का एक हिस्सा है
उम्र गुजरी—ये दिन नहीं गुजरा
जिस तरफ जाऊं—जिस तरफ देखूं
मुझसे ओझल भी—मेरे सामने भी
शक्ल एक—टीम के वर्क पे वही
शक्ल एक—दिल के चौखटे में वही!

यह गीत तो साधारण प्रेम का है। अगर तुमने किसी के चेहरे को चाहा एक क्षण को; एक क्षण को किसी के चेहरे का सौंदर्य तुम्हें भावाभिभूत कर गया; एक क्षण को कोई चेहरा तुम्हारी आंखों में उतर गया; एक क्षण को—जब विचार बंद हो जाते हैं; एक क्षण को—जब मन में कोई तरंग नहीं होती; एक क्षण को—जब हृदय के द्वार खुले होते हैं; एक क्षण को—जब यह अक्स, यह प्रतिबिंब तुम्हारे हृदय में उतर जाता है और बैठ जाता है—फिर भूले नहीं भूलता।

एक यही चेहरा—एक पल के लिए
जाने क्या कुछ था—लेकिन अब तो मुझे
अपनी ये भूल भूलती ही नहीं!
एक दिन ये शबीह देखी थी
कुछ दिनों से करीबे-दिल है वो दिन
कुछ दिनों से तो बीतते हुए दिन
इसी एक दिन में ढलते जाते हैं
दिन गुजरते हैं अब तो यूं जैसे
उम्र इसी दिन का एक हिस्सा है
उम्र गुजरी—ये दिन नहीं गुजरा
जिस तरफ जाऊं—जिस तरफ देखूं
मुझसे ओझल भी—मेरे सामने भी
शक्ल एक—टीम के वर्क पे वही
शक्ल एक—दिल के चौखटे में वही!

तो परतात्मा का तो कहना ही क्या! एक बार दरस-परस हो जाए। '*बिनु देखे बिनु अरस-परस बिनु*, नाम लिए का होई।' एक बार क्षणभर को, पलभर को दर्शन हो जाए तो तुम चकित हो जाओगे। जन्मों-जन्मों चिल्लाने से जो नहीं हुआ, वह हो जाता है।

'चलन चलन सब कोइ कहत है, ना जानै बैकुंठ कहां है।
'जोजन एक परमिति नहीं जानै। बातनि हीं बैकुंठ बखानै।'

हालांकि पंडितों से पूछो, तो वे नक्शा रखकर बता देते हैं कि बैकुंठ यहां है। यहां से यहां जाना पड़ेगा, यहां से यहां जाना पड़ेगा; यह स्वर्ग है; यहां नरक है; यहां सात नरक हैं, यहां सात स्वर्ग हैं—सारा नक्शा बता देते हैं! गए कहीं नहीं। अनुभव कुछ भी नहीं किया है। नक्शे खोलकर रख देते हैं। सीमा बता देते हैं—कि ये सीमाएं हैं। और यह सब बात-चीत है।

'बातनि हीं बैकुंठ बखानै'...। क्योंकि बैकुंठ बाहर नहीं है, भूगोल का हिस्सा नहीं है। इसलिए बैकुंठ का कोई नक्शा नहीं हो सकता है। बैकुंठ तो भीतर की दशा है—अंतरदशा है। बैकुंठ तो अपने भीतर डूब जाने का नाम है।

मोक्ष बाहर नहीं है। मोक्ष तुम्हारा स्वभाव है। उसका नक्शा नहीं हो सकता है। ये सब नक्शे

झूठे हैं। *'पंडित बाद वदंते झूठा।'*

जब लगि है बैकुंठ की आसा। तब लगि नहिं हरिचरन निवासा।

और कबीर कहते हैः यह भी तू समझ ले पंडित कि जब तक बैकुंठ की आशा लगाए रखे है, तब तक हरि के चरण न मिलेंगे, क्योंकि यह आशा ही बाधा बन जाएगी।

प्रभु-चरण की मांग एक बात है; बैकुंठ की आशा दूसरी। यह तो फिर सुख की ही इच्छा है। यहां धन चाहते थे, वहां भी धन चाहते हो। यहां पद चाहते थे, वहां भी पद चाहते हो। यहां महल चाहते थे, वहां भी महल चाहते हो। जो यहां नहीं मिला, वह सब वहां चाहते हो।

जब लगि है बैकुंठ की आसा, तब लगि नहिं हरिचरन निवासा।

जब तक तुम और मांगते हो, तब तक परमात्मा न मिलेगा। परमात्मा उसे मिलता है, जो कहता है—सब छिन जाए, बस मैं तुझे चाहता हूं, तेरे चरण चाहता हूं।

इसलिए भक्तों ने कहा—छोड़ो बैकुंठ, हमें बैकुंठ नहीं चाहिए। मोक्ष, रखो तुम अपना, हमें नहीं चाहिए। हमें तुम्हारे चरण की रज बन जाने दो। हम तुम्हारे पैरों के पास पड़ जाएं, बस इतना बहुत है। और क्या चाहिए—अगर उस पड़ जाने में ही मोक्ष है!

जिसने मोक्ष की वासना की, वह मोक्ष से वंचित रह जाएगा। क्योंकि मोक्ष का अर्थ ही होता है—निर्वासना में मिलता है जो। मोक्ष की वासना भी वासना है। मोक्ष तो तभी है जब कोई वासना न रही। मोक्ष वासना का अभाव है।

कहै सुनै कैसे पतिअइए। जब लगि तहां आप नहिं जइए। और कहते हैं कबीर कि पंडित, जब तक तू वहां नहीं गया, *कहै सुनै कैसे पतिअइए*—कहने-सुनने से कहीं प्रतीति होती है? अंधे को लाख कहो कि रोशनी है, क्या प्रतीति होगी? और बहरे को लाख कहो कि संगीत है, क्या प्रतीति होगी? *'कहै सुनै कैसे पतिअइए?'* प्रतीति ही नहीं होगी—*'जब लगि तहां आप नहिं जइए।'* जब तक वहां स्वयं नहीं पहुंच जाओगे, तब तक कुछ न होगा।

'कहै कबीर यहु कहिए काहि।' कबीर कहते हैं—यह मैं किससे कहूं? यह मैं किसको समझाऊं? पंडितों ने लोगों के चित्त विकृत कर दिए हैं। *'कहै कबीर यहु कहिएं काहि! साध संगति बैकुंठहि आहि।'*

कबीर कहते हैं—शास्त्रों की संगति नहीं—साध-संगत। शब्दों की व्यवस्था नहीं—साधु-संघ। वहीं बैकुंठ है।

परमात्मा तो दूर है। हमें उसका कोई अनुभव नहीं। और कबीर कहते हैं—जब तक उसका अनुभव न हो, तब तक कुछ हो नहीं सकता। फिर हम करें क्या? हम जाएं कैसे उसके पास? शास्त्र से जा नहीं सकते; राम-राम रटने से जा नहीं सकते। वह तोता-रटंत हो जाएगी। वाद-विवाद से जा नहीं सकते। पुण्य करें, तो अहंकार बनता है। तप-तपश्चर्या करें, तो अहंकार बनता है। मंदिर-मसजिद सब आदमी के बनाए हुए हैं। तो फिर हम करें क्या? तो कबीर रास्ता बताते हैं।

कबीर कहते हैं—रास्ता है—'साध-संगति बैकुंठहि आहि।' साधु की संगत करो। सद्गुरु की संगत करो। खोजो। जरूर कोई ऐसा व्यक्ति मिल जाएगा, जिसमें तुम्हें झलक मिलेगी पार की। फिर उसका हाथ पकड़ लो, फिर उसकी छाया बन जाओ। फिर उससे कहो—

सखा ओ
छाया दो!
मन की तपन को
देखा-अनदेखा मत करो
अपनी ही मरजी रेखा मत करो
चित्त के इस तट पर
किरनें ही किरनें
कहां तक सहूं
ध्यान दो—थोड़ा ही सही
छाया-छाया की मेरी
इस रट पर
सखा ओ, छाया दो!
छाया भी चाहिए
विरक्ति का प्रकाश पड़ चुका है
अनुरक्ति की माया भी चाहिए!
सखा ओ, छाया दो!

फिर किसी साधु का, किसी सद्‌गुरु का संग करो। फिर उसकी छाया मांगो। उससे कहो; बस पास बैठ जाने दो। उससे कहो : तुम बरसो और मेरे खाली घड़े को पास रहने दो।

साधु तो बरस ही रहे हैं। तुम्हारा खाली घड़ा रखकर पास बैठ जाओ। साध-संगत! तो यहीं से तुम्हें धीरे-धीरे अनुभव मिलेगा।

तुमने तो नहीं जाना, लेकिन किसी ने जाना है। तुमने देखा, तुम तो बगीचे नहीं गए थे, कोई और बगीचा गया था। लेकिन जब बगीचे से कोई घूमकर आता है, तो उसके वस्त्रों में फूलों की थोड़ी सुगंध आ जाती है। तुम तो बगीचे नहीं गए, लेकिन कोई बगीचा घूमकर आया है—सुबह की ताजा हवा में; फूलों की गंध उस पर पड़ी है; पक्षियों के गीत उस पर पड़े हैं; चला है घास पर, जहां रात भर की ठंडी जमी हुई ओस थी—जब यह आदमी बगीचे से लौटता है, तब कुछ बगीचा अपने साथ ले आता है। अगर तुम गौर से देखो, तो इस आदमी में थोड़ी हरियाली पाओगे; थोड़ी फूलों की लरजती हुई गंध पाओगे; थोड़ी ताजगी पाओगे। सुबह की ताजगी इसकी आंखों में दिखाई पड़ेगी। यह साधु-संगत। इसके संग हो लो। इसे बगीचे का पता है। कभी इसके संग लगे-लगे तुम भी पहुंच जाओगे।

साधु का अर्थ है—जो परमात्मा में होकर आता है; या परमात्मा में जीने लगा है। इसके पास बैठो। इसका एक हाथ परमात्मा में है। इसका दूसरा हाथ तुम पकड़ लो। हालांकि परमात्मा से तुम अभी सीधे नहीं जुड़े, लेकिन फिर भी संपर्क हो गया। यही संपर्क बढ़ते-बढ़ते एक दिन परमात्मा से संबंध बन जाता है।

'मथुरा जाउ भावै द्वारिका, भावै जाउ जगनाथ।' चाहे मथुरा जाओ, चाहे द्वारिका, और चाहे जगन्नाथ। *'साध-संगत हरि भजन बिन, कछू न आवै हाथ।'* साधु-संगत के बिना कुछ भी हाथ न आएगा; और साधु-संगत में ही जो स्मृति आती है प्रभु की, वह तोता-रटंत नहीं होती; वह हरि-भजन बन जाता है।

पंडित से सीखा—तो तोता-रटंत। उसके पास ही नहीं है खुद; वह खुद ही उस बगीचे में नहीं गया। साधु से सीखा—तो हरि-भजन। बड़ा फर्क है। ऊपर से देखने में एक जैसा ही लगेगा।

साध-संगति हरि-भजन बिन, कछू न आवै हाथ।

पहले साधु की संगत करो, फिर तुम्हारे भीतर अपने-आप भजन उठने लगेगा। उसके संग-संग रहते-रहते उसका रोग तुम्हें लगेगा, यह रोग संक्रामक है। उसकी तरंग तुम्हें भी पकड़ लेगी। उसकी लहर तुमको भी लहराने लगेगी। उसकी मत्तता तुम्हारे भीतर भी शराब की तरह उतरने लगेगी; तुम भी डोलने लगोगे; तुम भी मस्त होने लगोगे; तुम भी नाचने लगोगे। *'साध-संगति हरि-भजन बिन, कछू न आवै हाथ।'*

मे संगी दोई, एक वैष्णो एक राम।
यौ है दाता मुकति का, वो सुमिरावै नाम।

बड़ा प्यारा वचन है—बड़ा बहुमूल्य। कबीर कहते हैं: *मेरो संगी, दोई जन...!* दो से मेरी दोस्ती है; बस दो ही से मेरा संग-साथ है। बस दो ही साथ-योग्य भी हैं—'एक वैष्णो, एक राम।' एक तो राम और एक राम को जिसने अनुभव कर लिया, वह है वैष्णव। वैष्णव का अर्थ होता है—विष्णु को जिसने अनुभव कर लिया। तो दो ही संगी-साथी हैं इस जगत में— एक तो सत्य और एक तो सत्य को अनुभव कर लिया, सद्गुरु।

मेरो संगी दोई जन, एक वैष्णौ एक राम।
यो है दाता मुकति का, वो सुमिरावै नाम।

राम से तो मिलती है मुक्ति; वह तो दान देने वाला है मुक्ति का। लेकिन राम को कौन याद दिलाएगा? वो सुमिरावै नाम; वह जो वैष्णव है, वह जिसने सुमर लिया है, वह जिसने जान लिया है।

ये दो ही दोस्तियां करने जैसी हैं। और तुमने ना मालूम कितनी दोस्तियां की हैं, और ये दो से तुम बचे हो। और स्वभावतः राम से तो दोस्ती बाद में होगी, पहले दोस्ती तो राम के किसी प्यारे से होगी। राम के पास जाना हो, तो हनुमान को पकड़ो; राम के किसी प्यारे को पकड़ो। कृष्ण के पास जाना हो, तो राधा के पीछे लग जाओ; कृष्ण के किसी प्यारे को पकड़ो।

'यो है दाता मुकति का, वो सुमिरावै नाम।' तो पहले तो जो तुम्हें उसका नाम सुमिरा दे...। और पंडित से बचना, नहीं तो तोता बन जाओगे; राम-राम जपने लगोगे। न उसके पास राम था, न तुम्हें मिल सकता है। जिसे मिल गया हो, उससे लेना हरि-भजन। मंत्र उससे लेना, जो पहुंच गया हो; उससे लेना दीक्षा, जो पहुंच गया हो। जो बैकुंठ में निवास कर रहा हो, वही तुम्हें स्मरण दिला सकेगा बैकुंठ का। दिलाने की जरूरत भी नहीं पड़ती; तुम उसके पास ही बैठते-बैठते धीरे-धीरे

स्मरण से भर जाओगे।

'हरि सेती हरिजन बड़े'—यह वचन खूब बांधकर रख लेना। हीरों में तौला जाए, तो भी वजनी सिद्ध होगा— *'हरि सेती हरिजन बड़े।'* कबीर कहते है : हरि से भी बड़े हैं हरिजन। जिन्होंने हरि को पा लिया, वे हरि से भी बड़े हैं। क्यों? *'हरि सेती हरिजन बड़े, समझि देखु मन मांहि।'* खूब समझ लो इस बात को, कबीर कहते हैं।

'कह कबीर जग हरि विषे, सो हरि हरिजन मांहि।' जगत हरि में है, अस्तित्व हरि के भीतर है। सारा जगत, अस्तित्व हरि के भीतर है। जगत हरि में है और हरि हरिभजन में है। तो स्वभावतः कौन बड़ा? यह जगत तो हरि के भीतर है; जैसे हरि के हृदय में यह जगत धड़क रहा है। उसके बिना यह नहीं हो सकेगा। यह जगत हरि के हृदय में बैठा है; और हरि? भगत के हृदय में बैठे हैं। तो भगत तो बड़ा हो गया; भगवान से बड़ा हो गया।

तुम उसी दिन भगवत्ता को उपलब्ध हो जाते हो—भगवत्ता से भी ऊपर उठ जाते हो—जिस दिन तुम्हारे हृदय में राम बैठ जाते हैं। राम में सारा जगत समाया है—और राम के भगत में राम समाए हैं।

हरि सेती हरिजन बड़े, समझि देखु मन मांहिं।
कह कबीर जग हरि विषे, सो हरि हरिजन मांहि।

जैसे जगत हरि में समाया है, ऐसे हरि हरि के भगत में समाए हैं, वैष्णवजन!

नरसी मेहता का वचन है—*'वैष्णवजन तो तेने कहिए, जे पीर पराई जाणे रे।'* उसको कहते हैं वैष्णवजन, जो दूसरे की पीड़ा जानने लगा। दूसरे की पीड़ा तुम तभी जानोगे, जब राम से मिलन हो जाएगा। तब तुम पाओगे कि सारा जगत राम को बिना पाए तड़प रहा है। तब तुम पाओगे : तुम्हारा तो उत्सव का क्षण आ गया, तुम्हारा तो महोत्सव आ गया, और सारा जगत पीड़ा में सड़ रहा है। और अकारण! जबकि राम सभी को मिल सकते हैं। सब हकदार हैं। यह हमारा स्वरूपसिद्ध अधिकार है। लेकिन अपने हृदय में टटोलोगे, तो ही राम को पा सकोगे। वहां राम बसे हैं। और राम में सारा जगत है।

ऐसे हरिजन की बड़ी महिमा कबीर ने गाई है—सभी संतों ने गाई है।

सार-सूत्र उससे सीखना, जो जानता हो; उससे नहीं, जो मानता हो। उसके पास बैठना, जो परमात्मा के पास बैठा हो; उसके पास नहीं, जिसके पास केवल शब्द हों। उसे खोजना, जिसके प्रेम में डूब सको; जिसकी भाषा में नहीं, जिसके प्रेम में पग सको। किसी वैष्णवजन को खोजना। किसी हरिजन को खोजना। उसके ही साथ बैठते-बैठते हरिभजन उठेगा।

साध-संगति हरिभजन बिन, कछू न आवै हाथ।
मथुरा जाउ भावै द्वारिका, भावै जाउ जगनाथ।

जाओ कहीं—जगन्नाथ, कि मथुरा, कि द्वारिका, कि काशी, कि कैलाश, कि काबा; जाओ, जहां जाना है—कुछ भी हाथ नहीं आएगा।

साधू-संगति हरिभजन बिन, कछू न आवै हाथ।
मेरो संगी दोइ जन, एक वैष्णो एक राम।
यो है दाता मुकति का, वो सुमिरावै नाम।।
हरि सेती हरिजन बड़े, समझि देखु मन मांहि।
कह कबीर जग हरि विषे, सो हरि हरिजन मांहि।

सावधान पांडित्य से। और अगर मिल जाए कोई साधु-जन, तो पागल होने में संकोच मत करना। मिल जाए कोई हरि का प्यारा, तो फिर दांव पर लगा देना। फिर जुआरी बन जाना। इसके जुआरीपन का नाम ही दीक्षा है। और जो दीक्षित हुआ, वही पहुंच सकता है।

आज इतना ही।

शून्य में छलांग

दो

प्रश्न-सार

1. मैं शून्य होता जा रहा हूं; अब क्या करूं?
2. कबीर का धर्म-गुरु की तरह व्यापक प्रभाव क्यों नहीं पड़ा?
3. दुःख से मुक्ति कैसे मिले?
4. गुरु-कृपा कब मिलेगी मुझे?

पहला प्रश्नः मैं शून्य होता जा रहा हूं; अब क्या करूं?

भई, अब किए कुछ भी न हो सकेगा! थोड़ी देरी कर दी। थोड़े समय पहले कहते, तो कुछ किया जा सकता था। शून्य होने लगे—फिर कुछ किया नहीं जा सकता। करने की जरूरत भी नहीं है। क्योंकि शून्य तो पूर्ण का द्वार है।

तुम शून्य होओगे, तो ही परमात्मा तुममें प्रविष्ट हो सकेगा। तुम अपने से भरे हो, यही तो अड़चन है। पर खाली होने में डर लगता है। तुम्हारा प्रश्न सार्थक है, संगत है।

जब भी शून्यता आएगी, तो प्राण कंपते हैं; भय घेर लेता है। क्योंकि शून्यता ऐसी ही लगती है, जैसे मृत्यु; मृत्यु से भी ज्यादा। ज्ञानियों ने उसे महामृत्यु कहा है। क्योंकि मृत्यु में तो देह ही मरती है, शून्यता में तो तुम ही मर जाते हो। शून्यता में तो अस्मिता गल जाती है। कोई मैं-भाव नहीं बचता।

अब तुम पूछते हो : मैं शून्य होता जा रहा हूं, क्या करूं? कुछ करने की जरूरत भी नहीं है। आने दो शून्य को! स्वागत करो! सम्मान करो; बंदनवार बांधो; उत्सव मनाओ। क्योंकि शून्य ही सौभाग्य है। और तो कोई सौभाग्य कहां है?

इस जगत में जो मिट जाते हैं, वे धन्यभागी हैं। लेकिन मिटने में अड़चन तो आती ही है। 'मिटना' शब्द ही काटता-सा लगता है।

मिटते-मिटते भी आदमी चेष्टा करता है कि बच जाए? आखिरी-आखिरी क्षण तक तुम किनारे को पकड़े रहोगे। और दूसरे किनारे का बुलावा आ गया है। नाव तट पर खड़ी है—पाल खोल दिया है। वही तो ध्यान है—पाल खोल देना। वही तो समर्पण है—पाल खोल देना। वही तो संन्यास है—पाल खोल देना।

हवाओं ने पाल को भर दिया है, नौका उस पार जाने को तत्पर खड़ी है और तुम किनारे को पकड़े हो। और तुम किनारे से जंजीर नहीं छोड़ते! और तुम चिल्ला रहे हो कि बचाओ! किनारा छूटा जा रहा है! और अब तक इसी किनारे को छोड़ने के लिये चेष्टा की। क्योंकि इस किनारे पर सिवाय

नरक के और कुछ भी पाया न था।

तुमने होकर पाया क्या है? होने से मिला क्या है? होने की दौड़ का नाम ही तो संसार है। खूब तो दौड़कर देख लिए। थक गए जरूर, पहुंचे कहां हो? धूल-धवांस से भर गए; मंजिल कहां है? मार्ग तो बहुत चल लिए, मंजिल का दूर से भी दर्शन तो नहीं होता।

अब भी थके नहीं? अब भी शून्य होने से घबराते हो? होने में कुछ नहीं पाया, अब जरा न होने की भी हिम्मत कर लो। अब न होना भी सीख लो। अब न होने को भी देख लो। क्योंकि जिन्होंने पाया है, उन सबने यही कहा है : नहीं हो गए—तो पाया।

शून्य तो समाधि है। निश्चित ही तुम मिटते हो, मगर यह एक हिस्सा है। जैसे सुबह होती है; रात तो मिटती है, मगर वह एक हिस्सा है। सूरज उग रहा है। सुबह हो रही है। आकाश प्रकाश से भर रहा है। बादलों में नए रंग आ रहे हैं। पक्षी गीत गाने लगे हैं। वृक्ष जागने लगे हैं, प्राण का संचार हुआ है। इसे भी देखोगे या नहीं? या यही देखते रहोगे कि रात टूटी जा रही है! रात बीती जा रही है! रात को ही छाती से लगाए बैठे रहोगे?

निश्चित ही जब प्रकाश होगा, तो अंधेरा जाएगा। तुम अंधेरे हो; तुम्हारा परमात्मा से मिलना नहीं हो सकता। तुम्हारे न-होने में ही मिलन है।

कहीं अंधेरा और प्रकाश का मिलना हुआ है? तुमने संतों की वाणी बहुत सुनी है। सभी संत कहते हैं; परमात्मा प्रकाश है। लेकिन तुमने कभी यह सोचा है कि अगर परमात्मा प्रकाश है, तो मैं कौन हूं? निश्चित ही तुम अंधकार हो। और प्रकाश आएगा, तो अंधकार टूटेगा। और अंधकार टूटे—यही शुभ है।

कबीर ने कहा है : शून्य हो जाने से बड़ी और कोई घटना नहीं है। उस दशा को सहज—शून्य—अवस्था कहा है।

एक बड़ा प्यारा शब्द है, संतों ने बहुत उपयोग किया है। दो अर्थों में उपयोग किया है, इसलिए शब्द बहुत प्यारा है। शब्द है—'खसम'।

संस्कृत में एक अर्थ है'खसम' का। अरबी में दूसरा। संतों ने दोनों अर्थों का एक साथ प्रयोग किया है और चमत्कार ला दिया है इस शब्द में। अरबी में अर्थ होता है—पति। और परमात्मा पति है। परमात्मा कृष्ण है और भक्त उसकी गोपी है। और अस्तित्व रास है।

परमात्मा पति है, मालिक है, प्यारा है, प्रियतम है। संतों ने इस शब्द का भी उपयोग किया इस अर्थ में और चमत्कार ला दिया।

संस्कृत में इसका अर्थ दूसरा है। 'खसम' का अर्थ होता होता है—ख—सम—आकाश जैसा शून्य, ख यानी आकाश। इसलिए पक्षियों को खग कहते हैं। खग यानी जिनकी गति आकाश में है। ख यानी आकाश; ग यानी गति। खसम—आकाश जैसा शून्य।

तो संस्कृत में 'खसम' का अर्थ है महाशून्य और अरबी में 'खसम' का अर्थ है : परम प्यारा। भक्तों ने दोनों को जोड़ दिया। भक्तों ने कहा—दोनों ही ठीक हैं। क्योंकि वह परम प्यारा आकाश जैसा होने से मिलता है।

संस्कृत के अर्थों में 'खसम' हो जाओ, तो अरबी के अर्थों में जो 'खसम' है, वह मिल जाता

है।

तुम घबड़ा रहे हो। पूछते हो—मैं क्या करूं—शून्य हुआ जा रहा हूं? घबड़ाओ मत। उतरो इसमें। इसी में उतरकर कुछ मिले, तो मिले। ये सीढ़ियां उतरो—शून्य की।

डर तो लगेगा। डर के बावजूद उतरो। इसलिए मैं कहता हूं—साहस चाहिए सत्य की खोज में। असत्य छोड़ना पड़ता है, वही साहस की जरूरत है। अंधेरा छोड़ना पड़ता है। देह छोड़नी पड़ती है। मन छोड़ना पड़ता है। सब छोड़ना पड़ता है।

जब छोड़ने को कुछ भी नहीं रह जाता, तुम खाली से रह जाते हो, उसी क्षण पिया उतरता है। जब छोड़ने को कुछ भी नहीं बचता, उसी परम शून्य अवस्था में मिलन है।

तो डरो मत। बचो मत। बड़ी मुश्किल से शून्य होने का क्षण आता है। इसी की तो हम तलाश कर रहे हैं।

अब यह रोज यहां होता है। जिनको शून्य का अनुभव नहीं हुआ, वे पूछते हैं कि कैसे शून्य का अनुभव हो जाए? और जब होने लगता है, तो वे ही आकर कहने लगते हैं कि अब हो रहा है; अब रोको। क्योंकि तुम्हें साफ नहीं है कि शून्य का अनुभव महासुख तो लाएगा; लेकिन महासुख के पहले महापीड़ा से गुजरना जरूरी है।

तुम सिर्फ सुख-ही-सुख की बात सुनते हो। तुमने सुना—समाधि महासुख है, तो लोभ पैदा होता है। चलो, समाधि लग जाए। मगर तुमने यह नहीं सोचा कि समाधि के उस महासुख के लिए कीमत भी चुकानी पड़ती है।

सस्ता नहीं है धर्म; प्राणों से चुकाना पड़ता है मूल्य। बिना मूल्य चुकाए कुछ भी नहीं है—कुछ भी नहीं मिल सकता है।

तो तुमने यह तो सुन लिया कि समाधि में बड़े फूल खिलेंगे—हजार-हजार कमल खिलेंगे, बड़ी सुगंध होगी, बड़ा नृत्य होगा, बड़ा उत्सव होगा, तो लोभ से भर गए। तुमने यह सोचा नहीं कि रास्ते में कांटे भी बहुत गड़ेंगे। गुलाब को तोड़ने जाओगे, तो गुलाब की झाड़ी में हजार कांटे हैं। और जब कांटे चुभेंगे, तब तुम चिल्लाओगे। मगर जरूरी हिस्सा है यात्रा का।

थकोगे, टूटोगे, मिटोगे। कई बार बचोगे। लौट-लौट पड़ोगे मगर जो चल पड़ा इस राह पर, वह वस्तुतः लौट नहीं पाता; ज्यादा-से-ज्यादा देर-अबेर कर सकता है।

अब तुम पूछते हो—'शून्य होता जा रहा हूं...।' अब तुम चाहो तो देर-अबेर कर सकते हो; अगर जोर से किनारे को पकड़े रहोगे, तो देर लग जाएगी। लेकिन अब लौटकर किनारे पर बस न सकोगे। जो होना शुरू हो गया है, वह पूरा होकर रहेगा। किनारे पर बस नहीं सकोगे इसलिए... कि किनारे पर तो बस-बस कर देख लिया है। उसी दुख से घबड़ा कर तो शून्य की तलाश शुरू की थी। और अब शून्य आ रहा है!

माखन चोरी कर तूने
कम तो कर दिया बोझ ग्वालिन का
लेकिन मेरे श्याम बता

अब रीती गागर का क्या होगा?
युग-युग चली उमर की मथनी
तब झलकी घट में चिकनाई
पिरा-पिरा हर सांस उठी जब
तब जाकर मटकी भर पाई
एक कंकड़ी तेरे कर की
किंतु न जाने आकर किस दिशा से
पलक मारते लूट ले गई
जनम-जनम की सकल कमाई
देख समय हो गया पैठ का
पथ पर निकल पड़ी हर मटकी
केवल मैं ही निज देहरी पर
सहमी-सकुची, अटकी-भटकी
पास नहीं अब गोरस कुछ भी
कैसे तेरे गोकुल आऊं?
कैसे इतनी ग्वालिनियों में
लाज बचाऊं अपने घट की
या तो इसको फिर से भर दे
या इसके सौ टुकड़े कर दे
निर्गुन जब हो गया सगुन तब
इस आडंबर का क्या होगा
माखन चोरी कर तूने
कम तो कर दिया बोझ ग्वालिन का
लेकिन मेरे श्याम बता अब
रीती गागर का क्या होगा?

गागरों से हमारे बड़े नाते हैं; पुराने नाते। गागर को ही जाना है हमने। गागर से ही हमारी पहचान है। गागर ही हमारा अनुभव, हमारा ज्ञान; और एक दिन आता है श्याम; और कंकड़ी मारकर तोड़ देता है गागर को। लूट लेता है मक्खन।

वह जो तुमने जनम-जनम में मथ-मथ कर इकट्ठा किया था, मथ-मथ कर जो इकट्ठा किया था, मंथन कर-कर के जो इकट्ठा किया था, वही तो मन है; वही तो मक्खन है। एक दिन लूट लेता है श्याम; मटकी टूट जाती है।

टूटी मटकी मन को बड़ी पीड़ा देती है। क्योंकि इसी मटकी के साथ तुमने तादात्म्य कर

लिया था। इसे ही समझा था—यही मैं हूं।

अब यह मटकी छोड़ो। अब यह मटकी भूलो। जिस दिशा से यह कंकड़ी आई है, अब उस दिशा की तरफ आंखें उठाओ। जिस दिशा से श्याम ने यह कंकड़ मारा, अब उस दिशा में आंखें ले जाओ। अब उसी दिशा में चलो। यह छोड़ो अतीत।

शून्य हुए जाते हो—इसका अर्थ है, अतीत छूटा जाता है हाथ से। मगर अतीत को पकड़ने में भी क्या सार है? जो हो गया, हो गया। जो जा चुका, जा चुका। अब भविष्य की तरफ देखो।

उस किनारे पर नजर अड़ाओ। यह किनारा व्यर्थ हो गया। जी लिया बहुत; अब उस किनारे जीएंगे।

साहस चाहिए होगा। अभियान की हिम्मत चाहिए होगी—दुस्साहस...। क्योंकि दूर का किनारा साफ-साफ दिखाई नहीं पड़ता।

यह किनारा बिलकुल साफ है। यद्यपि दुख ही पाया यहां, लेकिन साफ-सुथरा है; जाना-माना है। इसी पर रहे हैं, इसी पर जीए हैं। दूसरा किनारा तो दूर धुंध में छिपा है। है भी या नहीं—यह भी भरोसे की बात है!

कोई आ जाता है दूसरे किनारे से और कहता है : मैं होकर आया हूं। कोई कबीर, कि कोई नानक। भरोसा आता है। शक भी नहीं किया जा सकता। क्योंकि कबीर किस कारण झूठ बोलें। इसकी आंखों में प्रामाणिकता है। इसके वचन में बल है। और इसके आसपास सुगंध भी है—किसी और जगत की; जो इस जगत की नहीं है; इस किनारे की तो कतई नहीं है। और इसके पास एक मस्ती है, जो किसी और के पास नहीं है। सम्राट हैं, धनी-मानी हैं उनके पास नहीं, जो इस फक्कड़ के पास है।

तो कुछ तो है इसके पास। कुछ देखा है; कुछ दरस-परस हुआ है। कहीं होकर आया है। इसके वस्त्रों में गंध है—अपरिचित, आकर्षक, जादू भरी। यह कुछ पीकर आया है, यह भी पक्का है। इसकी मस्ती कहती है। इसकी मदभरी आंखें कहती हैं। इसकी चाल कहती है। इसके रंग-ढंग और हैं।

ऐसा आदमी इस तट का तो होता ही नहीं। इस तट पर तो बहुत हैं। लेकिन यह किसी और तट से यात्रा करके आ रहा है। तो बात पर भरोसा आता है, श्रद्धा आती है।

लेकिन दूसरा तट दिखाई नहीं पड़ता। दूसरा तट दूर है। इसलिए तो इसको हमने भवसागर कहा है। नदी जैसा नहीं है—कि इस पार खड़े हैं, दूसरा किनारा दिखाई पड़ रहा है, सागर जैसा है—भव-सागर।

यही किनारा दिखाई पड़ता है, दूसरा किनारा तो दिखाई पड़ता ही नहीं। दूर-दूर तरंगें—और तरंगें। जहां तक मनुष्य की आंखें जाती हैं, वहां तक तरंगें-ही-तरंगें हैं। इसलिए तो आस्था का इतना मूल्य है।

आस्था का क्या अर्थ है? आस्था का इतना ही अर्थ है— इस किनारे से खड़े होकर दूसरा किनारा दिखाई पड़ता ही नहीं। अब किसी की बात पर भरोसा करो, तो ही यात्रा हो सकती है।

मगर यात्रा करनी ही होगी। क्योंकि इस किनारे पर कुछ मिलता ही नहीं। खोद-खोद मर

गए, कोई खजाना हाथ नहीं लगा। मिट्टी-ही-मिट्टी—ढेर लगा ली है! सोने की तलाश करते रहे हैं! सोने का दर्शन भी नहीं हुआ; सपने में भी नहीं हुआ।

तो यह तट तो खोज लिया; यह तट तो व्यर्थ हो गया। अहंकार की यात्रा सार्थक नहीं हुई। तो अब ये जो निरहंकारी संत हैं, ये कहते हैं—चलो, उस किनारे। वहां है आनंद। वहां सदा-सदा शाश्वत का वास है। वहां अमृत की वर्षा है। वहां रोशनी-ही-रोशनी है। और वहां अनहद का नाद हो रहा है। चलो।

श्रद्धा से ही चलना पड़ेगा। श्रद्धा इसलिए कमजोर के जीवन में नहीं होती; शक्तिशाली के जीवन में होती है।

आमतौर से लोग सोचते हैं कि श्रद्धालु आदमी कमजोर होता है। गलत। सौ प्रतिशत गलत। श्रद्धालु आदमी ही शक्तिशली आदमी है। बड़ी हिम्मत चाहिए—अनजान पर भरोसा ले आने के लिए; अपरिचित पर भरोसा कर लेने के लिए। बड़ी हिम्मत चाहिए; बड़े जुआरी की हिम्मत चाहिए। और चल पड़ना है। और जो जाना है, वह छोड़ देना है। जो पहचाना है, वह छोड़ देना है। वह सब छूट जाएगा। और जिसको कभी जाना नहीं, उसकी तलाश में निकल जाना है।

वही घड़ी करीब आ गई है। तुम्हारी जंजीरें टूटी जाती हैं—इस किनारे से। अब अपने को व्यर्थ मत रोको। चलो। श्रद्धा रखो।

इस शून्य को श्रद्धा से जोड़ लो। यही शून्य नाव बन जाएगा। यह तुम्हें उस पार लगा देगा। इसी शून्य की नाव ने बहुतों को पार लगाया है। जिनको भी पार लगाया है, इसी नाव ने पार लगाया है।

दूसरा प्रश्नः 'मैं पूरा पाया' कहने वाले कबीर साहब, जिनका एक पांव इसलाम में था और दूसरा हिंदू-धर्म में, धर्म-गुरु के रूप में उतने प्रभावी क्यों नहीं हुए, जितना होना चाहिए था?

पहली तो बात—धर्मगुरु और सद्गुरु में फर्क कर लेना। धर्मगुरु तो अकसर थोथा होता है। जैसे पोप धर्मगुरु हैं। अगर पोप को धर्मगुरु कहते हो, तो जीसस को धर्मगुरु मत कहना। वह जीसस का अपमान हो जाएगा। जीसस के लिए कुछ और शब्द उपयोग करो—सद्गुरु।

पुरी के शंकराचार्य धर्मगुरु हैं लेकिन आदि-शंकराचार्य को धर्मगुरु मत कहना? नहीं तो भाषा में कोई अर्थ ही न रह जाएगा। आदि-शंकराचार्य सद्गुरु हैं।

कबीर सद्गुरु हैं—पहली बात—धर्मगुरु नहीं। धर्मगुरु पहले से चली आई परंपरा का हिस्सा होता है। सद्गुरु एक नई परंपरा का जन्मदाता।

धर्मगुरु की पुरानी साख होती है? उसकी दूकान पुरानी है; वह किसी पुरानी दुकान का हकदार है, चाहे उसकी अपनी कोई संपदा न भी हो, लेकिन बाजार में उसकी प्रतिष्ठा है।

सद्गुरु अपने पैरों पर खड़ा होता है? अ ब स से शुरू करता है। उसकी कोई पुरानी प्रतिष्ठा नहीं है। इसलिए सद्गुरु को कठिनाई होती है? उसे सब काम फिर से, नए सिरे से जमाना है। जैसे

कि तुम एक पैसा भी न लेकर बाजार में खड़े हो जाओ और काम शुरू करो, तो जैसे कठिनाई होती है, वैसी कठिनाई सद्‌गुरु की है।

तुम्हारे पिता चल बसें, और करोड़ों रुपया वसीयत में छोड़ जाएं, फिर तुम दुकान शुरू करो। स्वभावतः तुम्हें सुविधा होती है। पिता की साख, दुकान का नाम, बाजार के संबंध, जाने-माने लोग, सब काम चलता हुआ—व्यवस्थित; तुम सिर्फ पिता की जगह बैठ जाते हो। धर्मगुरु वसीयत से होता है, सद्‌गुरु अनुभव से। बुद्ध सद्‌गुरु हैं, कृष्ण सद्‌गुरु हैं। क्राइस्ट सद्‌गुरु हैं, कबीर सद्‌गुरु है।

तो पहला तो फर्क यह समझ लेना कि वे धर्मगुरु नहीं हैं। और मजा यह है कि धर्मगुरु के पास धर्म होता ही नहीं? सिर्फ साख होती है। सद्‌गुरु के पास धर्म होता है—साख नहीं होती।

धर्मगुरु के पास तो व्यवस्था होती है, जमा हुआ संप्रदाय होता है, अनुयायी होते हैं। सदगुरु के पास कोई नहीं होता—सिर्फ परमात्मा होता है। बस, परमात्मा की संपत्ति से ही उसे काम शुरू करना पड़ता है। एक अनुभव की संपदा होती है। उसे खोजना पड़ता है। उसे शिष्य खोजने पड़ते हैं। जो सीखने को तत्पर हों, जो पात्र हों, वे खोजने पड़ते हैं। और स्वभावतः यह आसान नहीं है शिष्यों का मिलना, क्योंकि ये शिष्य किसी-न-किसी संप्रदाय के हिस्से होते हैं।

अब तुम यहां मेरे पास इकट्ठे हुए हो। कोई हिंदू है, कोई यहूदी है, कोई मुसलमान है, कोई जैन है, कोई बौद्ध है, कोई सिक्ख है। तुम किसी परंपरा से बंधे हो, किसी परंपरा में पैदा हुए हो। तुम्हें तुम्हारी परंपरा से निकालना अड़चन की बात है। तुम्हारा भी निकलना तुम्हें कठिनाई की बात मालूम होती है। क्योंकि हजार न्यस्त स्वार्थ हैं।

एक सज्जन ने कुछ दिन पहले कहा—'संन्यास लेना चाहता हूं, लेकिन लड़की की मेरी शादी हो जाए!' मैंने पूछा, 'लड़की की शादी से संन्यास का क्या संबंध?'

उन्होंने कहा, 'संबंध ऊपर से न दिखाई पड़े, भीतर से है। मैं संन्यासी हो गया, तो फिर लड़की की शादी करना मुझे मुश्किल हो जाएगा। फिर तो मेरे समाज-संप्रदाय के लोग नाराज हो जाएंगे। तो और छः महीने की बात है। किसी तरह यह विवाह निपट जाए, फिर मैं निश्चिंत हूं। फिर कोई डर नहीं।'

तो ऐसे हजार छिपे हुए डर हैं—लड़के की शादी करनी है, लड़की की शादी करनी है।

घेरे के बाहर निकल आओ किसी संप्रदाय के, तो ऐसे ही माफ थोड़े ही कर देता है संप्रदाय। कष्ट देता है, दंड देता है। सब तरह से उलझनें खड़ी करता है। सामाजिक संबंध से जो सुविधा मिलती थी, वह सब बंद हो जाएगी। कल तक जो अपने थे, वे पराए हो जाएंगे, और नाराज! और तुम्हें नुकसान पहुंचाएंगे। क्योंकि कोई समाज यह बरदाश्त नहीं करता है कि उसके घेरे के भीतर का कोई आदमी बाहर निकल जाए। उसकी संख्या कम कर जाता है। उसकी शक्ति कम कर जाता है। उसकी पूंजी कम हो जाती है। उसका बल कम हो जाता है।

इसलिए जिस झंडे के नीचे तुम खड़े हो, उस झंडे के नीचे से निकलना आसान नहीं है।

फिर तुम्हारे जीवन की सीमाएं हैं, अड़चनें-उलझनें हैं। नौकरी खो जाए; संबंध टूट जाएं; अड़चनें पैदा हों। घर में दुख-सुख होते हैं, तो समाज का साथ मिलता है; वह सब मिलना बंद हो जाए।

इन सारी अड़चनों के कारण आदमी सद्‌गुरु के साथ नहीं जा पाता। उसे धर्मगुरु के साथ ही खड़ा रहना पड़ता है।

तो कबीर अपूर्व थे; लेकिन स्वभावतः तुलसीदास के साथ जितने लोग गए, उतने कबीरदास के साथ नहीं गए। तुलसीदास धर्मगुरु हैं; कबीर सदगुरु हैं। दोनों अनूठे हैं।

जहां तक काव्य का संबंध है, साहित्य का संबंध है, तुलसीदास भी अनूठे हैं जैसे कबीरदास अनूठे हैं। मगर जहां तक अनुभव की संपदा का संबंध है, तुलसीदास परंपरागत हैं, कबीरदास क्रांतिकारी हैं। तुलसीदास लकीर के फकीर हैं, कबीरदास विद्रोही हैं। तुलसीदास बाप-दादों की वसीयत पर खड़े हैं, कबीरदास अपने पैरों को, अपने ही पैरों पर अपनी जड़ों को फैलाकर खड़े हैं।

स्वभावतः तुलसीदास को ज्यादा प्रेमी मिल जाएंगे। इसलिए '*रामचरितमानस*' घर-घर पहुंच गई। कबीरदास के वचन घर-घर नहीं पहुंच सके। यही है आश्चर्य कि जितनों तक पहुंच सके, इतनों तक भी पहुंच सके—यह भी कम आश्चर्य नहीं है। क्योंकि कबीरदास की बात तो बड़ी आग जैसी है।

तुलसीदास तो राख-ही-राख है—बुझा हुआ अंगारा है। कभी अंगारा रहा होगा, मगर तुलसीदास में अंगारा नहीं है। परंपरागत, रूढ़िवादी हैं, पुरातनपंथी हैं, जो शास्त्र में लिखा है—सो ठीक। जरा भी बगावत का स्वर नहीं है।

कबीरदास वेद के खिलाफ बोलते हैं; कुरान के खिलाफ बोलते हैं, हिंदू, पंडित के खिलाफ बोलते हैं, मुसलमान-मौलवी के खिलाफ बोलते हैं; और खिलाफत भी ऐसी-वैसी नहीं, औपचारिक नहीं, शिष्टाचारपूर्ण नहीं।

कबीर की चोट बड़ी सीधी है—सिर-तोड़। कबीर को झेलना आसान बात नहीं है। कुछ विरले हिम्मतवर लोग ही झेल पाएंगे। हालांकि कबीर जो बोलते हैं, वही वेद है, वही कुरान है। मगर कबीर अपने गवाह खुद हैं, वेद से गवाही नहीं लेते। वह गवाही उधार हो जाएगी। झूठी हो जाएगी।

तो दूसरी बात समझ लें : अगर संत लीक पर चलता हो, तो उसे ज्यादा शिष्य मिल जाएंगे। अगर संत सब लीक छोड़कर चलता हो, तो स्वभावतः कुछ विरले अभियानी ही उसके साथ हो पाएंगे। उसके साथ जाना खतरे से खाली नहीं है। उसके साथ जाना खतरनाक है।

फिर कबीरदास जैसा अक्खड़ संत हुआ ही नहीं; मनुष्य-जाति के इतिहास में नहीं हुआ। दो टूक बात कह देनेवाला; मारे कि जिलाए—फिक्र नहीं। सीधी चोट! टुकड़े-टुकड़े कर देनेवाला। एक चोट कबीर की झेल लोगे, तो जिंदगी भर याद रखोगे; भूले नहीं भूलोगे। या तो झुक जाओगे—साथ हो लोगे। या सदा के लिए भाग खड़े होओगे और दुबारा कबीर की छाया से भी डरोगे।

सद्‌गुरु—और क्रांतिवादी—विद्रोही! और फिर यह भी अड़चन थी...। जैसा तुम पूछते हो कि जिनका एक पांव इस्लाम में और एक पांव हिंदू धर्म में था...। तो ऐसा लगता है कि दो धर्मों पर जिनका अड्डा था। तो दोनों धर्मों से उन्हें अनुयायी मिल जाने चाहिए थे। मिले भी; मगर बहुत थोड़े। कारण? हिंदुओं ने कहा कि यह मुसलमान है। और मुसलमानों ने कहाः यह हिंदू है, इससे

सावधान।

मुसलमानों ने यह तरकीब निकाल ली कि यह हिंदू है, इससे बचना! यह क्या राम-राम की बात लगा रखी है? यह तो हिंदुओं के गुणगान कर रहा है! यह तो छिपा हुआ हिंदू है। यह तो प्रच्छन्न हिंदू है। यह तो तरकीब है हिंदुओं के षड्यंत्र की—कि मुसलमानों में घर कर जाओ और लोगों को भ्रष्ट करो। इस कबीर से सावधान रहना। यह जासूस है—हिंदुओं का। ऐसा मुसलमानों ने कहा।

और हिंदुओं ने कहा कि यह आदमी मुसलमान है, जुलाहे के घर पैदा हुआ है। इसकी बातों में मत पड़ना। इसके राम-राम की बात में उलझ मत जाना। यह तो राम-राम ऊपर ही है, असल में भीतर रहीम छिपा है। यह केशव-केशव की बात ऊपर है, भीतर 'करीम' छिपा है। इससे सावधान! इससे जरा बचना।

दोनों ने संदेह से देखा।

ऐसा मेरे अनुभव में खुद आया। क्योंकि मैं जैन घर में पैदा हुआ, इसलिए जैन कहता है—सावधान! इस आदमी से। इसने जैन-धर्म को धोखा दे दिया, बगावत कर दी। वह आदमी जैनों का दुश्मन है। जैनों का दुश्मन होना ही चाहिए, नहीं तो जीसस के संबंध में बोलता? मुहम्मद के संबंध में बोलता? कृष्ण के संबंध में बोलता? बुद्ध के संबंध में बोलता? ये कबीर, दादू, नानक—इनके संबंध में बोलता? कोई जैन कभी बोला है? यह जैन तो हो नहीं सकता। यह आदमी धोखे में है। यह आदमी धोखा दे रहा है, लोगों को। यह जैनियों को भ्रष्ट करने का उपाय है। तो जैन सावधान रहें।

और हिंदू स्वभावतः सावधान हैं कि यह जैन है, जरा बचकर रहना। भीतर तो जैन होगा ही, ऊपर से कुछ भी कहे! ऊपर से चाहे कबीर का नाम ले, चाहे नानक का, लेकिन मतलब तो पीछे वही होगा कि एक दफे जाल में फंस जाओ, तो जैन बना ले!

ऐसी ही दशा थी। दोनों ने संदेह से देखा। मेरे साथ तो उलझन और ज्यादा है, क्योंकि दो का ही मामला नहीं है। मैं यहूदी पर भी बोलता हूं और ईसाई पर भी बोलता हूं, बौद्ध पर भी बोलता हूं; तो उलझन है।

लोग अपने अंधकार को बचाने की सब तरफ से कोशिश करते हैं—जो भी बहाना मिल जाए। इसलिए तुम पूछते ठीक हो कि 'कबीर का जितना प्रभाव होना चाहिए था, उतना नहीं हुआ!' लेकिन किसका कब हुआ?

तुम सोचते हो : बुद्ध का जितना प्रभाव होना चाहिए था, उतना हुआ? तुम सोचते हो : महावीर का जितना प्रभाव होना चाहिए था, उतना हुआ? लाओत्से का जितना प्रभाव होना चाहिए था, उतना हुआ? या जरथुस्त्र का? किसका हुआ?

जितना प्रभाव होना चाहिए था, अगर उतना हो जाता, तो यह पृथ्वी और ही होती—स्वर्ग होती। किसी का नहीं हुआ।

बड़ी रोशनी लाते हैं ये लोग, मगर हम अंधेरे के प्रेमी! हम अपनी आंखें भींचकर खड़े हो जाते हैं। रोशनी द्वार पर आ जाती है, तो भी इनकार कर देते हैं; नकार कर देते हैं।

बड़ा अमृत लाते हैं ये लोग, लेकिन हम मृत्यु का आलिंगन किए बैठे हैं। हमने मृत्यु से

विवाह रचाया है! हम मृत्यु को तलाक देने की हिम्मत नहीं जुटा पाते।

बड़ा सत्य लाते हैं ये लोग, मगर असत्य हमारा स्वार्थ है—निहित स्वार्थ है। हम सत्य की बात ही सुनकर चौंक उठते हैं।

फ्रेड्रिक नीत्शे ने कहा है : आदमी से उनके झूठ मत छीनो, क्योंकि आदमी बिना झूठ के नहीं जी सकता; आदमी मर जाएगा। आदमी झूठ से जीता है।

आदमी से उसके झूठ मत छीनो, क्योंकि आदमी सत्य को नहीं झेल सकता। सत्य कठोर है, कड़वा है; आदमी को झूठ की मिठास चाहिए। जहर सही—लेकिन मीठा हो, तो आदमी पी लेगा। अमृत सही, कड़वा हो, तो आदमी नहीं पीएगा।

फिर आदमी ने झूठ के साथ किसी तरह अपने सपनों की दुनिया को बसा लिया है। तुम्हारी सत्य की किरण आती है, उसकी सारी दुनिया डगमगाती है। ऐसा ही जैसे कि तुमने ताश के पत्तों का घर बना लिया, तो तुम हवा के झोंके से डरते हो। हवा का झोंका न आ जाए! नहीं तो कितनी मेहनत से तो बनाया भवन, अभी गिर जाएगा, क्षण में मिट्टी हो जाएगा।

ऐसे ही आदमी ने झूठ के न मालूम कितने ताश के घर बनाए हैं! झूठ की न मालूम कितनी कागजी नावें तैराई हैं। हवा का झोंका—नाव उलट जाएगी; कागज का भवन गिर जाएगा।

तुम हवा से डरने लगते हो। तुम द्वार-दरवाजे बंद कर लेते हो। तुम अपने-अपने भीतर दरवाजे बंद करके बैठ जाते हो, चाहे कितनी ही गरमी हो और कितना ही पसीने-पसीने हो जाओ! और बाहर ताज़ा हवाएं प्रतीक्षा करती हों, लेकिन तुम द्वार नहीं खोलते!

ऐसी ही बात है। आदमी ने बड़े झूठ बना रखे हैं। तुम्हारी जिंदगी सिवाय झूठों के और क्या है? किसी को पत्नी मान रखा है। मानी बात है। कौन किसका पति है? कौन किसकी पत्नी है? किसी को बेटा मान रखा है। किसी को पिता मान रखा है। किसी को मित्र मान रखा है। किसी को शत्रु मान रखा है। किसी को अपना, किसी को पराया!

तुमने न मालूम कितने झूठ बना रखे हैं। सब झूठ हैं। झूठ-ही-झूठ है। मानी हुई बातें हैं।

मौत तुम्हारे ताश के ये सब घर गिरा जाएगी। रोज गिराती है, फिर भी तुम नहीं चौंकते! लेकिन मौत गिराती है, तो तुम कुछ कर भी नहीं सकते हो। करने को बचते भी नहीं तुम। मौत आ गई; तुम्हीं गिर जाते हो। फिर तुम्हारे ताश के पत्ते का घर गिर जाए, तुम्हें चिंता भी नहीं।

संत वही काम करता है, जो मौत करती है, तुम्हारे जिंदा रहते वही काम करता है: तुम्हारे घरों को गिराने लगता है। कहने लगता है, ये सब रेत के घर हैं, इन्हें गिराओ, इनमें कुछ रखा नहीं है। ये घरघूलों में भटको मत। तुम्हारा असली भवन वहां है—दूर—उस पार। तुम्हारा साम्राज्य वहां है—आकाश में, यहां नहीं। इस पृथ्वी के तुम वासी नहीं हो। यहां तुम प्रवासी हो। यहां तुम अजनबी हो। तुम्हारा घर असली यहां नहीं है; इसे सराय से ज्यादा मत समझो।

अब निश्चित ही जब कोई संत कहेगा : इस दुनिया को सराय से ज्यादा मत समझो, तो पत्नी घबड़ाएगी—कि इसकी बात पति न सुन ले।

पत्नी सराय है! पत्नी समझती है कि वह घरवाली है। सराय है? वह घर है।

और पति डरता है कि कहीं पत्नी न सुन ले कि यह नाता-रिश्ता सब कल्पना का है। ये जो सात भांवर डाल ली हैं, यह सब कल्पना का जाल है, यह मन को समझाना है। यहां कोई अपना नहीं, कोई पराया नहीं। अकेले हम आते हैं, अकेले हम जाते हैं। कैसा अपना? कैसा पराया? न कोई साथ आया, न कोई साथ जाएगा।

कोई साथ नहीं जाने को है। विदा अकेले हो जाओगे। आए थे, तो भी अकेले थे। बीच में दो दिन का संग-साथ है। यह नदी-नाव संयोग है, इसको ज्यादा मूल्य मत देना।

जब संत ये बातें कहने लगता है, तो तुम घबड़ाते हो। तुम्हारे स्वार्थ डगमगाते हैं।

संत तुम्हें उन-उन जगह से जगाता है, जहां तुम खूब मूर्च्छित होकर सो रहे हो। कोई धन के पीछे दौड़ा जा रहा है; उससे कहो कि 'तू पागल है। धन में क्या रखा है? सब ठीकरे हैं। वह नाराज होगा। वह कहेगा—मेरा सारा रस छीने लेते हो! मेरी जिंदगी में रस ही इतना है—धन...। धन इकट्ठा कर लूं। इतनी ही मेरी महत्त्वाकांक्षा है। तुम पानी फेरे देते हो! तुम कह क्या रहे हो? तुम मेरे सपने छीन ले रहे हो। उन्हीं सपनों के सहारे मैं जीता हूं। सपने न रहे, तो मैं जीऊंगा कैसे? सपनों के बिना जीऊंगा कैसे? तुम बंद करो अपनी बकवास। मुझे मेरी राह पर जाने दो।'

कोई आदमी पद के पीछे दौड़ रहा है कि प्रधानमंत्री हो जाए! और संत मिल जाए राह में, तो वह कहता है कि 'तू पागल है! अरे। परमपद खोज; दिल्ली जाने से कुछ भी न होगा। इतनी शक्ति से तो परमात्मा मिल जाएगा। दिल्ली पहुंचकर भी क्या होगा?' लेकिन जो दिल्ली जा रहा है, वह कहेगा—'क्षमा करें। अभी बीच में ये बाधाएं खड़ी न करें'— वह सुनी-अनसुनी करेगा। वह कान बहरे कर लेगा। वह कहेगा—फिर कभी आना। अभी तो मुझे जाने दो।

तुम देखते हो—दिल्ली में जब कोई राजनेता हार जाता है, पद पर नहीं रह जाता, तो साधु-संतों के पास जाने लगता है! जब तक पद पर रहता है, तब तक नहीं जाता। पद पर रहा, तब क्या जरूरत? तब तो सपने सच मालूम हो रहे थे। तब तो सपने बड़े यथार्थ मालूम हो रहे थे। जब सपने टूट गए, समय ने तोड़ दिए, हवा का झोंका आ ही गया—बिना बुलाया, और उखाड़ गया तुम्हारी सारी जिंदगी की व्यवस्था को, तो तत्क्षण आदमी साधु-संत को खोजने लगता है। क्यों? क्योंकि अब सोचता है—यह जिंदगी के सपने तो व्यर्थ हुए; यहां की दौड़-धूप में अब कुछ अर्थ नहीं। यह तो सब बाजार उखड़ ही गया। यह दूकान बरबाद ही हो गई। तो शायद संत ठीक कहते हों कि उस किनारे को खोजें। मगर यह हार में, दुख में, पराजय में!

संतों की बात चोट करती है, क्योंकि संत वही कहते हैं—जैसा है। और तुम वैसा देखना नहीं चाहते।

तुम वैसा देखना चाहते हो, जैसा तुम चाहते हो कि हो। और संत वैसा कहते हैं, जैसा है। इन दोनों में मेल नहीं पड़ता।

इसलिए न तो बुद्ध को उतने लोगों ने समझा, जितने समझ सकते थे। पूछो मुझसे—कितने समझ सकते थे। अगर सभी लोग समझने की तैयारी दिखाते, तो एक आदमी को भी रुक जाने का कोई कारण नहीं था।

सूरज निकला है। कितने लोग देख सकते हैं? इतने जितने लोग आंख खोलें। इससे कुछ

ऐसा थोड़े है कि सूरज निकला है, तो दस आदमियों ने देख लिया, तो अब ग्यारहवां कैसे देखेगा! कि बारहवां कैसे देखे! सूरज चुक गया——दस ने देख लिया!

अनंत है यह क्षमता——सूर्य के प्रकाश की। जितने लोग आंखें खोलेंगे, जितने-जितने लाग। आंखें खोलेंगे, सभी देख लेंगे। ऐसा नहीं है कुछ कि हजार लोगों ने देख लिया, तो अब तुम कैसे देखोमे! हजार लोग तो देख चुके, तो चुकं गया सूरज।

न सूरज चुकता है, न बुद्ध चुकते हैं, न कबीर चुकते हैं। अनंत है यह क्षमता। सत्य अनंत है। सत्य का आनंद अनंत है। सत्य का प्रकाश अनंत है। जो भी आंख खोल लेगा, देख लेगा। और तुम पर निर्भर है सब कुछ।

अगर सारे लोग आंख बंद किए पड़े रहें, तो सूरज उगा रहे, किसी को पता भी न चलेगा। ऐसा ही होता है।

तुमने अंधेरे के साथ बड़े नाते बना लिए हैं, बड़ा स्वार्थ बांध लिया है; अंधेरे के साथ सगाई कर ली है, इसलिए रोशनी की खबर जो भी लाता है, उससे तुम नाराज होते हो।

धर्मगुरु से तुम नाराज नहीं होते, क्योंकि वह तुम्हारे जैसा ही अंधा है। और तुम्हारे ही जैसा, अंधेरे में रहता है।

सद्‌गुरु से तुम नाराज होते हो। सद्‌गुरु तो तलवार की धार है; वह तुम्हें छार-छार कर देता है। सद्‌गुरु तो मृत्यु है।

धर्मगुरु के कारण 'गुरु' शब्द तक अपमानित हो गया है। धर्मगुरु के साथ जुड़ने के कारण 'गुरु' शब्द की गुरुता चली गई है। और धीरे-धीरे गुरु जैसा महिमाशाली शब्द बड़ा विकृत हो गया।

कल मैं एक कविता पढ़ रहा था। कविता का नाम है——गुरु-पूजा।

पहले भी होती थी
आज भी होती है
गुरु-पूजा
केवल गुरु और पूजा के अर्थ बदले हैं
वह 'बड़ा गुरू' है
पूजा बिना मानेगा नहीं!

'गुरु' का अर्थ करीब-करीब 'गुंडा' हो गया है! कहते हैं न——बड़ा गुरू है... वह बड़ा गुरू है! और 'पूजा' अर्थात्——पिटाई...।

पहले भी होती थी
आज भी होती हैं
गुरु-पूजा
केवल गुरु और पूजा के अर्थ बदले हैं
वह 'बड़ा गुरू' है

पूजा बिना मानेगा नहीं!

धर्मगुरु के साथ शब्द की विकृति हो गई। क्योंकि धर्मगुरु थोथा गुरु है, झूठा गुरु है।

झूठ के साथ 'गुरु' जुड़ गया, इसलिए खराब हो गया, गंदा हो गया।

कबीर सद्‌गुरु हैं। सद्‌गुरु का अर्थ होता है—जिसने जाना। न केवल जाना, बल्कि जो दूसरे को जानने में भी समर्थ है। न केवल खुद देखा, बल्कि दूसरों की आंखों में भी देखने की आकांक्षा जगा सकता है। न केवल खुद जीया, बल्कि दूसरे के हृदय को भी गुदगुदा सकता है—कि जो सोए पड़े हैं अंधकार में, उनमें से भी कुछ लोग उठ आएं और यात्रा पर निकल जाएं। कठिन होगी यात्रा, तो भी। कठोर होगी यात्रा, तो भी। पहाड़ की चढ़ाई होगी, तो भी। खड्ग की धार होगी, तो भी।

गुरु का अर्थ है—जो खुद परमात्मा को चखा है और दूसरों के कंठों में भी ऐसी आतुर प्यास जगा दे कि वे भी परमात्मा को चखे बिना बैठे न रह सकें। उठना ही पड़े, चलना ही पड़े—चाहे कितनी ही लंबी हो यात्रा और कितने ही रेगिस्तानों को पार करना पड़े।

'सद्‌गुरु' बड़ा महिमाशाली शब्द है; 'धर्मगुरु' दो कौड़ी का।

और फिर दोहरा दूं कि सद्‌गुरु के पास धर्म है। और धर्मगुरु के पास न तो धर्म है, और न गुरुता है।

धर्मगुरु तो पुरोहित है, पादरी है, मुल्ला है। धर्मगुरु तो एक व्यवसाय का हिस्सा है। धर्मगुरु तो संसार के साथ जुड़ा है, बाजार के साथ जुड़ा है।

धर्मगुरु तुम्हें बदलता नहीं, तुम्हें सांत्वना देता है। सद्‌गुरु तुम्हें तोड़ता है, मारता है, काटता है; छैनी उठाकर तुम्हें निखारता है; छानता है। धीरे-धीरे-धीरे एक ऐसी घड़ी आती है, जब तुम शुद्ध होते-होते शून्य हो जाते हो।

शून्य तक जो पहुंचा दे—वह सद्‌गुरु। लेकिन शून्य पर कितने लोग जाना चाहते हैं! इसलिए बहुत ज्यादा प्रभाव नहीं होता।

तीसरा प्रश्न—दुःख से मुक्ति कैसे मिले?

दुःख ने तुम्हें बांधा नहीं है; दुःख से तुम बंधे हो। दुःख ऐसी जंजीर नहीं है, जो किसी और ने तुम्हारे हाथों में डाली हो। दुःख ऐसा आभूषण है, जो तुमने खुद शौक से पहना है। यह तो पहली बात तुम ठीक से समझ लो।

अकसर हम ऐसे ही कहते हैं, दुःख से छुटकारा कैसे मिले, जैसे कि दुःख ने तुम्हें बांध रखा है! जैसे कि किसी और ने तुम पर दुःख लाद रखा है! नहीं, ऐसा नहीं है।

तुम दुःख को पकड़े हो। तुम दुःख छोड़ते नहीं। अभी देखा नहीं! पहला प्रश्न यही था कि शून्य हुआ जा रहा हूं; अब क्या करूं? घबड़ाहट...

दुःख भरे रहता है मन को; ऐसा लगता है—कुछ है। पास कुछ है।

आदमी बहुत डरता है—दुःख छूटने लगे तो। बहुत घबड़ाता है! घबड़ाहट इसलिए कि दुःख

के कारण जीवन में कुछ व्यस्तता बनी रहती है; कुछ करता हुआ मालूम पड़ता है; कुछ होता हुआ मालूम पड़ता है।

और दुःख के कारण अहंकार भी बचा रहता है। खयाल रखना—अगर अहंकार बचाना हो तो दुःख में ही बचाया जा सकता है। दुःख खाद है—अहंकार की।

सुखी आदमी का अहंकार खो जाता है। सुख हो नहीं सकता—बिना अहंकार के खोए। जब तक 'मैं' की अकड़ है, तब तक दुःख।

तुमने भी अनुभव किया होगा : कभी जब तुम प्रफुल्लित होते हो, तो अहंकार नहीं होता। जब तुम उदास होते हो, तब ज्यादा अहंकार होता है।

इसलिए तो तुम्हारे तथाकथित तपस्वी साधु-संन्यासी बड़े उदास और लंबे चेहरे बनाए रहते हैं। यह अहंकार को बचाने की तरकीब है। दुनिया को वे यह कह रहे हैं कि हम कोई बहुत बड़ा काम कर रहे हैं। तुम सब पापी, हम पुण्यात्मा! तुम सब सड़ रहे हो नरक में, और हम स्वर्ग की तरफ जा रहे हैं! हम विशिष्ट! हम पवित्र! हम श्रेष्ठ!

तुम देखते हो, तुम्हारे साधुओं के पास जाओ, तो वे तुम्हारी तरफ ऐसे देखते हैं, जैसे तुम कीड़े-मकोड़े हो! तुम्हारे प्रति कोई सम्मान नहीं है। सम्मान हो कैसे सकता है? तुम्हारा अपमान है। लेकिन ये साधु-संन्यासी अगर दुःखी रहें, तो आश्चर्य नहीं है। ये दुःखी होंगे ही।

आनंद जब आता है, तो तुम भूल ही जाते हो कि तुम हो। हंसी में भूल जाता है अहंकार; रोने में सघन हो जाता है। इसे जांचना, इसे पहचानना।

जब तुम हंसते हो, तब तुम नहीं होते हो, इसका निरीक्षण करना। जब हंसी सच में ही फैल जाती है प्राणपण में, तुम्हारा रोआं हंसी में भर जाता है, इस क्षण तुम नहीं होते हो; तुम हो नहीं सकते। क्योंकि होने के लिए जैसा तनाव चाहिए, वह तनाव ही नहीं है। हंसी में कहां तनाव?

इसलिए तो मैं कहता हूं कि संन्यासी हंसता हुआ होना चाहिए, नाचता हुआ होना चाहिए, प्रफुल्लित, तो ही निरहंकारी होगा।

पूछा तुमने—दुःख से मुक्ति कैसे मिले? समझो, दुःख को तुमने पकड़ा है। दुःख से तुम कुछ लाभ ले रहे हो—अहंकार का लाभ ले रहे हो। दुःख के कारण तुम अनुभव कर रहे हो—मैं कुछ विशिष्ट हूं। देखो, कितना दुःख झेल रहा हूं!

दुःख तुम्हें शहीद होने का मजा दे रहा है कि तुम शहीद हो; कि सारी दुनिया का दुःख-भार उठाए चल रहे हो। पति ऐसे चलता हैं जैसे पत्नी का दुःख-भार ढो रहा है। बच्चों का दुःख-भार ढो रहा है। पत्नी दुःख में बैठी है, क्योंकि वह देखती है कि वह पति को सम्हाल रही है, नहीं तो कभी के भ्रष्ट हो गए होते! बच्चों को सम्हाल रही है। घर को सम्हाल रही है।

मेरे बिना दुनिया अस्त-व्यस्त हो जाएगी—ऐसा अहंकार तुम्हें दुःखी बना रहा है।

और फिर दुःख से लड़ने का भी एक मजा है। मगर लड़ने के लिए दुःख होना चाहिए। आदमी लड़ाई में बड़ा रस लेता है, क्योंकि लड़ाई में जीत की आशा है।

अगर दुःख न हो, तो किससे लड़ोगे? और लड़ोगे नहीं, तो जीतोगे कैसे? और जीतोगे नहीं

तो अहंकार की प्रतिष्ठा कहां होगी? यह सारी व्यवस्था समझना। एक दुःख जाता है, तुम दूसरा बना लेते हो। तुम्हारे पास हजार रुपए हैं, तुम कहते हो—दस हजार हो जाएं; बस, फिर निश्चिंत हो जाऊंगा। तुम क्या कर रहे हो?

तुम्हारे पास हजार रुपए हैं, हजार रुपए का तुम सुख नहीं उठा रहे हो। तुम नौ हजार का दुःख पैदा कर रहे हो। तुम कह रहे हो—दस हजार हो जाएं...। तुमने नौ हजार का दुःख पैदा कर लिया, क्योंकि दस हजार हो जाएं और दस हजार हैं नहीं। हैं केवल हजार, तो 'नौ हजार नहीं हैं' मेरे पास—यह दुःख तुमने पैदा कर लिया।

हजार का सुख तो नहीं उठाया, नौ हजार का दुःख पैदा कर लिया। अब यह दुःख कहीं भी नहीं है। सिर्फ तुम्हारी कल्पना में है, कामना में है, वासना में है। अब तुम लगे दौड़ने कि कैसे दस हजार हो जाएं! एक दिन दस हजार भी हो जाएंगे, लेकिन उस दिन तुम कहोगे अब लाख के बिना काम नहीं चलेगा। चीजों के भाव भी बढ़ गए हैं! और जिंदगी कहां से कहां चली गई!

और निश्चित ही जिस आदमी के पास हजार रुपए थे, उसकी आकांक्षाएं बहुत-से-बहुत दस हजार तक दौड़ सकती थीं। वह भी जानता था, इससे ज्यादा की आकांक्षा करना सीमा के बाहर जाना होगा।

गरीब की आकांक्षाएं भी गरीब होती हैं—खयाल रखना। गरीब आदमी ऐसा झाड़ के नीचे बैठा हुआ सपने नहीं देखता कि मैं सम्राट हो जाऊं। यह बात जरा इतनी फिजूल लगती है, इतनी मूढ़तापूर्ण लगती है कि यह होने वाली नहीं है। ठीकरा पास नहीं है, सम्राट होने की बात का क्या मतलब है! कुछ हल नहीं होता।

गांव का भिखारी यही सोचता है कि इस गांव में मैं सबसे धनी भिखारी कैसे हो जाऊं—ज्यादा-से-ज्यादा। सौ-पचास भिखारी गांव में हैं, इन सबका मुखिया कैसे हो जाऊं? बस, इससे ज्यादा उसकी आकांक्षा नहीं होती कि सबसे बड़ा भिखारी कैसे हो जाऊं!

गरीब की आकांक्षा भी गरीब होती है। अमीर की आकांक्षा भी अमीर होती है। और यह बड़ा मजा है।

तो गरीब अगर हजार रुपए थे, दस हजार की सोचता था। जब वे दस हजार उसके पास हो गए, तो अब वह अमीर हो गया। अब वह लाख की सोचता है और नब्बे हजार का दुःख पैदा कर लेता है।

इसलिए अमीर आदमी ज्यादा दुःख में पड़ता चला जाता है। क्योंकि जैसे-जैसे उसकी संपदा बढ़ती है, वैसे-वैसे वासना की हिम्मत बढ़ती है। वह सोचता है कि जब दस हजार कमा लिए, तो लाख क्यों नहीं कमा सकता! बल आ गया। वह कहता है—कुछ कर के दिखा देंगे। ऐसे ही नहीं चले जाएंगे। देखो, हजार थे, दस हजार कर लिए। दस गुने कर लिए, तो दसगुना करने की मेरी हिम्मत है। अब दस हजार हैं, तो लाख हो सकते हैं! क्योंकि दसगुना मैं कर सकता हूं।

मगर यह कहां रुकेगा? जब लाख हो जाएंगे, तो यह दस लाख की सोचने लगेगा! ऐसे तुम रोज ही दुःख बनाते जाओगे; रोज दुःख बड़ा होता जाएगा; रोज दुःख फैलता चला जाएगा। एक दिन तुम अगर पाते हो कि तुम दुःख में घिरे खड़े हो, सब तरफ दुःख में पड़े हो; दुःख के सागर में डूबे हो,

तो किसी और की जिम्मेदारी नहीं है। तुमने अपनी ही वासनाओं की छाया की तरह, दुःख पैदा कर लिया है।

दुःख से मुक्त होना है, तो सीधे दुःख से मुक्त होने का कोई उपाय नहीं है। वासनाओं को समझो। और अब वासनाएं मत फैलाओ।

सुख का उपाय है—जो है, उसका आनंद लो। जो नहीं है, उसकी चिंता न करो। दुःख का उपाय है—जो है, उसकी तो फिक्र ही मत लो। जो नहीं है, उसकी चिंता करो।

दुःख का अर्थ है—अभाव पर ध्यान रखो, भाव को भूलो। जो पत्नी तुम्हारे घर में है, उसकी फिक्र न करो। उसमें क्या रखा है? तुम्हारी पत्नी, जो पड़ोसी की पत्नी है, वह सुंदर है।

अंग्रेजी में कहावत है—दूसरे के बगीचे की घास सदा ज्यादा हरी मालूम होती है। होती भी है मालूम। जब तुम देखते हो दूर से—दूसरे का लॉन—खूब हरा लगता है। अपना लॉन इतना हरा नहीं मालूम पड़ता।

दूसरे का मकान सुंदर मालूम होता है। दूसरे की कार सुंदर मालूम होती है। दूसरे की पत्नी सुंदर मालूम होती है। दौड़ चलती चली जाती है।

सुख का सूत्र है—जो तुम्हारे पास है, उसके लिए परमात्मा को धन्यवाद दो। जो है—वह पर्याप्त है।

एक आदमी ने आत्महत्या करने की कोशिश की। जब वह मरने के करीब जा रहा था, चट्टान पर से कूदने नदी में, एक फकीर वहां ध्यान करता था, तो उसने रोक लिया। उस फकीर ने कहा, कि 'सुनो भी, मेरी भी सुनो! बात क्या है? क्यों मरे जाते हो?'

उस आदमी ने कहा, 'मेरे पास कुछ भी नहीं है। मैं सब कोशिश कर चुका; हार चुका। परमात्मा नाराज है। कुछ बात बनती नहीं। सब बिगड़ता जाता है; जो छूता हूं—सोना छूता हूं, मिट्टी हो जाता है। जिस दिशा में जाता हूं, वहीं हार लगती है! एक सीमा होती है! अब इस जिंदगी से मैं ऊब गया हूं। मेरे पास कुछ भी नहीं है; मैं मरना चाहता हूं।'

उस फकीर ने कहा—'मरने के पहले एक काम कर जाओ। तुम तो मर ही जाओगे, मुझे थोड़ा लाभ हो जाएगा।' उसने कहा, 'क्या काम?'

उस फकीर ने कहा—'ऐसा करो, इस गांव का जो सम्राट है, वह मेरा मित्र है; वह बड़ा झक्की किस्म का आदमी है; सनकी किस्म का आदमी है। अजीब चीजें इकट्ठी करने का उसको शौक है। मैं तेरी आंखें बिकवा देता हूं। लाख रुपए कम-से-कम मिल जाएंगे। फिर तू मर जाना। तू तो मर ही रहा है। और उसकी अगर मौज में आ जाए, तो वह तेरे कान भी खरीद लेगा; तेरे दांत भी खरीद लेगा वह। सनकी किस्म का है। वह इसी तरह के काम करता है। तू चल मेरे साथ।'

अब वह आदमी कुछ कह भी न सका इस फकीर को। कहना भी क्या! वह कह चुका था कि मेरे पास कुछ भी नहीं है। मरने ही जा रहा हूं। मगर जैसे ही उसे खयाल आया कि लाख रुपया आंख का मिल सकता है, तो एकदम गरीब नहीं हूं मैं!

सम्राट के घर तक पहुंचते उसने तय कर लिया कि यह मामला ठीक नहीं है : आंख बेचना!

मरने की तो भूल गया। फकीर भीतर गया। सम्राट को राजी कर लिया। इस आदमी को बुलाया। सम्राट ने कहा—'ठीक है। आंखें निकलवा लेते हैं। लाख रुपया ले ले तू।'

उस आदमी ने कहा, 'समझा क्या है तुमने मुझे? आंख अपनी बेचूंगा?' सम्राट ने कहा, 'दाम अगर ज्यादा चाहिए, तो वैसी बात करो। दो लाख तो दो लाख। जितना मांग, उतने दूंगा।'

फकीर ने उसको राजी कर लिया था कि इस आदमी को, जितना मांगे, उतना देना।

'दस लाख चाहिए, दस लाख दूंगा। कान भी खरीद लेंगे। दांत भी खरीद लेंगे। तेरे हाथ भी खरीद लेंगे। पैर भी खरीद लेंगे। और तू तो मरने ही जा रहा है!'

उस आदमी ने कहा, 'मैं बेचना ही नहीं चाहता। कोई आदमी अपने होश में अपनी आंखें बेचेगा?' उस आदमी ने कहा।

वह फकीर बोला, 'लेकिन भाई, तू तो कह रहा था—तेरे पास कुछ है ही नहीं। तू मरने जा रहा था। उसमें आंख भी मरती, कान भी मरते, हाथ भी मरते, पैर भी मरते—सब मर जाता। और तू कहता था—तेरे पास कुछ भी नहीं है। और जब दस लाख आंख के मिल रहे हैं, सिर्फ आंख के मिल रहे हैं! अभी और सामान तेरा बेच। करोड़ों दिलवा दूं।'

वह आदमी तो खड़ा हो गया। उसने कहा, 'तुम हत्यारे हो... तुम लोग...। यह कोई बात है!'

तो उस फकीर ने कहा, 'फिर मरने के बाबत क्या खयाल है?' उसने कहा कि मैं मर नहीं सकता अब। अब मुझे पहली दफा खयाल आया कि मेरे पास आंखें हैं, जिनको मैं दस लाख में नहीं बेच सकता। लेकिन मैंने इन आंखों के लिए परमात्मा को कभी धन्यवाद नहीं दिया। मैं रोना ही रोता रहा कि—मेरे पास यह नहीं, यह नहीं। मैं शिकायतें ही करता रहा! मेरी जिंदगी शिकायतों की एक लंबी गाथा है। तुमने मुझे ठीक चेता दिया।

उस फकीर ने कहा, 'इसलिए मैं तुझे यहां ले आया था। अब तेरी मरजी, जो तुझे करना हो।'

उस दिन से उस आदमी की जिंदगी बदली। शिकायत समाप्त हुई—प्रार्थना प्रारंभ हुई। उस दिन से वह मंदिर में जाकर धन्यवाद देने लगा कि—'प्रभु, तेरी कितनी अनुकंपा है! तूने मुझे आंखें दीं, जो मैं दस लाख में नहीं बेच सकता; दस लाख की बात क्या, करोड़ में नहीं बेच सकता! तूने मुझे इतना दिया है और मेरी कोई पात्रता भी नहीं। किस कारण दिया—यह भी मुझे पता नहीं! तूने अपने प्रेम से ही दिया होगा; आह्लाद से दिया होगा; अपने अतिरेक से दिया होगा। तेरे पास बहुत है, इसलिए दिया होगा। धन्यवाद! तेरा बहुत धन्यवाद! मुझे कुछ और नहीं चाहिए। जो दिया है, यही क्या कम है!'

और उस दिन से उस आदमी की जिंदगी बदल गई। उस दिन से वह दुःखी आदमी, सुखी हो गया।

तुम, जो है—उसे देखना शुरू करो! तुम्हारे पास बहुत है। कभी सोचना बैठकर—कितने में आंख बेचोगे?

यह जिंदगी बहुमूल्य है। इसे तुम किसी मूल्य पर बेचने को राजी नहीं हो सकते। यद्यपि तुमने

इस जिंदगी के लिए कभी धन्यवाद भी नहीं दिया है।

यह जो पक्षियों का गीत सुन रहे हो, अगर तुम्हारे कान न होते, तो तुम पक्षियों का गीत सुनने के लिए कितने रुपए देने को राजी हो सकते थे? यह वृक्षों की हरियाली...! काश! तुम्हारे पास अगर आंखें न होतीं; तो तुम ये हरियाली को देखने को कितना रुपया देने को राजी नहीं हो सकते थे!

मगर क्या तुमने कभी हरियाली देखी—आंख है तो? तुमने कभी फूल खिलते देखे? तुमने पक्षियों के गीत में कुछ रस लिया? तुमने चांद-तारों पर नजर दौड़ाई? तुमने यह अखंड विस्तार जो परमात्मा का है, जो अनंत लीला चल रही है, इसका आह्लाद कभी अनुभव किया है?

अंधे होते तो रोते—कि हे प्रभु। तूने रोशनी क्यों नहीं दी? मेरा क्या पाप है? तूने मुझे रंग क्यों न देखने दिए? मैं तेरे इंद्र-धनुषों को देखने को तरसता हूं; कि मुझे तेरे सूरज का दर्शन करना है! तूने मुझे क्यों यह कष्ट दिया! यह तुम कहते—जरूर।

अंधे से पूछो तो यह कहते हैं। बहरों से पूछो, तो रोते हैं कि हमने ध्वनि नहीं जानी; हमने संगीत नहीं जाना। हम सुनते हैं कि संगीत बड़ी अपूर्व बात है! लेकिन हमने नहीं जाना। हमें पता भी नहीं कि संगीत क्या होता है।

गूंगे से पूछो— बोल नहीं सकता। कितना रोता है, कितना तड़पता है भीतर कि काश! मैं बोल सकता! मुझे भी कुछ कहना है। मुझे भी कोई गीत गुनगुनाना है। मुझे भी कोई सुवास प्रकट करनी है। मुझे भी कुछ रचना है। मुझे भी कुछ कहना है। मैं इतना भी नहीं कह सकता किसी से कि मुझे तुमसे प्रेम है! हे प्रभु! तूने इतना दीन क्यों बनाया? यद्यपि तुमने अपनी वाणी के लिए कभी धन्यवाद नहीं दिया है।

तुम जरा सोचना शुरू करो—कितना तुम्हारे पास है! और तुम चकित हो जाओगे। इतना है कि तुम कितना ही धन्यवाद दो, धन्यवाद थोड़ा पड़ेगा।

और अकारण मिला है सब। तुमने इसे अर्जित नहीं किया है। यह उपहार है। यह परमात्मा की भेंट है। और इस भेंट के लिए तुमने कभी धन्यवाद भी नहीं दिया है।

अब तुम पूछते हो कि दुःख से मुक्ति कैसे मिले? तुम निर्मित कर रहे हो दुःख। अभाव को हटाओ, भाव को देखो। जो है, उसे देखो। जो नहीं है, उसकी क्या चिंता लेनी! जो नहीं है, नहीं है।

फूल हो जो शूल से श्रृंगार करता हूं
जिंदगी के साथ मैं खिलवार करता हूं।
क्योंकि है यह जिंदगी रंगीन छाया-धूप
भोर का उजियार है जन का सुनहरी रूप
स्वप्न-वन तन हैं जिसमें प्राण का पंछी
श्वास-तिनकों से रहा बुन मृत्यु-नीड़ अनूप
इसलिए हंस मृत्यु भी स्वीकार करता हूं

और विष को भी अमृत की धार करता हूं।
जानता हूं राह पर दो दिन रहेंगे फूल
आज ही तक सिर्फ है यह वायु भी अनुकूल
रात भर के लिए है आंख में सपना
आंजनी कल ही पड़ेगी लोचनों में धूल
इसलिए हर फूल को गलहार करता हूं
धूल का भी इसलिए सत्कार करता हूं।

ऐसी भावदशा चाहिए।

फूल हो जो शूल से श्रृंगार करता हूं
जिंदगी के साथ मैं खिलवार करता हूं
धूल का भी इसलिए सत्कार करता हूं

धूल भी अपूर्व है, क्योंकि धूल से हम बने हैं और कल धूल में ही खो जाएंगे। धूल हमारी जन्मदात्री है, तो फिर धूल का भी स्वागत-सत्कार...।

मृत्यु के कारण ही जीवन है। मृत्यु न हो, तो जीवन न हो सकेगा। इसलिए फिर मृत्यु का भी धन्यवाद...।

जरा सोचो तो कि तुम एक बार जन्म गए और फिर सदा ही बने रहो, और कभी मर न सको। कभी सोचा; इस पर विचार किया?

अगर तुम्हें सदा रहना पड़े, अनंत काल तक रहना पड़े, तुम कुछ भी करो और मर न सको, तो तुम घबड़ा न जाओगे? ऊब न जाओगे? परेशान न हो जाओगे? थक न जाओगे? और आत्महत्या का भी कोई उपाय न हो। जहर पियो—और मरो न। पहाड़ से गिरो और मरो न। गोली चलाओ और गोली चल जाए और तुम मरो न। कठिन हो जाएगा। बहुत कठिन हो जाएगा।

मृत्यु विश्राम देती है। सत्तर-अस्सी साल के जीवन के बाद थक चुके। देखा जीवन, पहचाना जीवन, जीए जीवन, फिर विश्राम चाहिए। जैसे दिन भर के बाद रात नींद चाहिए, ऐसे जीवन भर के बाद मृत्यु चाहिए।

नींद छोटी-सी मौत है और मृत्यु बड़ी नींद है। जैसे सुबह तुम उठ आते हो—रात सो जाने के बाद—ताजा और नए, फिर जीवन के लिए तत्पर—ऐसे ही मृत्यु के बाद भी तुम उठोगे। फिर ताजा, फिर नए, फिर नया गर्भ, फिर नया जीवन, फिर नया चक्र।

अगर जीवन को ठीक से देखोगे, तो मृत्यु तक स्वीकार हो जाए।

यहां निश्चित ही फूल हैं और शूल भी हैं। मगर निर्भर इस बात पर करती है सारी बात, कि तुम शूल-ही-शूल देखते हो कि फूल-ही-फूल देखते हो? यहां दोनों हैं।

कुछ लोग शूलों की ही गिनती करते रहते हैं! उनको अगर तुम गुलाब की झाड़ी के पास ले जाओ, तो वे गिनती कर लेंगे—सब कांटों की—कि कितने कांटे हैं! हजारों कांटे हैं! कांटे

गिनते-गिनते छिद भी जाएंगे, लहू-लुहान भी हो जाएंगे, नाराज भी हो जाएंगे। और कांटों के प्रति इतना क्रोध आएगा, इतनी दुश्मनी हो जाएगी, कि आंखें इतनी अंधी हो जाएंगी क्रोध से—कि फूल अगर एकाध खिला भी होगा, तो दिखाई न पड़ेगा।

रामदास के जीवन में कथा है कि रामदास रामायण लिखते हैं। रामायण की खबर पहुंचनी शुरू हो जाती है लोगों तक। हनुमान को खबर लगती है कि रामदास रामायण लिख रहे हैं। हनुमान जिज्ञासावश चले आते हैं कि देखें, यह आदमी हजारों साल पहले कहानी हुई थी। अब लिखने बैठा है। सच लिखता है कि झूठ!

हनुमान भी बहुत हैरान होते हैं, क्योंकि वे बातें बड़ी सच कह रहे हैं। वे ऐसे कह रहे हैं, जैसे आंख से देखी कह रहे हों! लेकिन एक जगह बात उलझ जाती है।

एक जगह रामदास कहते हैं कि हनुमान लंका गए, अशोक-वाटिका में गए और वहां उन्होंने देखा कि सब तरफ सफेद-सफेद फूल खिले हैं।

हनुमान खड़े हो गए; भूल ही गए! हनुमान ही हैं एक तो! वैसे तो छिपे बैठे थे, कंबल वगैरह ओढ़कर बैठे थे कि किसी को पता न चले; कोई पकड़ न ले कि हनुमानजी हैं।

भूल ही गए। कंबल फेंककर खड़े हो गए। कहा कि—'यह बात गलत है, और तो सब ठीक है। मैं रहा हनुमान। सुधार लो। संशोधन करो। फूल सफेद नहीं थे। फूल सुर्ख थे, लाल थे।'

रामदास ने कहा, 'बकवास बंद करो। ओढ़ो अपना कंबल और बैठ जाओ शांति से। यह तुम्हारा काम नहीं निर्णय करना कि फूल सफेद थे कि लाल थे! रामदास ने लिख दिया, सो लिख दिया। रामदास सुधार नहीं करता।'

यह तो बात जरा जिद्द की हो गई। हनुमान ने कहा, 'यह तो हद हो गई। मैं गवाह! मैं खुद हनुमान! मैं वहां गया था। तुम कभी गए नहीं। तुमने अशोक वाटिका कभी देखी नहीं। तुम मुझे झुठलाते हो! और अपनी बात . . . ? कहते हो, तरमीम नहीं कर सकता!'

रामदास ने कहा, 'तुम शांत बैठो। सुनने आए हो—सुनो; नहीं सुनना हो तो रास्ता पकड़ो।'

बात जब बहुत बढ़ गई तो हनुमान भी गुस्से में आ गए। हनुमान ने कहा—'फिर राम के पास चलना पड़ेगा। तुम चलो।'

बिठाकर कंधे पर राम के पास ले गए; कहा कि 'राम ही निर्णय कर दें। यह तो जरा . . . ! भला, अच्छा, आदमी है रामदास', हनुमान ने कहा, 'और सब ठीक कहता है, बाकी सब ठीक ही लिखा है; और मुझे भी रस आता है इसकी रामायण सुनने में। फिर से याद हरी हो जाती है। फिर से सब ताजा हो जाता है। फिर स्मृतियां दौड़ने लगती हैं। फिर वह लोक आंख के सामने खुल जाता है। बड़ी जीवंत है इसकी कथा। मगर यह जिद्दी है। मैं कहता हूं कि फूल लाल थे . . . ।'

राम ने कहा, 'हनुमान तुम इन बातों में मत उलझो। रामदास ठीक ही कहता है—फूल सफेद ही थे। तुम इस झंझट में पड़ो ही मत। यह तुम्हारा काम नहीं।'

तब तो हनुमान ने कहा, 'यह तो ज्यादती हो गई! यह आदमी भी कहता है कि यह तुम्हारा काम नहीं है। आप भी कहते हैं कि यह तुम्हारा काम नहीं है। यह काम किसका है? मैं वहां था। न

तुम गए, न यह आदमी गया। सीता से पूछ लो। वह मौजूद थीं वहां। वही एक मात्र गवाह हैं।'

सीता को पूछा गया। सीता ने कहा, 'हनुमान, तुम इस झंझट में न पड़ो। फूल सफेद ही थे। लेकिन तुम इतने क्रोध में थे, तुम्हारी आंखें खून से भरी थीं—कि तुम्हें लाल दिखाई पड़े थे। फूल सफेद ही थे। मगर तुम पागल हो रहे थे। तुम्हारे राम की सीता छिन गई थी। तुम दीवाने हो रहे थे। तुम होश में नहीं थे। तुम्हारा सिर एकदम विक्षुब्ध था और आंखें खून से भरी थीं। तुम प्रतिशोध को तत्पर थे। तुम विध्वंश को तत्पर थे। तुम बदला लेना चाहते थे। उस प्रतिशोध से भरी आंखों में फूल सफेद नहीं दिखाई पड़ते थे। अन्यथा फूल सफेद ही थे। रामदास ठीक कहते हैं। राम भी ठीक कहते हैं। मैं गवाह; मैं वहीं थी। और तुम थोड़ी देर के लिए आए थे; मैं वहां महीनों थी। फूल सफेद ही थे।'

आंख पर निर्भर है। अगर तुम कांटे गिनो, कांटों से आंखें सुर्ख हो जाएंगी, लाल हो जाएंगी, लहू-लुहान हो जाएंगी, फिर फूल दिखाई नहीं पड़ेंगे।

अगर तुम फूल गिनोगे, तो धीरे-धीरे तुम पाओगे—कांटे भी फूल के दुश्मन नहीं हैं; रक्षक हैं। फलों को प्रेम करते-करते तुम पाओगे—कांटों से भी प्रेम उमड़ आया।

रात को भी प्रेम करने लगोगे तुम—अगर दिन को प्रेम किया। और अंधेरे को भी प्रेम करने लगोगे तुम—अगर रोशनी को प्रेम किया। मृत्यु भी मित्र मालूम पड़ेगी—अगर जीवन को मित्रता की तरह देखा। सब तुम पर निर्भर है।

दुःख से छुटकारे के लिए कुछ करना नहीं है। सिर्फ देखना है। सम्यक् दृष्टि।

यहां सब है। यहां विपरीत का मिलन हो रहा है। यहां दुःख भी है, सुख भी है।

तीन स्थितियां हो सकती हैं आदमी की—दुःख की स्थिति, सुख की स्थिति और दोनों के अतीत।

पहली स्थिति को हम नरक कहते हैं। दूसरी स्थिति को स्वर्ग कहते हैं। तीसरी स्थिति को मोक्ष कहते हैं।

अधिक लोग नरक में जीते हैं। ऐसा मत सोचना कि नरक कहीं पाताल में है। नरक तुम्हारे भीतर है; तुम्हारे जीने के ढंग का नाम है। तुम्हारे गलत जीने का ढंग—नरक। कांटों को चुनने की आदत—नरक। दुःख को पकड़ने की आदत—नरक। जो नहीं है, उसको देखना, और जो है; उसको नहीं देखना, इस तरह की विकृत मनोदशा का नाम है—नरक।

जो है, उसे देखना; जो नहीं है, उसकी जरा चिंता न करना। जो है, उसके लिए धन्यवाद—अनुग्रहण का भाव; जो नहीं है, उसकी कोई शिकायत नहीं, कोई मांग नहीं।

फूल को गिनना; कांटों की गिनती न करना।

स्वर्ग—और स्वर्ग के बाद ही संभव हो पाता है, एक दिन यह देखना कि नरक और स्वर्ग—दोनों एक ही सिक्के के दो पहलू हैं। एक तरफ दुःख लिखा है; एक तरफ सुख लिखा है। क्योंकि एक ही झोंपड़ी में कांटे हैं, उसी में फूल हैं। यद्यपि यह सच है कि कांटों-ही-कांटों को देखने वाला आदमी गलत है। लेकिन किसी और ऊंचाई से यह भी सच है कि सुख-ही-सुख को

देखने वाला आदमी भी गलत है, क्योंकि दोनों की दृष्टियां अधूरी हैं। इसे समझना।

अगर तुम नरक में हो, तो मैं कहता हूं : तुम्हारी दृष्टि गलत है। सम्यक् दृष्टि तुम्हें सुख में ले जाएगी। जब तुम सुख में आ जाओगे, तो सम्यक् दृष्टि तुम्हें और ऊपर ले जाएगी। वह कहेगी—सुख-ही-सुख देखना भी गलत है। क्योंकि यहां दुःख भी है, सुख भी है। दोनों में से किसी का भी चुनना गलत है।

अचुनाव—चुनना ही नहीं; निर्विकल्प हो जाना।

सुख भी बाहर है, दुःख भी बाहर है। दुःख भी आता है, सुख भी आता है। दोनों आते-जाते हैं। मैं दोनों से पृथक, अलग, भिन्न-भिन्न, साक्षी मात्र। वह दशा परम आनंद की।

आओ, अपने संबंधों पर पुनर्विचार करें
थोड़ी-सी कलह
थोड़ा प्यार करें।
किसी को क्या पता हम बुरे हैं
कि भले औरों की तरह हम भी
विषम परिस्थितियों में पले
आओ, मन पर लगे नियंत्रण हटाएं
थोड़ी चुप्पी साधें
थोड़े शब्दों के वार करें!
हरदम अच्छा-अच्छा ही क्यों चाहें?
फूलों वाली ही क्यों
क्यों न हों कांटों वाली राहें?
आओ, सपनों से आंखमिचौनी रचाएं
थोड़ी इच्छाएं पतझर
थोड़ी बहार करें।
एक-दूसरे के बारे में ही क्यों सोचें हरपल
मन के भीतर भी तो है
थोड़ी हलचल
आओ, आसक्ति से विरक्ति में उतराएं
थोड़े क्षण उदास
थोड़े त्यौहार करें।
आओ, अपने संबंधों पर पुनर्विचार करें।

एक तो दुःख को पकड़ने की वृत्ति; दूसरी सुख को पकड़ने की वृत्ति। मगर पकड़ने की वृत्ति भी गलत है। पहले से दूसरी बेहतर। लेकिन पकड़ने की वृत्ति भी गलत है। फिर तीसरी... न

पकड़ने की क्षमता। कुछ भी न पकड़ें। कांटे हैं, तो कांटे। फूल हैं, तो फूल।

थोड़ी इच्छाएं पतझर
थोड़ी बहार करें
थोड़े क्षण उदास
थोड़े त्यौहार करें।

दोनों ठीक। रात भी ठीक, दिन भी ठीक। उदासी आए, उदासी भी ठीक। खुशी आए, खुशी भी ठीक।

धीरे-धीरे दोनों ठीक... दोनों ठीक... इस भावदशा में बैठते-बैठते अचानक तुम पाओगे कि तुम दोनों के बाहर सरक गए। जैसे सांप अपनी पुरानी केंचुली से सरक जाता है, द्वंद्व के बाहर सरक गए। निर्द्वंद्व हो गए। निरंजन हो गए। वही दशा साक्षी की, वही दशा अवधूत की। दो नहीं रहे—अब तुम्हारे जीवन में; एक का जन्म हुआ। अद्वैत का जन्म हुआ।

मगर यात्रा ऐसी है कि पहले दुःख छोड़ो, सुख में आओ। नरक छोड़ो स्वर्ग में आओ। फिर स्वर्ग भी छोड़ो।

पहले बीमारी छोड़ो, स्वस्थ बनो। फिर स्वास्थ्य भी छोड़ो। क्योंकि स्वास्थ्य भी बीमारी के साथ ही जुड़ा है। फिर स्वास्थ्य की भी फिक्र न लो। बीमारी ही गई, तो अब स्वास्थ्य की क्या फिक्र लेनी? अब इसे भी जाने दो। अब तुम दोनों के पार हो जाओ।

पहले पाप छोड़ो, पुण्य पकड़ो। फिर पुण्य भी छोड़ो। फिर पाप-पुण्य के पार हो जाओ। पहले राग छोड़ो, विराग पकड़ो। फिर विराग भी छोड़ दो, वीतराग हो जाओ।

वह तीसरी दशा लक्ष्य है। और वहीं परम शांति है—और परम आनंद है।

चौथा प्रश्नः *प्यारे भगवान,*

निकलेगा रथ किस रोज पार कर मुझको
ले जाओगे कब ज्योति बार कर मुझको
किस रोज लिए प्रज्वलित बाण आओगे
खींचते हृदय पर रेख निकल जाओगे
किस रोज तुम्हारी आग सीस पर लूंगा
बाणों के आगे प्राण खोल धर दूंगा?

पूछा है आनंद मैत्रेय ने।

यही सभी संन्यासियों की आकांक्षा है। यह प्रश्न सभी का प्रश्न है।

जो भी मुझसे किसी गहरे नाते में जुड़े हैं, उन सभी की उसी क्षण की प्रतीक्षा है। वह क्षण अभी भी आ सकता है—आज भी।—इसी क्षण भी।

मैं तो तैयार हूं, तुम्हीं झेलने को तैयार नहीं होते। तुम्हारी ही तैयारी धीरे-धीरे हो जाए, इसकी

चेष्टा कर रहा हूं।

तुम अपने कारागृह से बाहर आ जाओ; या कम-से-कम द्वार-दरवाजे खोलो कि मैं तुम्हारे कारागृह में भीतर आ सकूं।

कारागृह में तुम हो—द्वार-दरवाजे बंद किए हैं; और मजा ऐसा है कि कोई और पहरा भी नहीं दे रहा है। तुम ही द्वार-दरवाजे बंद किए, ताले लगाए भीतर बैठे हो—घबड़ाए, डरे, अस्तित्व से डरे; सुरक्षा मालूम होती है भीतर। बाहर असुरक्षा है।

सच है यह बात—बाहर असुरक्षा है। लेकिन असुरक्षा में जीवन है। असुरक्षा के भाव को समग्ररूपेण स्वीकार कर लेना ही संन्यास है—कि अब हम सुरक्षा करके न जीएंगे। अब जैसी उसकी मरजी।

'जिहि विधि राखे राम, ताहि विधि रहिए।' अब जो करवाएगा—करेंगे; नहीं करवाएगा—नहीं करेंगे। अपने पर भरोसा छूटे, तो यह घटना आज ही हो सकती है।

'निकलेगा रथ किस रोज पार कर मुझको?' रथ तो द्वार पर खड़ा है। रथ तो अभी निकलने को तैयार है।

'ले जाओगे कब ज्योति वार कर मुझको?' मैं तैयार हूं। रोज-रोज तुम्हें पुकार रहा हूं—कि सुनो। वैसे ही बहुत देर हो गयी है। अब चेतो। 'किस रोज लिए प्रज्वलित बाण आओगे?' आ ही गया हूं। द्वार पर दस्तक दे रहा हूं। तुम सुनते नहीं। तुम भीतर 'अपना' शोरगुल मचा रहे हो। तुमने इतने बाजे बजा रखे हैं भीतर कि द्वार पर पड़ी हल्की-सी थाप तुम्हें सुनाई भी पड़े तो कैसे?

तुमने भीतर इतना बाजार बना रखा है, इतनी भीड़-भाड़ है भीतर तुम्हारे...। तुम अकेले नहीं हो। तुमने बड़ी दुनिया भीतर बना रखी है। वहां बड़ी कलह, बड़ा धुआं है, बड़ा उपद्रव है, बड़ा संघर्ष, बड़ा युद्ध है। वहां प्रतिपल कलह ही चल रही है। उस कलह के कारण द्वार पर पड़ती थपकी तुम सुन नहीं पाते।

किस रोज लिए प्रज्वलित बाण तुम आओगे।
खींचते हृदय पर रेख निकल जाओगे।

मगर हृदय को तुम खोलते ही कहां हो! तुमने उसे तो न मालूम कितनी परतों में बंद कर रखा है! और परतें तुम्हारी जबरदस्ती भी तोड़ी जा सकती हैं, लेकिन वह बलात्कार होगा। और जबरदस्ती अगर तुम्हें स्वतंत्रता भी मिल जाए, तो गुलामी का ही दूसरा नाम होगा।

जबरदस्ती स्वतंत्रता मिल ही नहीं सकती। क्योंकि वह तो विरोधाभास है। स्वतंत्रता तो चुननी पड़ती है, वरण करनी होती है।

फ्रांस में क्रांति हुई, तो क्रांतिकारियों ने वहां की जेल को तोड़ दिया। बड़ी जेल थी; उसमें बड़े पुराने दिनों से फ्रांस के सबसे ज्यादा जघन्य अपराधी बंद थे—आजीवन जिनको सजाएं मिली थीं।

उस कारागृह में—बेस्तिले उस कारागृह का नाम था—जो जंजीरें पहनाई जाती थीं; वे सदा के लिए पहनाई जाती थीं। क्योंकि उसमें सिर्फ आजन्म—जिनको मरने तक वहीं रहना है—उन्हीं को भेजा जाता था।

तो जो जंजीरें डाल दी गई थीं, वे डाल दी गई थीं। किसी की जंजीरें क़भी काटी नहीं जाती थीं। वह तो मर जाता, तब कटती थीं। जिंदा-जिंदा नहीं कटती थीं।

क्रांतिकारियों ने जाकर बेस्तिले का दरवाजा तोड़ दिया। लोगों की जंजीरें तोड़ दीं। हजारों कैदी थे। और उनको कहा कि तुम मुक्त हो। लेकिन कैदी राजी नहीं थे। जाने को राजी नहीं थे बाहर। वे तो बड़े चौंक गए। उनको तो भरोसा ही न आया। क्योंकि एक जिंदगी का ढांचा उन्होंने स्वीकार कर लिया था।

कोई तीस साल से बंद था, कोई चालीस साल से बंद था। कोई तो ऐसा कैदी था, जो पचास साल से वहां था। पचास साल जिसके हाथ में लोहे की जंजीरें और पैर में बेड़ियां रही हों, और पचास साल तक जिसने अपने कारागृह की काल-कोठरी को न छोड़ा हो; पचास साल तक जिसे रोज समय पर भोजन मिल गया हो; पचास साल से जिसने सिर्फ एक ही तरह का जीवन जाना हो, उसकी तुम जंजीरें तोड़ दो, और कहो कि तुम मुक्त हो। वह जाए, तो कहां जाए?

अब तो उसे याद भी नहीं पड़ता—उन लोगों के नाम भी उसे याद नहीं आते—जिनको वह बाहर छोड़ आया था। वे जिंदा भी होंगे, इसका भी पक्का नहीं। वे पहचानेंगे उसको, इसका भी पक्का नहीं। पचास साल पहले वह जो काम करता था, आज तो कर सकेगा, इसका उपाय भी नहीं। अस्सी साल का बूढ़ा आदमी! अब कौन उसे रोटी देगा? कौन उसे रोजी देगा? कहां जाए? किस दिशा में जाए? किसको तलाशे? कौन उसे अंगीकार करेगा?

'नहीं।' उन्होंने कहा, 'क्षमा कर दें। हम बाहर नहीं जाना चाहते और हमारी जंजीरें मत तोड़ो।'

मगर क्रांतिकारी तो जिद्दी। उन्होंने जबरदस्ती धक्के मारकर, कोड़े मारकर बाहर निकाल दिया। कोड़े मारकर ही वे बाहर निकाले गए। इससे स्वतंत्रता हो सकती है?

सांझ होते-होते आधे आदमी वापस आ गए। और उन्होंने कहा, 'हम जाएं, तो जाएं कहां। हमें कम-से-कम रात में हमारी कोठरी में तो सो जाने दो!

आधी रात होते-होते और लोग भी वापस आ गए और उन्होंने कहा, 'हमें नींद नहीं आती और कहीं! बाहर बड़ा शोरगुल है।' और एक बूढ़े ने कहा कि 'बिना जंजीरों के हाथ में, मैं सो नहीं सकता। पचास साल जंजीरें हाथ में, पैर में बेड़ियां, वे ही मेरी संगी-साथी हैं। मैं नंगा-नंगा मालूम पड़ता हूं। सोने की कोशिश की तो नींद नहीं आती! मुझे मेरी जंजीरें वापस लौटा दो।'

जबरदस्ती किसी को स्वतंत्र करने का कोई उपाय नहीं। और यह तो बाहर की स्वतंत्रता है। भीतर की स्वतंत्रता तो और कठिन बात है।

तो मैं तो द्वार पर खड़ा हूं कि तुम्हारे हृदय को चीरकर निकल जाऊं। मगर जबरदस्ती नहीं की जा सकती। बलात्कार नहीं हो सकता। तुम्हें ही धीरे-धीरे अपने अवगुंठन, अपने आवरण त्यागने पड़ेंगे। तुम्हें धीरे-धीरे अपना हृदय मेरे सामने खोलना पड़ेगा।

खींचते हृदय पर रेख निकल जाओगे।
किस रोज तुम्हारी आग सीस पर लूंगा?

जब तक 'आग' मालूम होती रहेगी, तब तक कैसे लोगे? आग कोई कैसे सीस पर लेगा?

जब ये आग के अंगारे तुम्हें खिले हुए गुलाब के फूल मालूम होने लगेंगे, तब...।

बाणों के आगे प्राण खोल धर दूंगा। 'बाण' समझोगे, तो नहीं रख पाओगे। जिस दिन यह बाण न होगा, औषधि होगी...।

वही जहर है, वही औषधि। जब तुम डरते हो, तो जहर मालूम होता है। जब तुम स्वीकार कर लेते हो, तो औषधि हो जाती है। उसी दिन यह घटना घट जाएगी।

लेकिन अड़चन कहां से आती है? अड़चन आती है—तुम्हारी अस्मिता के भाव से।

मैं तूफानों में चलने का आदी हूं
तुम मत मेरी मंजिल आसान करो!
हैं फूल रोकते, कांटे मुझे चलाते
मरुथल पहाड़ चढ़ने की चाह बढ़ाते
सच कहता हूं मुश्किलें न जब होती हैं
मेरे पग तब चलने में भी शरमाते हैं
मेरे संग चलने लगें हवाएं जिससे
तुम पथ के कण-कण को तूफान करो
मैं तूफानों में चलने का आदी हूं
तुम मत मेरी मंजिल आसान करो।
अंगार अधर पर धर मैं मुस्काया हूं
मैं मरघट से जिंदगी बुला लाया हूं
हूं आंख-मिचौनी खेल चुका किस्मत से
सौ बार मृत्यु के गाल चूम आया हूं
है नहीं मुझे स्वीकार दया, अपना भी
तुम मत मुझ पर कोई अहसान करो
मैं तूफानों में चलने का आदी हूं
तुम मत मेरी मंजिल आसान करो।
श्रम के जल से ही राह सदा सिंचती है
गति की मशाल आंधी में ही हंसती है
शूलों से ही शृंगार पथिक का होता
मंजिल की मांग लहू से ही सजती है
पद में गति आती है छाले छिलने से
तुम पग-पग जलती चट्टान धरो
मैं तूफानों में चलने का आदी हूं
तुम मत मेरी मंजिल आसान करो।

मैं तो तुम्हारी मंजिल आसान कर दूं, मगर तुम उसके लिए राजी नहीं। तुम्हारी अस्मिता कहती है :

मैं तूफानों में चलने का आदी हूं
तुम मत मेरी मंजिल आसान करो।
है नहीं मुझे स्वीकार दया, अपना भी
तुम मत मुझ पर कोई अहसान करो
मैं तूफानों में चलने का आदी हूं।

तुम दुःख में चले हो, लड़ते रहे हो, लड़ना तुम्हारी प्रकृति हो गई है। और यहां समर्पण चाहिए, और लड़ना तुम्हारी प्रकृति हो गई है। संकल्प से ही तुमने संसार फैलाया; यहां समर्पण चाहिए। तुम जीतने की आकांक्षा से भरे रहे हो—सदा-सदा; प्रत्येक भरा रहा है। और यहां पराजय होने की, पराजय को स्वीकार कर लेने की, अहोभाव से, क्षमता चाहिए। तो आज घटना घट जाए; अभी घटना घट जाए।

और यह घटना जब भी घटेगी, तब अनायास घटेगी। इसकी कोई घोषणा नहीं हो सकती, कोई भविष्यवाणी नहीं हो सकती—कब? अभी हो सकती है और जन्मों-जन्मों न हो।

कभी भी हो सकती है, क्योंकि प्रत्येक पल होने के लिए संभावना है। जब भी मेल पूरा बैठ जाएगा; जब भी तुम राजी हो जाओगे; जरा भी ना-नुच, जरा भी 'नहीं' का भाव भीतर न रह जाएगा, उसी क्षण हो जाएगी।

यूं अचानक मुलाकत तुझसे हुई
जैसे राहगीर को
बे-तलब
बे-दुआ
राह में एक अनमोल मोती मिले।

ऐसा ही मिलना होता है—प्रेम का भी। ऐसा ही मिलना होता है—प्रार्थना का भी। प्रिय का भी—और परमप्रिय का भी।

यूं अचानक मुलाकात तुझसे हुई
जैसे राहगीर को
बे-तलब
बे-दुआ
राह में एक अनमोल मोती मिले।
और हंगामे-रुख्सत ये एहसास है
जैसे मर्देजफा कश का अंदोखत
हासिले-मेहनते-जिंदगी

राहजन छीन लें
जैसे जाहिद को पीरों में एहसास हो
उम्रभर की रयाजत अकारत गई।

और मिलकर भी बहुत बार बिछुड़ना होगा। पहले-पहल तो हवा के झोंके की तरह मिलना आता है; चला जाता है। एक रोशनी की किरण आती है और चली जाती है। सुगंध तैरती-सी आती है, लरजती-सी आती है हवा में। तुम पकड़ भी नहीं पाते—आई-आई और गई।

बहुत बार आएगी रोशनी। धीरे-धीरे तुम उसका सूत्र पकड़ पाओगे। धीरे-धीरे तुम उसे अपनी शाश्वत संपदा बना पाओगे।

यूं अचानक मुलाकात तुझसे हुई
जैसे राहगीर को
बे-तलब
बे-दुआ
राह में एक अनमोल मोती मिले।

न तो मांगा था, न प्रार्थनी थी, न किसी का आशीर्वाद था। अचानक—ऐसा ही होता है—अनायास।

क्यों ऐसा होता है? क्योंकि जब तक तुम प्रयास करते रहते हो, तब तक तो तुम्हारा अहंकार बना रहता है। 'मैं' कोशिश करता है पाने की कुछ, तो 'मैं' बना रहता है।

जब तुम थक जाते हो कोशिश कर-करके और एक दिन तुम नहीं होते; किसी सौभाग्य के क्षण में न कोशिश होती है, न तुम होते हो, खाली सब होता है, सब सन्नाटा होता है—उसी क्षण—

यूं अचानक मुलाकात तुझसे हुई
जैसे राहगीर को
बे-तलब
बे-दुआ
राह में एक अनमोल मोती मिले।
और हंगाम-रुख्सत मे अहसास है

और विदा के क्षण में ऐसा प्रतीत होता है—

और हंगामे-रुख्सत ये एहसास है
जैसे मर्देजफा कश का अंदोखत।

जैसे किसी कंजूस की जी.वन भर की कमाई 'हासिले-मेहनते-जिंदगी'; जिंदगी भर इकट्ठा किया था कंजूस ने, कृपण ने और 'राहजन छीन ले'—लुटेरे छीन लें।

जैसे जाहिद को पीरी में एहसास हो
उम्र भर की रियाजत अकारत गई।

और जैसे किसी तथाकथित तपस्वी को, जिसने जिंदगी भर तपश्चर्या की हो, बुढ़ापे में यह समझ आए:

जैसे जाहिद को पीरी में एहसास हो
उम्र भर की रियाजत अकारत गई।

जिंदगी भर की तपश्चर्या व्यर्थ हो गई। जिसने जिंदगी भर उपवास किए हों, प्रार्थनाएं की हो, पूजाएं की हों, उसको जैसे लगे—सारी जिंदगी की मेहनत दो कौड़ी में गई। या जैसे किसी कंजूस ने जिंदगी भर श्रम करके पैसा इकट्ठा किया हो और राह में लुटेरे लूट लें।

प्रभु आता है, तो ऐसा लगता है—बिना मांगे आ गया। और जाता है, तो ऐसा लगता है—सब लुट गया... सब लुट गया। तुम पहले से भी ज्यादा दरिद्र हो जाओगे। क्योंकि पहले तो कुछ अनुभव न था, तो पता भी न था, तुलना भी नहीं कर सकते थे कि संपदा क्या है।

जब एक बार रोशनी आंख में उतर आएगी और फिर अंधेरा घना हो जाएगा, तो पहले से भी ज्यादा अंधेरा मालूम होगा। तुम बहुत रोओगे, बहुत तड़फोगे। सब लुट गया। लुटेरों ने लूट लिया।

तो एक विरह है, जो परमात्मा को जानने के पहले आदमी में होता है। बहुत गहरा नहीं होता। हो भी नहीं सकता बहुत गहरा। उस प्यारे को देखा नहीं, उसके सौंदर्य को जाना ही नहीं, उसकी झलक भी नहीं मिली कभी, तो हम रो सकते हैं, मगर रोने में कितनी गहराई होगी?

अनुभव ही नहीं, तो रोएं क्या? किसके लिए रो रहे हो? पक्का भी नहीं कि वह है भी कहीं! था भी कभी? कि सिर्फ कपोल-कल्पना है।

फिर अनुभव होता है। और अनुभव, खयाल रखना—अचानक... अनायास।

मगर इसका यह मतलब नहीं कि तुम कुछ प्रयास न करो। तुम प्रयास न करोगे, तो अनायास भी न होगा। प्रयास करते-करते, थकते-थकते एक दिन तुम पाओगे—प्रयास से तो नहीं होता। तुम सब कर चुके, जो करना था। कर-कर के तुमने आखिरी सीमा पहुंचा दी। उसी आखिरी सीमा पर विश्राम आ जाता है। और सब... और तो करने को कुछ बचा नहीं। तुम शिथिल होकर बैठ जाते हो। विश्राम आ जाता है। उसी विश्राम में अनायास:

जैसे राहगीर को
बे-तलब
बे-दुआ
राह में एक अनमोल मोती मिले।

मगर यह मोती मिलेगा और खोएगा। इसके पहले कि पूरा-पूरा मिल जाए, बहुत बार हाथ में आएगा और छूट-छूट जाएगा।

लेकिन तैयारी तो तुम्हें करनी होगी; द्वार तो तुम्हें खुला रखना होगा। भय तो तुम्हें छोड़ना

होगा।

सद्गुरु के पास शिष्य को भय छोड़ना चाहिए। भय ही रुकावट है। संकोच छोड़ना चाहिए। शक-संदेह, जो बिलकुल स्वाभाविक मालूम होते हैं, उनको भी छोड़ना चाहिए। आस्था को जन्माना चाहिए। श्रद्धा को उमगाना चाहिए।

यह घटना घटने वाली है। निश्चित घटेगी। घटने के रास्ते पर है। मगर कब घटेगी, कहना मुश्किल है! जब तुम घटने दोगे, तभी घटेगी। तुम्हारे बिना राजी हुए नहीं घटेगी।

किसी को भी जबरदस्ती मुक्त नहीं किया जा सकता। क्योंकि जबरदस्ती और मुक्ति विरोधाभास है। मोक्ष तो तुम्हारे अनंत स्वीकार से उत्पन्न होता है। तुम स्वतंत्र होओगे—अपनी सहजता में—खींचकर नहीं।

खींची-तानी स्वतंत्रता वैसी ही होगी, जैसे कोई फूल की कली को जबरदस्ती खोल दे। पंखुड़ियां पहले से ही मुर्दा हो जाएंगी। एक है फूल का अपने आप खिलना।

तो तुम मुझे सूरज रहने दो। मैं अपने हाथ तुम्हारी कली को नहीं छुआऊंगा। मुझे तुम दूर, रोशनी की तरह, तुम्हारे ऊपर पड़ने दो। तुम मुझ पर निर्भर होने की चिंता भी मत करो—कि मुझ पर तुम्हें निर्भर होना है।

और तुम मेरे हाथों की प्रतीक्षा भी मत करो कि यह आकर तुम्हारी कली को खोल दे। वह दुश्मनी होगी। वह तुम्हारा कल्याण नहीं होगा।

सूरज को रोशनी की तरह रहने दो। तुम्हारी कली खुलेगी। यह आकांक्षा इसलिए उठी है कि कली खुलना चाहती है। इसलिए पूछा है।

'निकलेगा रथ किस रोज पार कर मुझको।' भनक रथ की पड़ने लगी इसलिए। दूर सुनाई पड़ती है आवाज, जैसे कहीं आकाश में मेघ गड़गड़ाते हों... बहुत दूर... ऐसा रथ कहीं आ रहा है, यह सुनाई पड़ने लगा है। 'निकलेगा रथ किस रोज पार कर मुझको।' इसलिए पूछा है।

'ले जाओगे कब ज्योति बार कर मुझ को।' ज्योति का आभास कहीं-कहीं होने लगा है। बहुत धीमा है। शायद प्रतिफलन जैसा है। आकाश का तारा नहीं दिखाई पड़ा है, लेकिन झील में पड़ती तारे की छवि दिखाई पड़ी है।

'किस रोज लिए प्रज्वलित बाण आओगे;' और मैं चुभने भी लगा हूं कहीं बाण की तरह, इसीलिए याद आ रही है। कहीं पीड़ा भी उठनी शुरू हुई है। चुभन पैदा हुई है1

'खींचते हृदय पर रेख निकल जाओगे।' आकांक्षा जगी है, तो बीज बो दिया गया; वृक्ष भी होगा, फल भी लगेंगे; फूल भी खिलेंगे।

'किस रोज तुम्हारी आग सीस पर लूंगा?' आज आग जैसी लगती है; लेकिन लेने का मन हो रहा है। इससे तुम्हें भी समझ में आने लगा है कि आग दिखती ही है, आग नहीं है। फूलों की सुर्खी है।

देखा कभी—कभी जंगल में, ग्रीष्म के दिनों में, जब पलाश के जंगल में फूल खिलते हैं, तो ऐसा लगता है, सारे जंगल में आग लग गई! अंग्रेजी में तो पलाश के फूलों को आग के फूल ही

कहते हैं; दूर से तो ऐसा ही लगता है कि जंग जल उठा। पास जैसे-जैसे आओगे, वैसे-वैसे लगेगा—फूल है, आग नहीं।

किस रोज तुम्हारी आग सीस पर लूंगा?
बाणों के आगे प्राण खोल कर दूंगा।

मन में आकांक्षा तो जग रही है, अभीप्सा तो जग रही है कि खोल कर रख दूं। शायद कुछ रोकता है—कोई भय, कोई पुरानी आदत, कोई संस्कार। मगर कितनी देर रोक सकेगा? क्योंकि आकांक्षा भविष्य की है और संस्कार अतीत का है। संस्कार मुर्दा है; आकांक्षा जीवंत है। आकांक्षा में आत्मा है, संस्कार तो केवल राह पर पड़ी लकीर है, जिस पर तुम गुजर चुके। इसलिए जब भी आकांक्षा में और अतीत में संघर्ष होगा, अतीत हारता है, आकांक्षा नहीं हारती। आकांक्षा के साथ भविष्य है।

तो तुम्हारे भीतर आकांक्षा तो उठी है। शुभ आकांक्षा उठी है। इसको सींचो। इसको सम्हालो। यह अभी छोटा कोमल पौधा है, इसको सहारा दो—कि यह बड़ा होता जाए। यह बढ़ेगा।

मेरा पूरा साथ तुम्हें है। लेकिन मैं आकर जबरदस्ती तुम्हारी पंखुड़ियों को नहीं खोलूंगा। नहीं खोल सकता हूं।

नहीं खोल सकता हूं, क्योंकि तुमसे मुझे प्रेम है अन्यथा खुद की खुलने की क्षमता सदा के लिए नष्ट हो जाएगी।

माली किसी फूल को खोलता नहीं। पानी देता है; खाद देता है; लेकिन किसी फूल को पकड़कर खोलता नहीं। मौका देता है—पौधे को ही कि जब समय पक जाएगा, तब वसंत आएगा, जब फूल के भीतर ही क्षमता आ जाएगी खुलने की, तो फूल अपने से खुलेगा।

अपने से खुल जाना ही सहज-योग है। कबीर के सारे वचन उसी सहज-योग की दिशा में इशारे हैं। सहज को समझा, तो कबीर को समझा।

आज इतना ही।

साधो, सबद साधना कीजै

तीन

सूत्र

साधो, सबद साधना कीजै।
जेहि सबद ते प्रगट भये सब, सोइ सबद बहि लीजै।।
सबद गुरु सबद सुन सिख भये, सबद सो बिरला बूझै।
सोई सिष्य सोई गुरू महातम, जेही अन्तर गति सूझै।।
सब्दै वेद पुरान कहत हैं, सब्दै सब ठहरावै।
सब्दै सुर मुनि संत कहत हैं, सबद भेद नहिं पावै।।
सब्दै सुन सुन भेष धरत हैं, सब्दै कहे अनुरागी।
खट-दरसन सब सबद कहत हैं, सबद कहै बैरागी।।
सब्दै काया जग उतपानी, सब्दै केरि पसारा।
कहै कबीर जहं सबद होत हैं, भवन भेद है न्यारा।।
कबीर सबद सरीर में, बिनि गुण बाजै तंति।
बाहरि भीतरि भरि रह्या, ताथैं छूटि भरंति।।
सबद सबद बहु अंतरा, सार सबद चित देय।
जा सब्दै साहब मिलै, सोई सबद गहि लेय।।
सबद बराबर धन नहीं, जो कोइ जानै बोल।
हीरा तो दामों मिलै, सबदहिं मोल न तोल।।
सीतल सबद उचारिये, अहम आनिये नाहिं।
तेरा प्रीतम तुज्झ में, सत्रू भी तुझ माहिं।।

'साधो सबद साधना कीजै।'

सबसे पहले 'साधु' शब्द को समझें। कबीर के सारे वचन संबोधित हैं; लिखे नहीं गए हैं; किसी से कहे गए हैं; किसी के संदर्भ में हैं। अंधेरे में किसी भी दिशा में तीर नहीं चला दिया है। कोई सामने है, इसको ध्यान में रखकर ही कहे गए हैं।

कबीर के वचन में संवाद है। कबीर के वचनों में संदर्भ है।

तो कोई वचन शुरू होता है 'साधु' से। कोई वचन शुरू होता है 'संत' से; कोई वचन शुरू होता है—पंडित-पांडे से; कोई वचन शुरू होता है—मुल्ला-काजी से। कोई वचन शुरू होता है—अवधू-अवधूत से। और कोई वचन शुरू होता है—कबीरा से; कबीर स्वयं को संबोधित करते हैं—कबीरा।

ये सारे संबोधन समझने जैसे हैं।

पंडित-पांडे के तो कबीर मूल विरोधी हैं। इसलिए जहां उन्होंने पंडित-पांडे का संबोधन किया है, वहां वे खंडन को तत्पर हैं। वहां वे तलवार लेकर खड़े हैं। वहां उनके वचनों में अंगार है, क्रांति है, विध्वंस है। क्योंकि कबीर कहते हैं—शास्त्र को जानने से सत्य नहीं जाना जाता। हां, कोई सत्य को जान ले, तो शास्त्र जरूर जान लिया जाता है।

कितना ही पढ़ो, कितना ही लिखो, कुछ भी हाथ न आएगा। स्याही से कितने ही हाथ काले करो, कहीं पहुंचोगे नहीं। खोपड़ी भर जाएगी। शब्दों-ही-शब्दों से खोपड़ी भर जाएगी। और उन्हीं शब्दों की भीड़ के कारण जो मूल शब्द है, वह सुनाई न पड़ेगा। इस विरोधाभास को खयाल में लेना।

मूल शब्द तभी सुनाई पड़ता है, जब तुम्हारे शब्द खो जाते हैं। जब तुम निःशब्द हो जाते हो, तब सुनाई पड़ता है। यह विरोधाभासी लगेगा। निःशब्द में शब्द सुनाई पड़ता है।

शब्द से अर्थ—परमात्मा का स्वर, अस्तित्व का स्वर—यह, जो समग्र के प्राण का आंदोलन है यह। लेकिन अगर हम अपने ही शब्दों से भरे हैं और बड़ी भीड़ मची है वहां, और बड़ी

कीचड़ मची है वहां—शब्द और सिद्धांतों की, तो कौन सुनेगा? कैसे सुनेगा? उस शोरगुल में परमात्मा की धीमी-सी वाणी खो जाती है।

वह जो धीमा-सा वीणा का स्वर भीतर बज रहा है, वह सुनाई पड़े, तो कैसे सुनाई पड़े? यह तो नक्कारखाना है, जिसमें हमने जमाने भर के उपद्रव इकट्ठे कर रखे हैं, यह जो हमारा मन है, इसमें शास्त्र हैं, सिद्धांत हैं, वाद-विवाद हैं, राजनीति है, धर्म है, और न मालूम क्या-क्या है! यह जो कूड़ा-कर्कट हमने इकट्ठा किया है, इसी कूड़े-कर्कट में हीरा दब गया है।

तो जब भी कबीर पंडित को संबोधन करते हैं, तब समझ लेना कि वे तत्पर हैं मिटाने को।

मिटाना जरूरी है—बनाने के लिए। विध्वंस जरूरी है—निर्माण के लिए। पुराना मकान गिराना पड़ता है, तो नया बनाया जा सकता है। पुरानी देह जल जाती है, तो नया जन्म मिलता है।

तो जैसे ही पंडित-पांडे का संबोधन आए, समझ लेना कि कबीर खड्ग लेकर खड़े हैं।

और इसी तरह मुल्ला और काजी।

जहां कबीर 'अवधू' या 'अवधूत' को संबोधित करते हैं, वहां सम्मान से करते हैं। यद्यपि कबीर स्वयं अवधूतों से राजी नहीं हैं। लेकिन अवधूतों के प्रति उनका सम्मान है।

अवधूत का अर्थ होता है—जिसने सब छोड़ा; जो त्यागी हो गया—परमहंस—घर-द्वार छोड़ा। घर-द्वार ही छोड़ा—ऐसा ही नहीं, वर्ण-व्यवस्था छोड़ी, समाज छोड़ा, सभ्यता छोड़ी—ऐसा ही नहीं—संन्यास भी छोड़ा। अवधूत परम दशा है।

गृहस्थ से आदमी संन्यस्त बनता है, फिर संन्यस्त के भी पार हो जाता है तो अवधूत।

अवधू शब्द भी अच्छा है। इसका अर्थ है—*वधू जाके न होई, सो अवधू कहावे।* जिसको दूसरे की जरूरत न रही; वधू यानी दूसरा। किसी को पत्नी की जरूरत है, किसी को मकान की जरूरत है, किसी को दूकान की जरूरत है, किसी को मित्र की जरूरत है, किसी को बेटे की, बेटी की कोई-न-कोई जरूरत है। किसी को धन की, किसी को पद की।

जब तक दूसरे की जरूरत है, तब तक तुम अवधू नहीं। जो 'पर' से मुक्त हो गया, जिसको दूसरे की जरूरत न रही, जो अकेला काफी है, जो अपने में पूरा है, ऐसा सब छोड़कर जो चला गया, संसार में बिलकुल विरक्त हो गया—परिपूर्ण—पीठ मोड़ ली, वह है—अवधू—अवधूत।

कबीर के मन में अवधूत का सम्मान है। लेकिन वे उनकी जीवन-व्यवस्था से राजी नहीं हैं। क्योंकि कबीर कहते हैं—कहीं जाने की कोई जरूरत नहीं, यहीं हो सकता है। जो दौड़-भागकर, जंगल पहाड़ में करते हो, वह तो बाजार में हो सकता है, इतने दूर जाने की जरूरत क्या? परमात्मा दूर नहीं—पास है। परमात्मा तुम्हारे हृदय में विराजमान है।

कबीर कहते हैं—संसार छोड़ना, संसार में रहने से बड़ी बात है लेकिन संसार में रहना और संसार को छोड़कर रहना, संसार छोड़ने से भी बड़ी बात है।

तो कबीर कहते हैं—अवधूत से भी ऊपर एक दशा है; और वह दशा है—जल में कमलवत्, संसार में होकर भी संसार को अपने में न होने देना। कबीर उसके पक्षपाती हैं।

लेकिन अवधूत के प्रति उनका सम्मान है। वे कहते हैं—कुछ तो किया; कुछ तो अपने को

बदला; 'पर' से मुक्त हुआ। संसार से मुक्त हुआ। लेकिन कबीर कहते हैं कि संसार से मुक्त होने से भी बड़ी बात है, संसार में मुक्त होना। वह कबीर की संसार और परमात्मा के बीच संधि है, संसार और परमात्मा के बीच समन्वय है।

तो संसारी से बेहतर है त्यागी। लेकिन त्यागी से भी बेहतर है वह, जो संसार में है और संन्यस्त है।

यही मेरे संन्यास की भी धारणा है। तुम जहां हो, वहीं; जैसे हो वैसे ही; ठीक उसी दशा में तुम्हारे भीतर रूपांतरण हो जाए। क्योंकि रूपांतरण मनःस्थिति का है—परिस्थिति का नहीं।

अवधू का अर्थ है—परिस्थिति छोड़कर चला गया। सम्मान तो है, लेकिन कबीर की अपनी धारणा नहीं है वह।

इसलिए जहां वे अवधूत का उपयोग करें, वहां जानना कि बड़े सम्मान से बोल रहे हैं। खंडन नहीं करेंगे, स्वीकार है उन्हें अवधूत की दशा; लेकिन अपने शिष्यों को वे अवधूत होने के लिए नहीं कहते। वे और भी ऊपर ले जाते हैं।

और जहां कबीर कहें 'भाई', वहां समझना—वे साधारण जन को संबोधित कर रहे हैं। वह संबोधन भी प्यारा है। जब भी कबीर बोलते हैं—भाई, तब वे साधारण जन को संबोधित कर रहे हैं। लेकिन साधारण जन को वे 'भाई' संबोधित करते हैं।

जो परम दशा को प्राप्त हो गए हैं, वे जानते हैं कि तुम भी परम दशा को प्राप्त हो सकते हो। अगर नहीं प्राप्त हो रहे हो, तो तुमने ही बाधाएं बिठा रखी हैं।

जो परम दशा को प्राप्त होता है, वह यह भी देख लेता है कि यह तुम्हारी भी संभावना है। तुम बीज की तरह पड़े हो—यह बात दूसरी, अन्यथा तुममें भी वसंत आ सकता है, बहार आ सकती है, फूल खिल सकते हैं।

तो कबीर जब सामान्य व्यक्ति को संबोधित करते हैं, तो बड़े प्रेम से कहते हैं—भाई।

सामान्य व्यक्ति के प्रति उनका बड़ा सद्भाव, बड़ा प्रेम, बड़ी करुणा है। तो जो वचन 'भाई' से शुरू हो, समझ लेना कि वह साधारण जन के लिए कहा गया है। साधारण सीधे लोग; न तो पंडित हैं, न पुरोहित हैं, न काजी हैं, न मुल्ला हैं। सीधे-सादे लोग; जीवन जैसा है, वैसा जीए जा रहे हैं। लेकिन अपनी संपदा से अपरिचित—उनको कहते हैं 'भाई'। उनको कहते हैं कि जो मुझे मिला है, वह तुझे मिले सकता है। मुझमें और तुझमें भेद नहीं है। हम एक ही परमात्मा की संतान हैं, इसलिए भाई। और हम एक ही संपत्ति के मालिक हैं—इसलिए भाई।

और कभी-कभी कबीर संबोधन करते हैं : जोगिया, जोगिड़ा, योगी, तो वे बड़े तिरस्कार से करते हैं। 'जोगिया' का अर्थ होता है, जो क्रियाकांड में उलझ गया, जो मूल तो चूक गया और असार को पकड़ लिया। कोई शीर्षासन लगा खड़ा है, कोई कांटों पर लेटा है, कोई शरीर की कसरतें कर रहा है, इसको वे कहते हैं—योगिया, जोगिया।

असली योग तो भूल ही गया। असली योग तो अंतर्यात्रा है। और यह शरीर में ही उलझ गया! तो दिखाई तो पड़ता है—अध्यात्मवादी। लेकिन है पूरा शरीरवादी। इसकी सारी जीवन-

प्रक्रिया शरीर में उलझी है। नौली धौती कर रहा है, प्रक्षालन कर रहा है शरीर का।, उपवास कर रहा है। ऐसा भोजन, वैसा भोजन। इस तरह बैठता, उस तरह खड़ा होता। चौबीस घंटे उलझा है। लगता है, ऊपर से कि बड़ी आत्मा की खोज में लगा है, लेकिन सारी खोज ऐसी लगती है—शरीर से बंधी।

कल एक मित्र ने प्रश्न पूछा था। प्रश्न था कि रुग्ण व्यक्ति के जीवन में भी समाधि फलित हो सकती है? क्या बुद्ध पुरुष को कैंसर भी हो सकता है; क्षयरोग हो सकता है? पूछने वाले ने यह भी साथ में लिखा है कि जैन-धर्म के मानने वाले कहते हैं कि देखो, हमारे महावीर! कैसी सुंदर देह है! कैसी स्वस्थ देह है! कभी रोग न जाना। क्योंकि जब ज्ञान फलित होता है, तो देह भी रूपांतरित हो जाती है।

जैन तो कहते हैं कि महावीर मल-मूत्र विसर्जन नहीं करते! क्योंकि मल-मूत्र विसर्जन तो साधारण लोग करते हैं। देह रूपांतरित हो गई है!

जैन तो कहते हैं: महावीर को पसीना नहीं आता। पसीना तो साधारण जनों को आता है। जैन तो कहते हैं कि महावीर के शरीर से बड़ी सुगंध आती है; पसीने की तो बात ही दूर, दुर्गंध की तो बात ही दूर।

जैन तो यहां तक कहते हैं कि महावीर के शरीर में अब खून भी नहीं बहता, दूध बहता है।

तो जिसने प्रश्न पूछा है, उसने पूछा है कि क्या यह बात सच है कि आत्मा के अवतरण पर देह भी सर्वांगरूपेण बदल जाती है?

नहीं; यह बात सच नहीं है।

रामकृष्ण को कैंसर हुआ। महर्षि रमण को कैंसर हुआ। और किसने तुमसे कहा कि महावीर को बीमारियां नहीं हुईं! महावीर मरने के पहले छः महीने बुरी तरह बीमार रहे। पेचिश की बीमारी से परेशान रहे। लेकिन जैनशास्त्र उसके लिए भी कोई कोशिश करते हैं—छिपाने की। वे यह कहते हैं कि महावीर को बीमारी नहीं थी। यह तो महावीर का एक दुश्मन था—गौसालक, उसने महावीर पर क्रोध से भरकर तेजोलेश्या फेंकी, जादू किया। उसने जो क्रोध से भरी हुई अग्नि महावीर पर फेंकी थी—तेजोलेश्या की—उसको महावीर पचा गए। वे तो सभी पचा जाते हैं। उसको भी पचा गए। वही अग्नि उनके पेट को रुग्ण कर गई और उनको दस्त लगे, पेचिश की बीमारी रही। शरीर में उनके बीमारी नहीं थी।

ये तो व्याख्याएं हैं। सो तो फिर कोई रामकृष्ण का भक्त कहता है कि किसी को कैंसर था, परमहंस ने वह ले लिया। किसी भक्त का कैंसर अपने ऊपर ले लिया। सो रमण का भक्त भी कह सकता है कि सारी दुनिया की तकलीफ उन्होंने ले ली। जैसे शिव ने जहर पी लिया और नीलकंठ हो गए; ऐसे रमण महर्षि के कंठ में कैंसर हो गया, क्योंकि सारे जगत की पीड़ा उन्होंने अपने ऊपर ले ली।

यह सब बकवास है। इसका कोई मूल्य नहीं है। लेकिन एक बात इसमें साफ है कि तथाकथित अध्यात्मवादी बड़े देहवादी, बड़े भूतवादी, बड़े पदार्थवादी हैं।

सच तो यह है कि देह तो रोग का घर है। देह यानी रोग। देह स्वस्थ रहती है, यह चमत्कार

है। देह रुग्ण रहती है, यह स्वाभाविक है।

लेकिन हमारी पकड़ देहवादी की है तो महावीर को अगर आत्मा का ज्ञान हुआ है, तो हम तत्क्षण देह में उनके लक्षण मांगना चाहते हैं—कि देह में लक्षण होने चाहिए। और फिर मूढ़तापूर्ण बातें भी हम कहते हैं कि खून दूध बन गया। अगर शरीर में दूध बहने लगे, तो आदमी सड़ जाएगा। क्योंकि दूध कभी भी दही बन जाएगा। दूध से आदमी जी नहीं सकता; खून अनिवार्य है।

और देह, तो जिन्होंने बुद्धत्व को पा लिया है उनकी, साधारण लोगों से ज्यादा जीर्ण-जर्जर हो जाती है। चूंकि उनका सारा लगाव छूट गया; देह में हैं—और नहीं हैं। देह से सारे संबंध छूट गए। देह से सब सेतु टूट गए। देह से बंधन क्या रहा? अब देह में प्राण अपने डालते ही नहीं। तो देह तो ऐसे घिसटने लगी—बोझरूप। अब तो पुराने कर्मों का संस्कार है, तब तक देह चलेगी और गिर जाएगी।

इसीलिए तो सद्गुरु या संबुद्धत्व को प्राप्त व्यक्ति फिर दुबारा जन्म नहीं लेता है, क्योंकि उसके देह को पैदा करने की क्षमता ही शांत हो गई। देह से लगाव गया, तो देह को जन्माने की क्षमता भी समाप्त हो जाती है।

तो परमज्ञान की अवस्था के बाद तो तुम घर में नहीं रहते, खंडहर में रहते हो। और चूंकि मालिक बिलकुल उदास हो गया, तटस्थ हो गया, कूटस्थ हो गया, अब घर की कौन फिक्र करता है। और घर तो आज नहीं तो कल गिरना है। घर गिरना शुरू हो जाता है।

लेकिन हमारी पकड़ बड़ी शारीरिक है। तो हम महावीर को ऐसा चित्रित करेंगे कि जैसे महावीर कोई गामा हों, कि दारासिंह हों। कुछ होश की बातें करो!

अगर यह सच है कि महावीर की देह परमज्ञान के कारण सर्वांगीण स्वस्थ हो गई, तो फिर जो लोग सर्वांगीण स्वस्थ हैं, उनको परमज्ञान हो जाएगा? फिर तो जंगल के पशु आसानी से बुद्धत्व को उपलब्ध हो जाएंगे!

योगियों में भी यह धारणा रही कि किसी तरह देह को स्वस्थ करो, लंबाओ, उम्र बड़ी करो। अगर तुम्हें कोई योगी मिल जाए और दिखता हो कि है चालीस-पैंतालीस साल का और कहे कि डेढ़ सौ साल मेरी उम्र है, तब तुम चमत्कृत होते हो। तब तुम मान लेते कि हां, है कोई महान योगी।

तुम्हारी पकड़ शरीर को तौलती है। तुम्हारे सोचने का ढंग भौतिकवादी है। उसको कहते हैं कबीर—जोगिया, जो बातें तो अध्यात्म की करता है, लेकिन जिसकी पकड़ शरीर पर है। बातें तो बहुत ऊंचाई की करता है, लेकिन रहता बहुत नीचे तल पर है। शरीर में ही उलझा रहता है।

जैन मुनि करीब-करीब सब जोगिया हो गए हैं। शरीर की ही फिक्र में उलझे रहते हैं! ऐसा खाना, ऐसा पीना, ऐसा नहीं पीना। आज उपवास...।

यह... वह... यही चलता रहता है। कुछ करने को जैसे है नहीं। ध्यान लगाने की तो फुरसत ही नहीं बचती। इस सब गोरख-धंधे से बचें, तो ध्यान लगे।

जानते हो! 'गोरखधंधा' गोरखनाथ से आया है—शब्द गोरखधंधा। क्योंकि गोरखनाथ के शिष्यों ने बड़ा गोरखधंधा शुरू कर दिया था! बस उनका काम ही यह था—यह खाओ; यह पीओ; इस तरह आसन लगाओ; इस तरह कान छेदो। इस तरह सिर के बल खड़े हो जाओ। इतनी

प्रक्रियाएं...। सब शरीर केंद्रित। उसको गोरखधंधा कहा जाने लगा।

जब कोई आदमी फिजूल की आपाधापी में पड़ा होता है, तो हम कहते हैं—क्या गोरखधंधे में पड़े हो? हमें याद भी नहीं कि गोरखनाथ जुड़े हैं उस गोरखधंधे में!

जोगिया का अर्थ होता है—चले तो थे आत्मा खोजने, उलझ गए शरीर में। चले तो थे यात्रा को, नक्शे में ही उलझ गए! नक्शे में ही बैठे रहे। सोचा था—परलोक जाएंगे, और इसी लोक की शुद्धि करने लग गए और यहीं समाप्त हो गए।

तो जब कबीर 'जोगिया' कहें, तो समझ लेना कि वे मखौल उड़ा रहे हैं, वे मजाक उड़ा रहे हैं।

फिर कभी-कभी कबीर 'साधु' कहते—और कभी-कभी—संत। जब कबीर साधु कहते या संत, तो अपने को संबोधन करते हैं।

साधु का अर्थ है—जो चल पड़ा संत होने की ओर। और संत का अर्थ है, जो पहुंच गया। जो जब अपने किसी पहुंचे हुए शिष्य को उद्बोधन करते हैं, और जब अपने नए-नए शिष्यों को, जो प्रशिक्षित हो रहे हैं, जिन्होंने यात्रा की अभी पहल शुरू की, प्रस्थान किया है, उनको 'साधु' कहते हैं।

और कभी-कभी ऐसी भी बात कबीर कहते हैं, जब वे अपने को ही संबोधन करते हैं। जब कबीर अपने को संबोधन करते हैं, जब वे बड़ी अपूर्व बात कहते हैं।। तब वे यह कहते हैं कि यह बात कुछ ऐसी है कि एक बुद्ध दूसरे बुद्ध से कहे। यह बात किसी और से नहीं कही जा सकती। अब कोई दूसरा बुद्ध मौजूद नहीं, इसलिए कबीर कबीर से ही कह लेते हैं।

ध्यान रखना—कबीर क्या संबोधन करते हैं, उस पर बहुत कुछ निर्भर करेगा।

'साधो, सबद साधना कीजै।

साधुओं को संबोधन कर रहे हैं।

तीन शब्द—साधक, साधु, संत।'

साधक का अर्थ है—जिसने अभी-अभी चलना शुरू किया, जो अभी बाराखड़ी सीख रहा है; अभी तुतलाता है, गिर-गिर जाता है। भटक-भटक जाता है। दो कदम ठीक चलता है, तो एक कदम गलत पड़ जाता है। जिससे अभी बड़ी भूल-चूक होती है। जो अभी लौट-लौट संसार में उतर जाता है।

पुकार तो आ गई है परमात्मा की, लेकिन अभी साहस नहीं जुटा पाता। एक दिन प्रार्थना करता है, एक दिन भूल जाता है। दो दिन सद्गुरु के सत्संग में बैठता है, तीसरे दिन झपकी खाने लगता है। दो-चार दिन बड़ी उमंग से चलता है, फिर थक जाता है और कहता है—क्या धरा है? और फिर अपनी पुरानी आदतों में उलझ जाता है।

साधक—कुछ-कुछ किरण उतरनी शुरू हुई है। लेकिन अभी किरण इतनी सघन नहीं कि जीवन को पूरा बदल दे। हां, बदलाहट के छींटे आने लगे हैं; बूंदाबांदी होने लगी।

साधु का अर्थ है—स्थिर हो गया; अब भटकता नहीं, अब भूल-चूक नहीं होती। अब

साधना अविच्छिन्न हो गई, अखंड हो गई। अब बूंदाबांदी ही नहीं है, मेघमल्हार कर रहे हैं। और खूब वर्षा हो रही है। झड़ी लगी है, भाग रहा है, आनंदमग्न हो रहा है।

लेकिन अभी भी यात्रा के मध्य में है। वहां नहीं पहुंच गया है, जहां पहुंचकर फिर और कहीं पहुंचने को नहीं बचता। अभी चल रहा है। अभी खोज जारी है। खोज व्यवस्थित हो गई है। साधक जैसी नहीं रही। तारतम्य बैठ गया। अनुशासन आ गया। दिशा मिल गई। राह साफ हो गई। कहां जाना है, कैसे जाना है—सब स्पष्ट हो गया। और दूर दिखाई पड़ता हुआ मंजिल का चमकता तारा भी साफ है। अब भटकने का कोई उपाय नहीं। लेकिन अभी पहुंचना है। वह जो गौरी-शंकर का हिमाच्छादित शिखर सुबह के सूरज में सोने-जैसा चमकता दिखाई पड़ रहा है, यद्यपि पास मालूम होता है, पर दूर है; अभी यात्रा करनी है—साधु। और जो गौरीशंकर पर विराजमान हो गया, वह संत या सिद्ध। ये तीन शब्द। 'साधु' मध्य में है। साधक—साधु—संत।

ये वचन साधु के लिए उच्चारित हैं। तो 'साधु' का अर्थ ठीक-ठीक खयाल में ले लें।

साधु का शाब्दिक अर्थ होता है :— सरल, सीधा, सादगीपूर्ण, विनम्र, विनीत, निष्कपट, श्रद्धापूरित; श्रद्धा से भरा हुआ अर्थात् साधु। बुद्धि के जाल, तर्क के फैलाव, कपट और चालबाजियां, कूटनीति और राजनीतियां—सब छोड़ दी। बच्चे की भांति जो हो रहा। गुरु का हाथ ऐसे पकड़ ले, जैसे छोटा बच्चा अपने पिता का हाथ पकड़ लेता है, तब साधु।

साधक को समझाना पड़ता है—भूल मत करो। साधक को समझाना पड़ता है बार-बार कि भूल से बचो। साधु को समझाना पड़ता है कि ठीक कैसे करो। साधक को बताना पड़ता है, गलत से कैसे बचो; और साधु को बताना पड़ता है, ठीक कैसे करो?

साधक को लाना पड़ता है बार-बार...। क्योंकि वह भटक-भटक जाता है। और साधु को...। कहीं भटकता नहीं है, लेकिन ठीक मार्ग पर—और कैसे गति बढ़े, जिस दिशा में चल पड़ा है, उस दिशा में और कैसे गति बढ़े, तीव्रता आए; धीमापन न रहे, कुनकुनापन न रहे, सौ डिग्री पर पानी उबले, ताकि एक दिन संतत्व की घटना घटे—सिद्धावस्था घटे।

'साधो, सबद साधना कीजै।'

साधक से तो कहना होता है—सत्संग करो। साधु से कहना होता है—अपने भीतर जाओ। सत्संग अब पर्याप्त नहीं है। सत्संग ने काम कर दिया, तुम रम गए। तुम्हें राम में प्यार जग गया, प्रीति लग गई; अब अपने भीतर जाओ, अंतर्यात्रा पर लगो।

'साधो, सबद साधना कीजै।' 'शब्द' का अर्थ होता है...वही जो बाईबिल में है। बाइबिल कहती है—सबसे पहले शब्द था—'इन दा बिगनिंग वाज वर्ड'—फिर उसी शब्द से सब निर्मित हुआ। उसी शब्द का सब निर्माण है।

'शब्द' से यहां अर्थ होता है—तुम्हारे उच्चारित शब्द नहीं, मनुष्य-उच्चारित शब्द नहीं, ओठों से जो शब्द बनते हैं, वे नहीं। लेकिन तुम जहां शांत होते हो और तब जो अनाहत सुना जाता है।

जब तुम बिलकुल शांत हो जाओगे, तुम अपने भीतर एक संगीत सुनोगे, जिसके तुम जन्मदाता नहीं हो, जिसको तुम बजा नहीं रहे हो। इसलिए अनाहत कहते हैं उसे।

आहत का अर्थ होता है—बजाया हुआ। तुमने वीणा के तार छेड़े, तो आहत नाद पैदा होता है। तुम्हारे दो ओंठ आपस में लड़खड़ाए, तो आहत नाद पैदा होता है। तुम्हारे कंठ में खलबली मची, कंठ के यंत्र ने कुछ उच्चार किया, तो आहत नाद पैदा होता है।

जैसे हम दो हाथों को टकरा दें, तो ताली बजती है। एक हाथ से ताली तो नहीं बजती, दो हाथ से ताली बजती है। यह आहत नाद।

इसलिए झेन फकीर कहते हैं—खोजो उस स्थान को, जहां एक हाथ की ताली बजती है। जब उसको खोज लोगे, तो तुमने जाना कि शब्द क्या है। एक हाथ की ताली अनाहत—इसी अनाहत नाद को शब्द कहते हैं। यह तुम्हारे किए नहीं होता। तुम जब होते ही नहीं, तब होता है। तुम जब बिलकुल शांत हो जाते हो, तब अचानक तुम्हारी चेतना में एक नाद उठता है। तुम सिर्फ साक्षी होते हो; तुम उसके कर्ता नहीं होते।

तो एक तो शब्द है, जो मनुष्य बोलता है—मनुष्य उच्चारित शब्द। और एक शब्द है—जिससे मनुष्य उच्चारित होता है, जिसमें से मनुष्य आता है; उस मूल शब्द को हम कहें—मूल ध्वनि—ओरिजिनल साउंड।

भौतिकी, फिजिक्स भी इस बात पर थोड़ी दूर तक राजी है। अगर तुम भौतिकशास्त्र पढ़ो, तो भौतिकी को जानने वाले कहते हैं—सारा जगत् विद्युत् से बना है। और सारे संतों ने सदा से कहा है कि सारा जगत् ध्वनि से बना है।

ऊपर ये दोनों बातें विपरीत दिखाई पड़ती हैं, लेकिन थोड़ा और गहरे जाओगे, तो विपरीतता कम हो जाएगी और समन्वय साफ होगा।

फिर पूछो, भौतिकशास्त्री से—ध्वनि कैसे बनी? तो वह कहता है—ध्वनि भी विद्युत् का एक रूपांतरण है। ध्वनि भी विद्युत् ऊर्जा की एक तरंग है।

और सारे संतों ने कहा है—जगत् ध्वनि से बना है। उनसे अगर पूछो कि विद्युत् क्या है, तो वे कहते हैं कि ध्वनि का ही तीव्र आघात है।

तुमने यह कहानी सुनी होगी कि तानसेन जैसे संगीतज्ञ राग गा सकते हैं, तो बुझा हुआ दीया जल जाता है। यह इसी तरफ संकेत है। यह संकेत इस बात पर है कि अगर ध्वनि का संघात तीव्रता से किया जाए, तो अग्नि पैदा हो जाती है, विद्युत् पैदा हो जाती है।

तब तुम्हें बात समझ में आ जाएगी कि भौतिकशास्त्री उसी बात को अपने ढंग से कह रहा है, जिस बात को संतों ने और किसी ढंग से कहा था।

संत कहते थे—ध्वनि सारी चीजों का मूल है। और भौतिकशास्त्र कहता है—विद्युत् सारी चीजों का मूल है। लेकिन दोनों इस बात पर राजी हैं कि विद्युत् और ध्वनि एक-दूसरे की तरंगें हैं। यह सिर्फ देखने की बात है। कोई गिलास को आधा भरा देखे; कोई गिलास को आधा खाली देखे। मगर यह एक ही गिलास है। आधा खाली कहो, तो वही है। आधा भरा कहो, तो वही है।

ध्वनि और विद्युत् एक ही घटना के दो नाम हैं। मगर ये दोनों ने अलग-अलग शब्द क्यों कहे? क्योंकि दोनों की खोज की दिशा अलग-अलग है।

वैज्ञानिकों ने खोजा है—आंख के माध्यम से; और संतों ने जाना है—कान के माध्यम से। क्योंकि आंख तो बाहर जाती है सिर्फ। आंख भीतर नहीं जाती। कान की बड़ी खूबी है। कान बाहर भी जाता है और भीतर भी जाता है।

आंख तो बाहर देखती है। आंख बंद कर लो, तो भी बाहर देखती है। चित्र दिखाई पड़ते हैं; सपने दिखाई पड़ते हैं, तरंगें...। लेकिन वे सब बाहर की ही छायाएं हैं। जब कुछ भी दिखाई पड़ने को न रह जाए, तो आंख का काम बंद हो जाता है; आंख शांत हो जाती है।

रात तुम जब सोते हो... किसी को कभी सोते हुए देखना, तो तुम बड़े चकित होओगे कि नींद में उस आदमी की आंखों में बड़े फर्क होते रहते हैं। कभी-कभी आंख बड़ी तेज, पलक के भीतर ही चलने लगती है। तुम बाहर से भी देख सकते हो कि आंख भीतर से बड़ी गति से चल रही हैं। और कभी-कभी आंख ठहर जाती है, गति बंद हो जाती है।

वैज्ञानिकों ने खोज की तो पाया कि जब आदमी की सोए में आंख चलती मालूम पड़ती हो, तो वह सपने देखता है। तो आंख वैसे ही चलने लगती है, जैसे वास्तविक चीजों को देखते वक्त चलती हैं। क्योंकि देखना शुरू हो गया, आंख गतिमान हो जाती है।

आदमी सपना देख रहा है, या सोया हुआ है या नहीं—अब तुम बाहर से बैठकर कह सकते हो। सिर्फ बाहर से देख सकते हो—उसकी आंखें, पलकों के भीतर पुतली चल रही है? सरक रही है, हिल रही है, इधर-उधर जा रही है, तो वह सपना देख रहा है। जब पुतली ठहर गई, जरा भी नहीं हिलती, तो सपना समाप्त हो गया। आंख का काम बंद हो गया।

कान लेकिन अद्‌भुत है। बाहर की सब ध्वनियां बंद हो जाएं, तुम बाहर से कान को बिलकुल बंद कर लो, तो भी तुम पाओगे कि भीतर नई ध्वनियों का आविर्भाव हो रहा है, जो तुमने कभी सुनी न थी। थी तो सदा, लेकिन तुम बाहर बहुत उलझे थे।

संतों ने सत्य को जाना है—कान के माध्यम से। वैज्ञानिकों ने सत्य को जाना है—आंख के माध्यम से। इसमें यह भी खयाल में रख लेना; लाओत्से को मानने वाले फकीरों का चीन में कहना है कि आंख है पुरुष की प्रतीक और कान है स्त्री का प्रतीक। कान ग्राहक; आंख आक्रामक है। इसलिए तो हमारे पास इस तरह के शब्द हैं, जैसे—लुच्चा। लुच्चा का मतलब होता है—किसी पर आंख से हमला।

लुच्चा शब्द आता है—लोचन से। लोचन याने आंख। लुच्चा हम उस आदमी को कहते हैं, जो किसी को घूर-घूरकर देखे। जो किसी पर आंख से हमला करे, उसको लुच्चा कहते हैं। और लुच्चा का ही एक रूप आलोचक भी है। आलोचक का मतलब भी वही होता है—जो घूर-घूरकर देखे, आलोचना करे। वह भी लोचन से ही आता है—आलोचक।

आंख पुरुषवाची है, आक्रामक है, हिंसात्मक है। इसलिए तुमने देखा; बहुत से राजनीतिज्ञ काला चश्मा आंख पर लगाए रखते हैं। वह छिपाने की सबसे बड़ी तरकीब है। राजगोपालाचारी या इस तरह के लोग। अगर तुम्हारी आंख दूसरे को दिखाई न पड़े, तो तुम्हारी मनसा क्या है, इसका पता नहीं चलता। तुम्हारे इरादे क्या हैं—पता नहीं चलता।

कूटनीतिज्ञ अपनी आंख को छिपा लेते हैं, क्योंकि आंख से सब बातें जाहिर हो जाती हैं।

कहते कुछ हो, और आंख कुछ और कहती है! बोलते कुछ हो; कहते हो—आपको देखकर बड़ी प्रसन्नता हुई। लेकिन अगर आंख में लहर ही नहीं प्रसन्नता की, तो कहीं आंख से बात पकड़ में न आ जाए; आंख को ढांके रखते हैं।

आंख आक्रामक है और खबर देती है। कान से कोई खबर नहीं मिलती। तुम कान के पास जाकर कितना ही देखो, कुछ खबर नहीं पा सकते। इसलिए कान को कोई राजनीतिज्ञ ढांकता नहीं। ढांकने की कोई जरूरत नहीं। उससे कुछ पढ़ा ही नहीं जा सकता। कान ग्राहक है; वह लेता है।

कान स्त्री जैसा है। आंख पुरुष जैसी है। कान ने कभी किसी पर आक्रमण नहीं किया। और कान ने कभी किसी को चोट नहीं पहुंचाई। तुमने कभी सुना कि कान ने किसी पर हमला किया हो! आंख रोज-रोज करती है।

आंख के संबंध में नियम है कि किसी व्यक्ति को एक सीमा से बाहर मत देखना। रास्ते पर तुम ज़ा रहे हो, तो एक सेकंड, दो सेकंड के लिए तुम किसी को भी देखो, कोई अड़चन नहीं है।

वैज्ञानिक कहते हैं—तीन सेकंड आखिरी सीमा है। तीन सेकंड से ज्यादा देखा कि तुम दूसरे व्यक्ति के जीवन में हस्तक्षेप कर रहे हो। उतने दूर तक सभ्यता है, इसलिए स्त्रियों ने आंख झुकाने की कला सीख ली थी। वह लज्जा का लक्षण हो गया था। आंख में आक्रमण हो सकता है, इसलिए स्त्रियां आंख झुकाने लगी थीं। न होगी आंख उठी, न किसी पर आक्रमण होगा। इसलिए तुम जब अपराध से भरे होते हो, तो आंख झुका लेते हो। वह तुम्हारी दीनता की खबर देती है।

अकड़ा हुआ आदमी आंख नहीं झुकाता; अकड़कर देखता है, घूरकर देखता है। वह उसके अहंकार की, दर्प की घोषणा है।

विज्ञान की सारी खोज आंख के माध्यम से हुई, इसलिए विज्ञान आक्रामक है और हिंसक है। इसलिए विज्ञान का अंतिम परिणाम युद्ध है।,

धर्म की सारी खोज कान से हुई—अनाहत नाद को सुनना...। *'साधो, सबद साधना कीजै।'*

परमात्मा को देखना कम है, परमात्मा को सुनना ज्यादा है। परमात्मा को पाने का ढंग वही होगा, जो संगीत को सुनने का होता है; जो संगीत में डूबने का होता है।

मेरे पास आकर बहुत लोग कहते हें कि आपके 'आश्रम में बहुत संगीत, नृत्य...। लेकिन ऐसा हम किसी और आश्रम में नहीं देखते!' उनको 'शब्द' का कुछ पता नहीं, जो ऐसा पूछते हैं।

तो जिन आश्रमों में संगीत नहीं है, नृत्य नहीं है, उन आश्रमों में शब्द की साधना नहीं हो रही। उन आश्रमों में लोग उदास बैठे हैं, उत्सव नहीं हो रहा।

परमात्मा से बहुत दूर है आंख। कान बहुत करीब है।

शब्द की साधना का अर्थ होता है—तुम निशब्द हो जाओ। तुम्हारे चित्त की तरंगें शून्य हो जाएं। एक ऐसी घड़ी आ जाए, जहां तुम तो हो, लेकिन एक भी शब्द भीतर नहीं।

और हम हैं कि कूड़ा-कचरा भरते रहते हैं। अखबार ही पढ़ते रहते हैं लोग! सुबह से शाम तक अखबार पढ़ते रहते हैं!

जाओ-जाओ, मुझे नींद आई है, सोने दो मुझे
दिन गुजरता जाता है लफ्जों का तआकुब करते
और जब रात को थक-हार के गिर पड़ता हूं
तुम चले आते हो अखबार लिए
तुमको अब याद नहीं।
कल के अखबार में भी थीं यही सारी खबरें
बल्कि परसों से यही खबरें धड़ाधड़
हर इक अखबार में छपती हैं, पढ़ी जाती हैं
कल की खबरें भी लगे-हाथ सुना डालो अभी!
फिर कहीं जाके मरो तुम भी, मुझे सोने दो
सुबह को फिर मुझे लफ्जों के तआकुब में निकलना होगा।

सुबह से शाम तक आदमी शब्दों के पीछे ही भागता है। कोई सम्मान के पीछे भाग रहा है। क्या मिलेगा? कुछ शब्द मिलेंगे। और क्या मिलेगा? प्रशस्तियां मिलेंगी।

कोई आदमी गाली से उद्विग्न हो गया है; मरने-मारने को उतारू है! क्या हुआ है? कुछ शब्द खटक गए हैं। तुम्हारी जिंदगी गाली और प्रशंसा के बीच में डोलती है। तुम्हारे जीवन का पेंडुलम गाली और प्रशंसा के बीच ही डोलता है। गाली न मिले और प्रशंसा मिले; प्रशंसा जो मिल गई है, वह जमी रहे, उखड़ न जाए। गाली जो मिल गई, वह उखाड़ी जाए, फेंकी जाए, खंडित की जाए।

जाओ-जाओ, मुझे नींद आई है, सोने दो मुझे
दिन गुजरता जाता है लफ्जों का तआकुब करते

शब्दों का पीछा करते-करते ही तो दिन बीत जाता है! अब रात भी आ गई।

और जब रात को थक-हार के गिर पड़ता हूं
तुम चले आते हो अखबार लिए
तुमको अब याद नहीं
कल के अखबार में भी थीं यही सारी खबरें

और तुम रोज-रोज अखबार में पढ़ते क्या हो? वही-वही—वही है। सोया आदमी नया काम कुछ करता ही नहीं। वही लड़ाई, वही झगड़ा, वही राजनीति, वही उठा-पटक, वही एक-दूसरे के प्रति हिंसा, प्रतिहिंसा, प्रतिशोध।

आदमी कुछ और करता ही नहीं। नई खबर तुमने कभी पढ़ी? अखबार में कभी कुछ मौलिक मिला? कभी तुमने सोचा कि अगर अखबार न पढ़ते, तो कुछ चूक जाता?

भले और बेहतर थे लोग, जो सुबह उठकर कुरान पढ़ते थे, गीता पढ़ते थे, बाइबिल पढ़ते थे। कुछ नया था, कुछ मौलिक था। अब तो हालत यह है कि जो आदमी अखबार पढ़ता है, वह गीता पढ़ने वाले से कहता है कि क्या वही गीता रोज पढ़े जाते हो? अब बात उलटी है। अखबार आदमी

जो पढ़ रहा है, वह रोज वही-का-वही है। गीता रोज वही की-वही है। क्योंकि गीता में इतने अर्थ—अर्थों पर अर्थ, गहराइयों पर गहराइयां हैं, ऊंचाइयों पर ऊंचाइयां हैं। तुम जैसे-जैसे बदलते जाओगे, वैसे-वैसे गीता में नए अर्थ प्रकट होते चले जाएंगे।

गीता अखबार नहीं है। गीता खबर नहीं है—बाहर के संसार की। गीता तो अनंत की तरफ इशारा है। तुम्हारी जैसे-जैसे आंखें उठती जाएंगी, वैसे-वैसे तुम पाओगे और प्रकट होने लगा; और प्रकट होने लगा।

भले थे वे लोग, जो गीता, कुरान या बाइबिल पढ़ लेते थे, या धम्मपद पढ़ते थे, या लाओत्से की किताब पढ़ते थे। क्योंकि वहां एक-एक शब्द में बड़ी गहराइयां थीं। जितनी डुबकी तुम मारते, जितनी हिम्मत करते, उतने मोती ले आते। तुम पर निर्भर था। और ऐसा कुछ नहीं था कि शब्द चूकता था। कल भी पढ़ते, परसों भी पढ़ते, इसलिए पाठ का जन्म हुआ था।

पाठ का मतलब यह नहीं होता कि वही-वही किताब रोज पढ़ रहे हैं। वही किताब है, लेकिन नई चेतना से पढ़ रहे हैं, तो नए अर्थ दे जाती है। लेकिन अखबार तुम किसी भी चेतना से पढ़ो—नया अर्थ नहीं हो सकता. अखबार में अर्थ ही नहीं है। अखबार व्यर्थता है—अनर्थ है।

कल के अखबार में भी थीं यही सारी खबरें
बल्कि परसों से यही खबरें धड़ाधड़
हर इक अखबार में छपती हैं पढ़ी जाती हैं
कल की खबरें भी लगे-हाथ सुना डालो अभी।

अगर तुम थोड़ी समझ का उपयोग करो, तो तुम कल का अखबार आज तैयार कर सकते हो। मोरारजीभाई देसाई कल क्या कहेंगे, तुम आज नहीं बता सकते! चरणसिंह कल क्या करेंगे, तुम आज नहीं बता सकते?

मोरारजीभाई देसाई कुछ नया तो करने वाले नहीं। चरणसिंह से कुछ नया तो होने वाला नहीं। जो होता रहा, वही होगा। जो कल कहा था, वही फिर कल कहा जाएगा। फिर-फिर कहा जाएगा।

लोग अंधे हैं, लोग बुद्धिहीन हैं; रोज अखबार पढ़े जाते हैं! और रोज सुबह प्रतीक्षा करते हैं कि अखबार अभी आया या नहीं? जैसे कि कुछ नया आने को है!

इन शब्दों की भीड़-भाड़ में तुम्हारा जो भीतर का शब्द है, वह खो गया है। ये शब्द जाएं, तो शब्द की साधना हो।

अगर शब्द ही पढ़ने हों, तो कुछ ऐसे पढ़ना, जो निःशब्द से आए हों।

राजधानियों से उठते हुए शब्द मत पढ़ना, क्योंकि राजधानियां पागल हैं और राजधानियों में पागल बसे हैं। अगर पढ़ना ही हो, तो ऐसे शब्द पढ़ना जो उनके हृदय से उठे हों, जहां सारे शब्द खो गए थे। तो उन शब्दों से तुम्हें कुछ छाया मिलेगी, राहत मिलेगी, दिशा मिलेगी।

जिनको दिशा मिल गई है, उनके थोड़े-थोड़े शब्द भी बड़े काम के हैं। हालांकि वे भी बाधा बन सकते हैं। इसलिए पंडित मत हो जाना, साधु ही रहना। इसलिए ज्ञानी मत बन जाना, सरलचित्त

बालक ही रहना। पढ़ लेना शास्त्रों को, आनंद ले लेना। उनमें बड़ा मधुर रस है। लेकिन वहीं अटक मत जाना, क्योंकि आखिर वे भी शब्द हैं। सत्य तक जाना है और सत्य तुम्हारे भीतर पड़ा है; और कबीर कहते हैं—ध्वनि की तरह पड़ा है, संगीत की तरह पड़ा है।

साधो सबद साधना कीजै।
जेहि सबद ते प्रगट भए सब, सोइ सबद गहि लीजै।।

जिस मूल ध्वनि से हम सब आए हैं, उसी मूल ध्वनि में उतर जाओ। उसी में सीढ़ियां लगाओ।

जेहि सबद से प्रगट भए सब, सोइ सबद गहि लीजै।
सबद गुरु सबद सुन सिख भए, सबद सो विरला बूझै।

शब्द ही गुरु है। वह जो तुम्हारे भीतर पड़ी है शांत ध्वनि, मौन प्रतीक्षा करती, वही गुरु है। वही सद्गुरु है। बाहर का गुरु तो उसी की याद दिलाता है। बाहर का गुरु तो तुम्हें वहीं-वहीं फेंकता है वापस, तुम्हारे ही भीतर फेंकता है। जो गुरु तुम्हें बाहर अटका ले, वह गुरु नहीं—दुश्मन है। जो गुरु तुम्हीं में फेंक दे, वही सच्चा गुरु है। जो कहे—मुझे छोड़ो और अपने भीतर जाओ। मुझे मत पकड़ो। मुझे पकड़कर रुक मत जाना। क्योंकि मैं भी बाहर हूं। मुझसे तो इतना सीख लो कि कैसे भीतर जाया जाता है फिर अपने भीतर चले जाओ। फिर बिसारो सब। गुरु भी सम्मिलित है उस बिसारने में। संसार भी भूल जाए, गुरु भी भूल जाए, धर्म भी भूल जाए—सब भूल जाए, विस्मृति पूरी हो जाए। जब बाहर की विस्मृति पूरी हो जाती है, तो स्मरण आता है भीतर का।

ये दोनों बातें एक साथ नहीं हो सकतीं। तुम्हारी ऊर्जा बाहर उलझी है, तो भीतर की कैसे स्मृति आए! बाहर से जब सारी ऊर्जा मुक्त हो जाती है, तो फिर क्या याद करोगे? कुछ याद करने को बचता नहीं, तो स्वयं को याद करोगे। जब कुछ और नहीं रह जाता खोजने को, तो आदमी स्वयं को खोजता है। जब और कहीं खोदने को कोई जगह नहीं बचती, तब आदमी स्वयं के खजाने को खोदता है।

'सबद गुरु सबद सुन सिख भए...।' शब्द ही गुरु है। और जिसने शब्द को सुन लिया, वही शिष्य, वही सिक्ख।

नानक के शिष्यों का नाम सिक्ख पड़ गया, क्योंकि पंजाबी में शिष्य का रूप हो जाता है सिक्ख। लेकिन सिक्ख का अर्थ होता है—शिष्य—जो उसके पास बैठने को राजी है, जिसने भीतर का मूल स्वर सुन लिया।

'सबद सो विरला बूझै।' और कोई विरला ही कभी इस शब्द को बूझ पाता है। लेकिन वही बूझ सकता है, जो इस भीतर की यात्रा पर चलता ही रहे।

मैंने सुना है—उन दिनों आगरा के कवि नजीर अकबराबादी गरीबी के गाल में समाए जाते थे। यह बात नवाब हैदराबाद को मालूम हुई, तो उन्होंने तुरंत ही अपना आदमी उन्हें हैदराबाद ले आने के लिए भेजा। वह आदमी जब आगरा पहुंचा और नजीर से मिला, तो नजीर बोले, 'मियां, हैदराबाद से क्या हमें ताजमहल दीखेगा? यह भी कोई बात हुई! कहां हैदराबाद? कहां आगरा?'

और नजीर बोले कि 'चल तो सकता हूं, मगर ताजमहल दीखेगा वहां से कि नहीं दीखेगा?' वह आदमी बोला, 'हां-हां, क्यों नहीं दीखेगा? आप चलिए तो।'

वह तो उन्हें हर सूरत में साथ ले आने के लिए आया था और जब आने लगा था, तो नवाब हैदराबाद ने कहा था कि 'मैंने सुना है, नजीर पागल है ताजमहल के पीछे। वह जरूर कहेगा ताजमहल की ही बात। अड़चन उठाएगा; और कुछ नहीं है उसके पास वहां। भूखा मर रहा है। उसे ले आना जरूरी है—बचाने के लिए। लेकिन वह ताजमहल की बात उठाएगा तो तू फिक्र मत करना। कहना कि ठीक है, सब हो जाएगा। वह कुछ भी कहे, 'हां' भर देना। किसी तरह उसे ले आना।'

उन दिनों रेलों-मोटरों का तो जमाना था नहीं। हाथी पर बैठाकर नजीर को यात्रा शुरू कराई गई। चलने का दिन आया, तो नजीर हाथी पर उलटे मुंह बैठ गए। आदमी जरा हैरान हुआ कि सुना तो था कि कवि झक्की और सनकी होते हैं। बाकी यह क्या मामला है? पर वह चुप रहा; किसी हाल चलें-चलें, बस, ठीक है; उलटे बैठे हैं, चलो, उलटे सही।

हाथी चला। नजीर टकटकी बांधे ताज को देखे जा रहे थे। हाथी जैसे-जैसे आगे बढ़ता गया, ताज उनकी नजरों में धुंधला और धुंधला गया। जब ताज दीखना बिलकुल बंद हो गया, तो नजीर उचककर महावत से बोले, 'मियां, रोक लो यहीं अपना हाथी। जब इतने पास से हमें ताजमहल नहीं दीख रहा है तो भला हैदराबाद से क्या दीखेगा?'

नवाब के आदमी ने उन्हें बहुत समझाया, मगर ताज से प्यार करने वाले, खूबसूरती-पसंद नजीर कहां मानने वाले थे! वे तो हाथी से उतर पड़े और पैदल ही आगरा लौट गए।

गुलशन-परस्त हूं, गुल ही नहीं अजीज।
कांटों से भी निबाह किए जा रहा हूं मैं।

जिसको बगीचे से प्रेम होता है, फूलों से प्रेम होता है—'गुलशन-परस्त हूं, गुल ही नहीं अजीज।' उसे फूल ही प्यारे नहीं होते वह कांटों से भी निबाह कर लेता है।

गुलशन-परस्त हूं, गुल ही नहीं अजीज।
कांटों से भी निबाह किए जा रहा हूं मैं।

लौट आए। भूखे रहे। गरीब रहे। बिना छप्पर के रहे। मगर वे ताजमहल छोड़ कर न गए।

ऐसी ही अंतर्यात्रा है। तुम जैसे-जैसे बाहर का शोरगुल छोड़कर भीतर जाने लगोगे, वैसे-वैसे भीतर का ताजमहल दिखाई पड़ना शुरू होगा। जैसे-जैसे तुम बाहर की तरफ जाओगे, भीतर का ताजमहल दिखाई पड़ना बंद हो जाएगा।

भीतर अपूर्व सौंदर्य है, लेकिन तुम बहुत दूर पड़ गए हो। तुम अपने ही हाथ बड़े दूर चले गए हो। और जिसने एक बार भीतर का संगीत सुन लिया, फिर उसे कोई लाख कहे, वह गरीब रह लेगा, वह भूखा रह लेगा, वह प्यासा रह लेगा, वह फकीर बन जाएगा, मगर उस भीतर के ताजमहल को छोड़कर न जाएगा, क्योंकि वही परम संपदा है।

सबद गुरु सबद सुन सिख भए, सबद सो बिरला बूझै।
सोई सिष्य सोई गुरु महातम, जेही अंतर-गति सूझै।

यह अंतर में जाने की बात है, जिसे सूझ जाए—वही शिष्य है। और वही एक दिन गुरु बन जाता है। और शिष्य और गुरु के बीच जो अपूर्व घटना घटती है, वह और कुछ नहीं है—अंतर-गति है।

... जेहि अंतरगति सूझै
सब्दै वेद पुरान कहत हैं, सब्दै सब ठहरावै।

और सब कुरानों ने, पुरानों ने, वेदों ने, उपनिषदों ने—शब्द की ही बात की है—जो निःशब्द में सुना जाता है। पूर्ण की बात की है। पूर्ण—जो शून्य में उतरता है। परमात्मा की बात की है। लेकिन परमात्मा—जो तुम्हारे मिट जाने पर आता है; तुम्हारी राख में जो फूल खिलता है।

'सब्दै वेद पुरान कहत हैं, सब्दै सब ठहरावै।' और जो शब्द में ठहर गया, उसका सब ठहर जाता है। उसको ही कृष्ण ने स्थितप्रज्ञ कहा है। उसको ही कहा है—पहुंच गया—निस्तब्ध, निस्तरंग; ज्योति अब जलती है, कोई हवा का झोंका ज्योति को हिला भी नहीं पाता।

... सब्दै सब ठहरावै
सब्दै सुर मुनि संत कहत हैं, सबद भेद नहिं पावै।

सारे संत उसी का गीत गा रहे हैं—उसी शून्य का, उसी निःशब्द का, उसी निःशब्द में सुने गए संगीत का, सारे सुर-मुनि उसी के गीत गा रहे हैं।

'सबद भेद नहिं पावै।' फिर भी कितना ही कहो, उसका भेद खुलता नहीं। कितना ही समझाओ, वह अनुभव से ही समझ में आता है; समझाने से समझ में नहीं आता।

तुम जानोगे तो ही जानोगे—मेरे कहने से नहीं। मेरे कहने से इतना ही हो सकता है कि तुम उत्सुक हो जाओ। खोज में लग जाओ। जिज्ञासा उठे। जिज्ञासा मुमुक्षा बने।

साधक बनो। साधक बनते-बनते साधु बन जाओ। इतना हो सकता है। लेकिन उस शब्द का क्या स्वरूप है? उसका निर्वचन नहीं हो सकता। उसकी कोई व्याख्या नहीं हो सकती, कोई परिभाषा नहीं हो सकती।

'सबद भेद नहीं पावै।' उसके भेद को कभी किसी ने नहीं पाया। उसका रहस्य आत्यंतिक है। उसमें लोग उतर गए हैं! उसको चख लिया है। उसको पी लिया है। पर फिर गूंगे का गुड़ हो गया। फिर लौटकर भी आ गए हैं। और तुम उनसे पूछो, तो उनकी जबान बंद है।

सभी बुद्ध पुरुष चुप हैं। ऐसा नहीं कि नहीं बोलते। बोलते हैं, लेकिन उस शब्द के बाबत कुछ भी नहीं बोलते; उस शब्द तक कैसे पहुंचोगे—इस बाबत बोलते हैं। विधि बताते हैं। मार्ग बताते हैं। लेकिन जाओगे तो ही जानोगे। उधार जानना नहीं हो सकता, निज ही जानना होगा।

'सब्दै सुन-सुन भेष धरत हैं...।' उसी शब्द को सुनकर कोई भक्त हो जाता है; अनुरागी हो जाता है प्रभु का।

'खट-दरसन सब सब्द कहत हैं...।' और सारे दर्शन उसी शब्द की तरफ इशारा करते हैं।

'सबद कहै बैरागी।' अनुरागी भी वही कहते हैं, भक्त भी वही कहते हैं, त्यागी भी वही कहते हैं। वैरागी भी वही कहते हैं। अनुरागी भी वही कहते हैं। अलग-अलग दिशाओं से लोग आते हैं, लेकिन वह सागर एक है—जिस पर पहुंचते हैं—वह स्रोत एक है।

'सब्दै काया जग उतपानी, सब्दै केरि पसारा।' शब्द से ही सारा जगत उत्पन्न हुआ है। सारी अभिव्यक्ति शब्द की है। यह पक्षियों में गूंजता स्वर, यह वृक्षों में चलती हुई हवाओं की सरसर, यह झरनों की कलकल—यह सब—यह आकाश, यह पृथ्वी, ये तारे, यह सूरज, ये मनुष्य, यह तुम—यह सब उसी एक की अभिव्यक्ति है, उस एक स्रोत में ही ये सारी तरंगें उठी हैं।

सब्दै काया जग उतपानी, सब्दै केरि पसारा।
कहै कबीर जहं सबद होत हैं, भवन भेद है न्यारा।

कहते हैं उतर जाओ उस भवन में, जहां शब्द हो रहा है। वहीं है मंदिर। आदमी के बनाए मंदिरों से मुक्त हो जाओ। प्रभु के बनाए मंदिर में चलो।

'कहै कबीर जहं शब्द होत हैं, भवन भेद है न्यारा।' वह बड़ी अनूठी अनुभूति है—अद्वितीय, अतुलनीय, न्यारी। इस जगत का कोई अनुभव ऐसा नहीं है, जिससे उसकी तुलना की जा सके। न तो किसी स्वाद में वैसा स्वाद है; न किसी भोग में वैसा भोग है; न किसी सौंदर्य में वैसी झलक है। न किसी संगीत में वैसी शांति है। इस जगत् में कुछ भी नहीं है, जिससे उसकी तुलना की जा सके। वह अतुलनीय है, न्यारा है। जाओ—और जानो।

'कबीर सबद सरीर में, बिन गुण बाजै तंति।' और वह शब्द तुममें छिपा है। कहीं और जाना नहीं है। न काशी, न काबा—कहीं जाना नहीं है।

'कबीर सबद सरीर में..., वह तुम्हारे भीतर बसा है। वह तुम्हारे राएं-रोएं में पड़ा है। वह तुम्हारे हृदय की धड़कन-धड़कन में है। उसी की तो धड़कन हो रही है। उसी का तो रोमांच है।

'कबीर सबद सरीर में, बिन गुण बाजै तंति।' जैसे देखा न, वीणा में सोया होता है संगीत। मत छेड़ो, तो सोया रहता है। छेड़ दो तो उठ जाता है। मगर यह वीणा भीतर की और भी अद्भुत है—'बिन गुण बाजै तंत।' वहां कोई वीणा नहीं है; कोई तार भी नहीं है। सिर्फ संगीत है। अनाहत नाद है।

भीतर जाओगे, तो वीणा नहीं पाओगे और न पाओगे किसी वीणाकार को। न तो पाओगे किसी बजाने वाले को और न पाओगे कोई वाद्य। मगर अपूर्व संगीत है वहां। शाश्वत संगीत है वहां। न जिसका कोई प्रारंभ है, न कोई अंत है। उस संगीत को जिसने सुन लिया, परमात्मा को सुन लिया।

उस संगीत को ही सुना था मुहम्मद ने एक दिन, जब कुरान उन पर उतरी। घबड़ा गए थे। डर गए थे। उसी संगीत को सुना था वेद के ऋषियों ने। इसलिए वेद को हम अपौरुषेय कहते हैं। अपौरुषेय का अर्थ है—मनुष्यों ने नहीं रचे वेद; उस अपूर्व संगीत में उतरे हैं। मनुष्यों का कृत्य उन पर नहीं है। मनुष्यों का हस्ताक्षर उन पर नहीं है।

और अगर ठीक से समझो, तो जब भी इस जगत् में कोई महत्त्वपूर्ण बात कही जाती है, तो वहीं से आती है। बाकी सब कचरा है। बाकी सब कूड़ा-कर्कट है।

जब भी सत्य कहीं भी सुनाई पड़े या सौंदर्य कहीं भी दिखाई पड़े, तो जान लेना, वहीं से आता है। जब तुम एक सुंदर स्त्री को राह से गुजरते देखते हो, तो वह सौंदर्य वहीं से आ रहा है। जब तुम एक बच्चे को मुस्कुराते देखते हो, तो वह मुस्कुराहट वहीं से आ रही है। सब वहीं से आ रहा है। और जितना गहरा होता है, उतनी गहराई से आ रहा है।

तो वेद हों कि कुरान; कि बाइबिल हो कि गीता—सब वहीं से आते हैं। और तुम्हारे भीतर वह पड़ा है, इसलिए गीता में क्या खोज रहे हो? जहां से गीता आती है, वहीं क्यों नहीं चलते? जिस चैतन्य से कृष्ण बोलते हैं, तुम उस चैतन्य में क्यों नहीं उतरते? और जिस चैतन्य से क्राइस्ट बोलते हैं, तुम उस चैतन्य में क्यों नहीं उतरते?

'कबीर सबद सरीर में, बिन गुण बाजै तंति' न तो कोई वीणा है, न कोई बजाने वाला है। न बीन है, न बीनकार है। मगर स्वर अनूठा उठ रहा है। *'अनहद बाजत बांसुरी...'*—वह बांसुरी बज रही है। बजाने वाला भी नहीं है और बांसुरी भी नहीं है।

'बाहर-भीतर भरि रह्या, ताथैं छूटि भरंति।' और तुम्हारी भ्रांति तभी छूटेगी, जब तुम इस बाहर-भीतर गूंजते हुए संगीत में डूब जाओगे, एकरस हो जाओगे। नहीं तो तुम्हारी भ्रांति टूटने वाली नहीं है। उस संगीत की चोट ही तुम्हें जगाएगी। उसी संगीत की चोट में तुम्हारा भ्रम, तुम्हारा अंधकार, तुम्हारा अंधापन, तुम्हारा अज्ञान टूटेगा।

बाहर-भीतर भरि रह्या, ताथैं छूटि भरंति।।
सबद—सबद बहु अंतरा, सार सबद चित देय।

और शब्दों-शब्दों में बड़ा भेद है। अखबार में भी शब्द हैं, और कुरान में भी शब्द हैं, मगर शब्द में बड़ा भेद है।

'सबद-सबद बहुत अंतरा, सार सबद चित देय।' क्या भेद है? जो उस भीतर के शून्य से उठे, उनमें कुछ-कुछ शून्य की सुवास है। जो ऊपर-ही-ऊपर तुमने व्यवस्थित कर लिए हैं, उनका कोई मूल्य नहीं है।

अंग्रेजी का महाकवि हुआ—कॉलरिज। मर जाने पर उसके घर में हजारों अधूरी कविताएं मिलीं, जो उसने कभी पूरी नहीं कीं। उसके मित्रों को सदा से पता था। वे उनसे अकसर कहते थे कि तुम ढेर लगाते जाते हो। इनको पूरा क्यों नहीं करते? और कॉलरिज कहता—मैं पूरा करने वाला कौन? जितनी उतरी है, उतनी लिख देता हूं। उससे आगे नहीं उतरती, तो नहीं उतरती। जब उतरेगी तो पूरी कर दूंगा। नहीं उतरेगी, तो अधूरी रहेगी। मैं कौन? समझना।

कॉलरिज यह कह रहा है कि जब आती है मेरे भीतर, मेरे बिना कुछ किए, तो मैं तो सिर्फ लिख देता हूं। मैं सिर्फ लिखने वाला हूं—रचयिता नहीं, सृष्टा नहीं। प्रभु गाता है; कभी दो ही पंक्तियां उतरती हैं, दो ही लिख देता हूं।

कुछ कविताएं तो ऐसी हैं कि जिनमें दो ही पंक्तियां कम हैं। कॉलरिज ने कहा है कि कभी-

कभी मैंने भी सोचा था, ये हजारों कविताएं इकट्ठी होती जा रही हैं, उनको पूरा कर दूं। कभी-कभी पूरी करने की कोशिश भी की थी। और दो पंक्तियां मैंने अपनी तरफ से जोड़ दीं। मगर तब मैंने पाया कि वे मेरी दो पंक्तियां बिलकुल ही असंगत हैं। वे जो आई हैं पंक्तियां, उनका स्वाद अलग है। जो मैंने जोड़ दी हैं, वे मुरदा हैं।

वह ऐसे समझो कि जैसे एक आदमी का पैर कट जाता है और उसके लकड़ी का पैर लगा दिया। और लकड़ी का पैर किसी को धोखा दे दे। शायद रात में, अंधेरे में चलते वक्त किसी को समझ में भी न आए। और शायद कभी किसी उपद्रव के क्षण में काम भी आ जाए।

मैंने सुना है—एक पादरी अफ्रीका गया—मनुष्य-भक्षी लोगों के कबीले में ईसा का संदेश पहुंचाने। उसको पकड़ लिया गया। भट्टी सुलगा दी गई। कढ़ाह चढ़ा दिए गए। उसको भूंजकर खाने की तैयारी होने लगी। बैंड-बाजे बजने लगे।

जब सब तैयारी पूरी हो गई और उसे ले चले भट्टी की तरफ, तो उसने कबीले के प्रधान से कहा कि 'तुम जरा मेरा पहले स्वाद तो ले लो।' उसने कहा 'मतलब ?' तो उसने जल्दी से चाकू अपने खीसे से निकालकर पैर का एक टुकड़ा काटा और उसको दिया।

उस कबीले के प्रधान ने मुंह में रखा; चखा और थूका एकदम और लोगों से कहा कि 'बंद करो। यह आदमी खाने योग्य नहीं है।' उसका पैर तो कॉर्क का बना था। पैर कट गया था और कॉर्क का पैर लगा हुआ था। कॉर्क काटकर दे दिया था उसने। वह बच गया।

तो कभी काम भी पड़ सकता है—लकड़ी का पैर भी काम पड़ सकता है। मगर तुम तो जानते ही रहोगे भीतर कि लकड़ी का पैर, लकड़ी का पैर है। दूसरे को शायद धोखा भी दे जाए, तुम्हें तो धोखा नहीं देगा।

कॉलरिज ने कहा कि मैंने अपनी पंक्तियां जोड़कर दूसरों को सुनाईं भी, तो उन्हें धोखा भी हो गया। लेकिन मैं कैसे धोखा खाऊं! मुझे तो साफ दिखाई पड़ता है—अलग—कहां वह स्वच्छ धारा जो आई थी, और कहां मेरा गंदा नाला—जो मैंने मिला दिया! कहां तो वे अपूर्व जीवंत शब्द, और कहां मेरे मुरदा शब्द! कहां तो झरना था और मैंने ये चट्टानें रेख दीं? इससे सौंदर्य कम हो गया—बढ़ा नहीं। उसने कहा, 'फिर मैंने कोशिश नहीं की।'

ऐसी घटना रवींद्रनाथ के जीवन में घटी। उन्होंने गीतांजलि लिखी और फिर गीतांजलि का अंग्रेजी में अनुवाद किया। अंग्रेजी पराई भाषा, तो उन्होंने सोचा—किसी से पूछ लें।

तो सी. एफ. एंड्रूज से उन्होंने कहा कि आप जरा इसको देख लें। मेरा अनुवाद ठीक है या नहीं।

सी. एफ. एंड्रूज भाषा के ज्ञानी थे। उन्होंने दो-चार जगह शब्द बदले। उन्होंने कहा कि ये शब्द व्याकरण की दृष्टि से ठीक नहीं हैं, चार जगह उन्होंने शब्द बदल दिए और कहा, अब सब ठीक है।

फिर रवींद्रनाथ गए और लंदन में उन्होंने कवियों के एक समारोह में गीतांजलि का पाठ किया। ये बड़े हैरान हुए। अंग्रेजी का एक महाकवि यीट्स खड़ा हो गया और उसने कहा, 'और सब तो ठीक है, तीन-चार जगह ऐसा लगता है, किसी और के शब्द रखे हैं। और सब जगह तो धारा

बहती चली जाती है, मगर तीन-चार जगह ऐसा लगता है—सब छिन्नभिन्न हो गया!'

रवींद्रनाथ चौंके। तीन-चार जगह! उन्होंने कहा—कौन-से? उसने दो-तीन उदाहरण बताए। यह वे ही शब्द थे, जो सी. एफ. एंड्रूज ने लगवा दिए थे। रवींद्रनाथ ने कहा, 'मुझे क्षमा करें। भूल मेरी है।' और सी. एफ. एंड्रूज ने गलत नहीं किया।

यीट्स ने भी कहा कि 'तुम्हारे क्या शब्द थे, जो तुमने पहले रखे थे?' रवींद्रनाथ ने कहा... उसने कहा कि 'वह भाषा की दृष्टि से गलत, लेकिन काव्य की दृष्टि से सही। व्याकरण ठीक नहीं है उनका, लेकिन उनमें लय है, तारतम्य है; आगे-पीछे शब्द में संगीत छिन्न-भिन्न नहीं होता, तुम पुराने ही शब्द रखो। भाषा को जाने दो भाड़ में, काव्य को बचाओ।'

और रवींद्रनाथ ने अपने पुराने ही शब्द रखे। भाषा की भूल रही, लेकिन काव्य की भूल बच गई।

तो एक तो ऐसा शब्द है, जो तुम्हारे भीतर से आता है और एक ऐसा शब्द है, जो तुम बाहर-बाहर से इंतजाम कर लेते हो। बाहर-बाहर से जो इंतजाम किया, उससे सावधान रहना। वह असार है। जो भीतर से आए, वह बड़ा मूल्यवान है।

जो प्रेम की घड़ी में उठता है, वह बड़ा मूल्यवान है। जो शांत-शून्य में उठता है, वह बड़ा मूल्यवान है। प्रेम में उठे शब्द को सम्हालना। शून्य में उठे शब्द को सम्हालना। करुणा में उठे शब्द को सम्हालना। क्रोध में उठे शब्द को फेंक देना; उसे सम्हालना मत; वह जहर है।

गुफ़्तगू बंद न हो
बात से बात चले
सुबह तक सामे-मुलाक़ात चले
हमपे हंसती हुई ये तारों भरी रात चले
हों, जो अल्फ़ाज के हाथों में हैं, संगे-दुश्नाम
तंज छलकाए तो छलका करे ज़हर के जाम
तीखी नज़रें हों, तुर्श अबरुए-खमदार रहे
बन पड़े जैसे भी दिल सीनों में बेदार रहे
बेबसी हर्फ़ की ज़ंजीर-ब-पा कर न सके
कोई कातिल हो मगर क़त्ले-नवा कर न सके
सुबह तक ढल के कोई हर्फ़े-वफा आएगा
इश्क आएगा बसद, लग्जिशे-पा आएगा
नज़रें झुक जाएंगी, दिल धड़केंगे, लब कांपेंगे
ख़ामोशी बोसा-ए-लब बनके महक जाएगी
सिर्फ़ गुंचों के चटखने की सदा आएगी
और फिर हर्फ़-ओ-नवा की ज़रूरत न होगी।

चश्म-ओ-आबरू के इशारों में मुहब्बत होगी
नफ़रत उठ जाएगी, मेहमान मुरव्वत होगी
हाथ में हाथ लिए, सारा जहां साथ लिए
तोहफ़ा-ए-दर्द लिए, प्यार की सौग़ात लिए
रेगजारों से अदावत के गुज़र जाएंगे
खून के दरियाओं से हम पार उतर जाएंगे
गुफ़्तगू बंद न हो
बात से बात चले
सुबह तक सामे-मुलाक़ात चले
हमपे हंसती हुई ये तारों भरी रात चले।

जहां प्रेम के शब्द उठते हों, जहां हृदय के शब्द उठते हों, जहां अंतरतम बोलता हो, उसे तो बोलने देना।

'गुफ़्तगू बंद न हो,' प्रेम में चलती हुई बात बंद न हो।
गुफ़्तगू बंद न हो बात से बात चले
सुबह तक सामे-मुलाक़ात चले

और जो शाम को शुरू हुई थी मुलाक़ात, वह अगर रात भर भी चले, तो हर्ज नहीं।

सुबह तक सामे-मुलाक़ात चले
हमपे हंसती हुई ये तारों भरी रात चले

सत्संग हो—तो शब्द सार्थक हैं। प्रेम हो—तो शब्द सार्थक हैं। संगीत को लाते हों भीतर के, तो शब्द सार्थक हैं। भीतर की थोड़ी-सी धुन भी आ जाती हो बसी-बसी, तो शब्द सार्थक हैं।

हों जो अल्फ़ाज के हाथों में हैं संगे-दुश्नाम।
तंज छलकाए तो छलका करे ज़हर के जाम।

और यह भी हमें पता है कि शब्दों में बड़ा जहर भी हो सकता है।

'तीखी नज़रें हों, तुर्श अबरुए-खमदार रहे।' और यह भी हम जानते हैं कि शब्द बड़े नाराज हो सकते हैं। और शब्दों में बड़ी तीखी नजरें हो सकती हैं। शब्दों में बड़ी चोट हो सकती है। यह सब हमें मालूम है।

'बन पड़े जैसे भी दिल सीनों में बेदार रहे।' लेकिन कुछ भी हो, दिल को जगाए रखना है। दिल को जाग्रत रखना है। शब्दों का उपयोग करना है।

शब्दों में खतरे हैं, खाइयां हैं, खड्ड हैं, लेकिन उन्हीं खाइयों-खड्डों से जाती हुई पतली-सी राह भी है, बाट भी है।

'बेबसी हर्फ़ की ज़ंजीर-ब-पा कर न सके।' ध्यान रखना शब्दों की जंजीर पैरों को बांध न

सके—यह खयाल रहे।

बेबसी हर्फ़ की ज़ंजीर-ब-पा कर न सके।
कोई क़ातिल हो मगर क़त्ले नवा कर न सके।

इतना खयाल रखना, भीतर की आवाज शब्दों की जंजीरों में दब न जाए। भीतर की आवाज शब्दों की फांसी से मर न जाए।

'बेबसी हर्फ़ की ज़ंजीर-ब-पा कर न सके।' बस, इतना ही खयाल रहे कि शब्द जंजीरें न बनें। हिंदू, मुसलमान, ईसाई न बना दें शब्द। शब्द से मुक्ति रहे।

'कोई क़ातिल हो मगर क़त्ले-नवा कर न सके।' और भीतर की आवाज की शब्द हत्या न कर दें।

'सुबह तक ढलके कोई हर्फ़े-वफ़ा आएगा।' प्रतीक्षा करो; सुबह आते-आते कोई प्रेम का शब्द आएगा।

गुफ़्तगू बंद न हो
बात से बात चले
सुबह तक सामे-मुलाक़ात चले
हमपे हंसती हुई तारों भरी रात चले
सुबह तक ढलके कोई हर्फ़े-वफ़ा आएगा।

अगर यह प्रेम की गुफ्तगू, यह प्रेम की बात, यह सत्संग चलता रहे, तो आज नहीं कल... सांझ नहीं तो सुबह तक... जवानी में नहीं तो पीरी में, बुढ़ापे में कभी-न-कभी अगर यह चलती रही बात, तो वह शब्द भी आएगा, जो प्रेम से आता है। वह शब्द भी आएगा, जो अंतरतम से आता है।

'इश्क आएगा बसद लग्जिशे-पा आएगा।' प्रेम आएगा—कंपते हुए पांवों से—हालांकि, क्योंकि हम प्रेम के आदी नहीं। *'इश्क आएगा बसद लग्जिशे-पा आएगा।'* और एक बार नहीं सौ बार आएगा।

गुफ़्तगू बंद न हो
सुबह तक सामे-मुलाक़ात चले
हमपे हंसती हुई ये तारों भरी रात चले
नज़रें झुक जाएंगी, दिल धड़केंगे, लब कांपेंगे
खामुशी बोसा-ए-लब बनके महक जाएगी।

शब्द, तो ओठों पर चुंबन बनकर बिखर जाएगा।

चटखने की सदा आएगी।' इस घड़ी से सिर्फ फूलों के खिलने की आवाज

ीतर जाओगे, तो तुम अपने गुंचे के फूटने की सदा सुनोगे। तुम अपनी ही

कली के खुलने की आवाज सुनोगे।

तुमने कमल को खुलते देखा? तुमने कमल को खुलते सुना! सुनना भी चाहो तो नहीं सुन सकते। आवाज बड़ी धीमी है। लेकिन जब भीतर कमल खुलता है, तो तुम सुन सकोगे। और कोई सुन सके या न सुन सके, तुम निश्चित सुन सकोगे।

सिर्फ़ गुंचों के चटखने की सदा आएगी।
और फिर हर्फ़-ओ-नवा की ज़रूरत न होगी।

और फिर शब्दों के अक्षरों की कोई जरूरत न रह जाएगी। एक बार भीतर के कमल के खिलने की आवाज सुनाई पड़ जाए, एक बार वह निःशब्द का शब्द सुनाई पड़ जाए।

और फिर हर्फ़-ओ-नवा की ज़रूरत न होगी।
चश्म-ओ-आबरू के इशारों में मुहब्बत होगी।
फिर तो आंखों और भवों के इशारों में प्रेम हो जाता है।

'*नफ़रत उठ जाएगी, मेहमान मुरव्वत होगी।*' फिर अपने आप एक शील पैदा होता है। 'मेहमान मुरव्वत होगी।' फिर अपने आप एक शील पैदा होता है। 'मेहमान मुरव्वत होगी।' फिर एक शील आता है; एक शिष्टाचार आता है; प्रसाद आता है, जो अपने आप आता है। तुम्हारे लाने से नहीं, तुम्हारी चेष्टा से नहीं।

हाथ में हाथ लिए सारा जहां साथ लिए।
तोहफ़ा-ए-दर्द लिए प्यार की सौग़ात लिए।

वह प्रभु प्रेम की पीड़ा या प्रेम की पीड़ा...और प्यार की, प्रेम की पीड़ा का उपहार हाथ में लिए—'*रेगजारों से अदावत के गुज़र जाएंगे।*' दुश्मनी, घृणा, वैमनस्य के मरुस्थल जो हमें घेरे हैं...रेगजारों से अदावत के गुज़र जाएंगे। इन मरुस्थलों में हम गुजर जाएंगे।

'*खून के दरियाओं से हम उतर जाएंगे।*' शत्रुओं के, युद्धों के, अशांतियों के...।

गुफ़्तगू बंद न हो
बात से बात चले
सुबह हंसती सामे-मुलाक़ात चले
हमपे हंसती हुई ये तारों भरी रात चले।

शब्द और शब्द में भेद है। 'सबद सबद बहु अंतरा...।'

सार को पकड़ना, असार को छोड़ देना। और तुम्हारी हालत उलटी है। असार को पकड़ लेते हो और सार को छोड़ देते हो! अगर कहीं कोई किसी की निंदा कर रहा हो, तो तुम ऐसी तल्लीनता से सुनते हो, तुम्हें जम्हाई नहीं आती!

तुमने कभी किसी की निंदा सुनते वक्त देखा कि जम्हाई आई हो? आती ही नहीं। लेकिन अगर कहीं सत्संग चलता हो, तो जम्हाई आने लगती है। कहीं गाली-गलौच चलती हो, तो तुम ---

चौकन्ने हो जाते हो; तुम्हारी रूह जग जाती है; तुम्हारी आत्मा बड़ी जाग्रत हो जाती है।

दो आदमी रास्ते पर लड़ रहे हों और छुरे निकल आए हों, तो तुम हजार काम छोड़ कर वहीं खड़े हो जाते हो——साइकिल टिकाकर कि अब देख ही लें। तुम्हारी जिंदगी में बड़ा रस आ जाता है।

तुम व्यर्थ को बड़े ध्यानपूर्वक देखते हो और व्यर्थ को बड़े ध्यानपूर्वक सुनते हो।

तुमने देखा न, लोग अपने-अपने ट्रांजिस्टर-रेडियो कान से लगाए बैठे रहते हैं! सत्संग चल रहा है! कहीं कचरा छिटक के गिर न जाए, तो कान से ही लगाए बैठे हैं——कि बिलकुल कान में ही पड़ता जाए। फिर अगर तुम जिंदगी के अंत में कूड़ा-कबाड़ के एक ढेर हो जाते हो, तो कुछ आश्चर्य तो नहीं। और कोई म्युनिसिपल का ठेला भी नहीं आता कि रोज तुम्हारा कचरा निकालकर ले जाए। वह बढ़ता ही जाता है, बढ़ता ही जाता है।

'सबद-सबद बहुत अंतरा, सार सबद चित देय।' वही सार है, जो तुम्हें स्वयं से मिला दे। ऐसे शब्दों को चित्त देना; बाकी शब्दों को त्याग कर देना। कोई निंदा करे, तो कहना——क्षमा करो; क्योंकि व्यर्थ तुम अपना मुंह खराब करते हो; मेरे कान खराब करते हो।

कोई प्रभु का भजन गाता हो, सुन लेना——हृदयपूर्वक सुन लेना। कोई उकसाता हो, भड़काता हो, जलाता हो, कोई राजनेता आकर उकसाता हो, उससे क्षमा मांग लेना——कि, 'भैया, रास्ता पकड़ो। कहीं और जाओ। मुझे बख्शो। हम वैसे ही भड़के बैठे हैं; अब और न भड़काओ। ऐसे ही क्रोध जल रहा है, और न जलवाओ। तुम अपनी ये आग कहीं और ले जाओ।' लेकिन तुम बड़ी उत्सुकता से सुनते हो।

जब राजनेता गांव में आता है, देखते हैं, लोग कैसे भागे चले जाते हैं! बड़ी भीड़ इकट्ठी हो जाती है। कचरा है वहां, लेकिन भीड़ वहां पहुंच जाती है। तुम बड़ी उत्सुकता से पहुंचते हो, जैसे कुछ बहुमूल्य ले आओगे। हद पागलपन है, मगर है। और सजग होकर तुम्हें ध्यान देना पड़ेगा अन्यथा तुम भी उसी रौ में बहते चले जाओगे।

सबद-सबद बहु अंतरा, सार सबद चित देय।
जा सब्दै साहब मिलै, सोई सबद गहि लेय।

जिससे परमात्मा मिलता हो, ऐसे शब्द को गह लेना; बाकी सब छोड़ देना। यह रहे कसौटी।

'सबद बराबर धन नहीं, जो कोइ जानै बोल।' शब्द में बड़ा धन है, लेकिन ...*'जो कोई जानै बोल, हीरा तो दामों मिलै, सब्दहिं मोल न तोल।'*

अगर कोई सद्गुरु मिल जाए, सद्-वचन मिल जाएं; कोई वचन——जो तुम्हारे प्राणों के घाव भर जाएं; कोई वचन जो तुम्हार प्राणों की निद्रा से मुक्त कर जाए; कोई वचन, जो तुम्हारे सपने और भ्रम छीन लें और तुम्हें सत्य दे जाएं।

हीरा तो दामों मिलै, सबदहिं मोल न तोल।।
सीतल सबद उचारिए, अहम आनिए नाहिं।

सुनना भी ऐसे शब्द, जो शांति और शीतलता से आते हों। क्रोध, वैमनस्य, हिंसा, और घृणा के शब्द नहीं। युद्ध और जहर से भरे हुए शब्द नहीं।

सुनना शब्द जो शीतल से आते हों। और बोलना भी शब्द ऐसे, जो शीतल हों। जब क्रोध मन में भरे, चुप रह जाना। अभी तुम जो भी बोलोगे, वह घातक होगा।

जब घृणा मन में उमगे, तब एकांत में बैठ जाना। प्रभु को स्मरण करना। अभी किसी से कुछ भी मत कहना। जब हृदय प्रफुल्लित हो, आनंद से नाचता हो, उत्सव मनाता हो, धन्यवाद देने का भाव उठता हो, अहोभाव भरा हो, तब कुछ बोलना, तो तुम्हारे बोलने में संगीत होगा; तुम्हारे बोलने में सार होगा।

'तेरा प्रीतम तुज्झ में, सत्रू भी तुझ माहिं।' ये शब्द जो हैं, अगर सार-सार पकड़ो, तो मित्र बन जाता है; तुम्हारा प्रीतम से मिलानेवाला द्वार बन जाएगा। और ये शब्द, अगर असार पकड़ने लगे, तो यही तुम्हारी फांसी हो जाएगी; यही तुम्हारी शत्रुता; यही तुम्हारा शत्रु हो जाएगा।

तेरा प्रीतम तुज्झ में, सत्रू भी तुझ माहिं।
सीतल सब्द उचारिए, अहम आनिए नाहिं।

अहंकार छोड़ो, क्योंकि अहंकार ही गर्मी है।

मैंने सुना है—एक सूफी संत हुए—सूफी संत खैराबादी; वे अपने गुजारे के लिए सब्जी बेचा करते थे। भोले आदमी थे, सो बहुत लोग उन्हें खोटा सिक्का दे जाते थे। यहीं तक नहीं, कुछ चालाक आदमी तो यह खोटा सिक्का तुम्हारी दूकान से ही हमारे पास आया है, कहकर, उनसे बदलवा भी ले जाते थे। लेकिन खैराबादी उसे चुपचाप स्वीकार कर लेते। और जब भी कोई खोटा सिक्का उनको दे जाता, तो लोग हमेशा देखते कि—जब भी कोई खोटा सिक्का देता है, तो वे आकाश की तरफ देखते और हाथ जोड़ते।

यह जिंदगीभर की उनकी आदत थी। फिर उनका अंत समय आया, तब उन्होंने प्रार्थना की, 'हे परवर दिगार, सारी जिंदगी मैं खोटे सिक्के स्वीकार करता रहा। किसी का भी खोटा सिक्का लेने में मैंने इनकार नहीं किया। मैं एक खोटा सिक्का हूं और अब तुम्हारे पास आ रहा हूं, मुझे वापस न लौटा देना!'

तब लोगों ने समझा कि वे जिंदगीभर क्यों आकाश की तरफ आंख उठा लेते थे—जब कोई खोटा सिक्का उनको दे जाता, तब यही प्रार्थना वे जीवनभर करते रहे—'हे परवरदिगार, सारी जिंदगी मैंने खोटे सिक्के स्वीकार किए हैं। किसी का भी खोटा सिक्का लेने से मैंने इनकार नहीं किया। अब मैं भी एक खोटा सिक्का हूं; अब तेरे द्वार आ रहा हूं। मुझे इनकार मत कर देना!'

यह है निर-अहंकार भाव—मैं भी एक खोटा सिक्का हूं।

परमात्मा के सामने तुम अहंकार लेकर जाओगे, तो जाओगे ही कैसे? अहंकार तो पत्थर की दीवाल की तरह तुम्हारे सामने खड़ा होगा। तुम परमात्मा को पा न सकोगे। तुम तो वहां मिटकर जाओगे, तो ही मिलन है।

और अभी से मिटना शुरू करो। गर्मी से तुम्हारा अहंकार बढ़ता है। क्रोध से, घृणा-वैमनस्य से तुम्हारे अहंकार को भोजन मिलता है।

'सीतल सवद उचारिए ...।' शीतल ही रहो। और शीतल शब्द बोलो। शांति को अपने

जीवन की व्यवस्था बना लो। वही तुम्हारी शैली हो।

शांत होते-होते, साधक होते-होते एक दिन साधु हो जाओगे। साधु होते-होते एक दिन सिद्ध हो जाओगे।

'साधो, सबद साधना कीजै।'

यह है शब्द की साधना।

आज इतना ही।

आनंद पर आस्था

चार

प्रश्न-सार

1. सच में ही आनंद बरस रहा है, या मैं कल्पना और अतिशयोक्ति कर रहा हूं?
2. मैं अकारण ही उदास क्यों रहता हूं?
3. यह पूछूं कि वह पूछूं? आज पूछूं कि कल पूछूं?
4. प्रभु-खोज कहां से शुरू करूं?

पहला प्रश्नः मुझ पर आनंद की वर्षा हो रही है, उसके लिए आपको धन्यवाद देने की इच्छा होती है। लेकिन पता नहीं है कि सच में आनंद बरसता है या मैं कल्पना कर रहा हूं या अतिशयोक्ति कर रहा हूं!

मनुष्य का मन बड़ा उपद्रवी है। दुःख हो तो भरोसा करता है और आनंद हो तो संदेह करता है। दुःख पर कभी संदेह नहीं आता कि कहीं यह कल्पना तो नहीं है! दुःख को तो तुम एकदम मान लेते हो—बड़ी निष्ठा, बड़ी श्रद्धा से। मैंने आदमी ही नहीं देखा, जो दुःख पर संदेह करता आता हो कि मैं बहुत दुःखी हूं, मुझे संदेह होता है कि सच में मैं दुःखी हूं कि मैं कल्पना कर रहा हूं! कोई ऐसा कहता नहीं कि कहीं मैं दुःख के संबंध में अतिशयोक्ति तो नहीं कर रहा!

दुःख को हम मान लेते हैं। दुःख में हमारी बड़ी आस्था है। लेकिन जब आनंद की लहर आती है तो संदेह उठने शुरू होते हैं कि कहीं कल्पना न हो, कि कहीं सपना न हो, कि कहीं आत्मसम्मोहन न कर लिया हो। किसी भ्रांति में तो नहीं पड़ गया हूं! अतिशयोक्ति तो नहीं हो रही! पागल तो नहीं हो गया हूं! ऐसे हजार प्रश्न खड़े हो जाते हैं। इसमें झांकने की जरूरत है।

दुःख को तुम मान लेते हो, क्योंकि दुःख मन का स्वभाव है। आनंद को तो तुम नहीं मान पाते, क्योंकि आनंद मन का स्वभाव नहीं है। आनंद मन के पार है। दुःख मन के भीतर है। दुःख मन है और आनंद अ-मन की दशा है। मन कैसे माने!

अंधेरा अंधेरे को मान लेता है, लेकिन रोशनी को कैसे माने! रोशनी बहुत बेबूझ है; किसी अज्ञात से आती है—कहां से आती है, पता नहीं। इतना तो तय है कि अंधेरे के भीतर से नहीं आती।

जो तुम्हारे मन में से पैदा होता है, जो पत्ते तुम्हारे मन में लगते हैं, वे तो स्वाभाविक मालूम होते हैं; क्योंकि मन से तुम्हारा तादात्म्य है और आत्मा से तुम्हारा तादात्म्य नहीं।

आनंद है आत्मा का स्वभाव। दुःख है मन का स्वभाव।

तुम मन में रहने के आदी हो। आत्मा से तुम्हारी पहचान ही छूट गई! तो जब कभी अज्ञात

से.... अज्ञात कहता हूं इसलिए, क्योंकि तुम्हें आत्मा का कोई बोध नहीं; जब किसी इस अनजान रास्ते से कोई किरण उतरती है—नाचती, घूंघर बजाती—मन चौंककर कहता है कि यह कल्पना होनी चाहिए। क्योंकि मन ने जब भी सुख पाया है, तो सिर्फ कल्पना में ही पाया है। वस्तुतः तो कभी पाया नहीं।

यह बड़ा मकान दिखाई पड़ता है, यह मुझे मिल जाए तो बड़ा सुख होगा—ऐसी कल्पना में मन ने सुख पाया है। यह सुंदर स्त्री मुझे मिल जाए, यह सुंदर पुरुष मुझे मिल जाए, यह सुंदर बेटा मेरा हो, ये फूल मेरे बगीचे में खिलें, ऐसी मेरी प्रतिष्ठा हो, ऐसा मेरा नाम हो, यह पद मुझे मिले—ऐसी कल्पना में मन ने खूब सुख पाया—बस कल्पना में, आशा में, वासना में। जब वह मकान तुम्हें मिल जाएगा, तब मन को कोई सुख नहीं मिलता। जब उस स्त्री को तुम पा लोगे, तो मन को कोई सुख नहीं मिलता। मन सुख लेना जानता ही नहीं। मन सुख की भाषा से अपरिचित है।

तो मन ने केवल कल्पना में सुख पाया है; वस्तुतः यथार्थ में दुःख पाया है।

इसलिए जब तुम्हारे जीवन में पहली आत्मा की किरण उतरेगी—नाचती, गुनगुनाती, आह्लाद से भरती, सुगंध को जगाती, हजार फूलों को खिलाती—जब तुम पर वसंत आएगा आनंद का, तो मन कहेगा—फिर कोई कल्पना हो रही है। जन्मों-जन्मों का यही अनुभव है मन का। मन कहेगा—मैं अतिशयोक्ति करे ले रहा हूं। मन कहेगा—यह हो नहीं सकता। ऐसा कभी हुआ है? यह कैसे हो सकता है?

दुःख होता है, हुआ है; अनुभूत है, जाना-माना है, इतिहास है हमारा। और यह जो आनंद आ रहा है, इससे उस इतिहास का कोई संबंध नहीं जुड़ता। यह तुम्हारी आत्मकथा के बाहर से आ रही है बात। तुम्हारी आत्मकथा तो दुःख और पीड़ा की है, संताप की है। तुम्हारी आत्मकथा तो नरक की है। और यह स्वर्ग उतरने लगा! जरूर तुम किसी सपने में खो गए हो, किसी नशे में पड़ गए हो, किसी दीवानेपन में उलझ गए हो।

मन की इस स्थिति को समझना।

और अगर तुमने मन की बात मान ली, तो जो आनंद उतर रहा है, वह सपना हो जाएगा, क्योंकि तुम उसे स्वीकार न करोगे। द्वार आए मेहमान को वापस लौटा दोगे। जो आनंद उतर रहा था, वास्तविक था, वास्तविक हो सकता था—तुम्हारे जीवन की संपदा बन जाता। लेकिन तुम्हारा मन कहता है—'कल्पना है; मैं नहीं मान सकता। ऐसा, और मुझे हो! नहीं-नहीं! असंभाव्य है। अगर तुमने कहा और अगर तुमने इसमें ही अपने पैर रोके रखे, तो तुम द्वार न खोलोगे। अथिति द्वार आया, लौट जाएगा। और फिर निश्चित ही सपना हो जाएगा। तब मन कहेगा—देखो, मैंने पहले ही कहा था! इसलिए मैं कहता हूं कि मन का बड़ा उपद्रव है। मन कहेगा—देखो, मैंने पहले ही कहा था सपना है; अब देखा? सपना हो गया।

मन ने कहकर ही सपना करवा दिया।

मन को तो सुख के साथ जीना आता नहीं। मन की मौज तो दुःख है।

यह वक्तव्य विरोधाभासी लगे, तो लगे, लेकिन ऐसा है कि मन सुखी होता है, जब दुःखी

होता है। और मन दुःखी हो जाता है, जब सुख होता है।

मुझे अब जिंदगी बेकार-सी मालूम होती
कयामत हो गया है नशा-ए-गम का उतर जाना।

और जब दुःख का नशा उतर जाता है तो मन मरने लगता है। *'मुझे अब जिंदगी बेकार-सी मालूम होती!'* फिर जिंदगी में कुछ काम नहीं मालूम होता, अर्थ नहीं मालूम होता।

इसलिए तुम यह जानकर चकित होओगे कि जिनके पास जीवन में कुछ भी नहीं है, वे लोग धर्म की तरफ उत्सुक नहीं होते; क्योंकि अभी उनके मन को फैलने के काफी उपाय हैं। मकान नहीं है, मकान की कल्पना कर सकते हैं। पत्नी नहीं है, पत्नी की कल्पना कर सकते हैं। बच्चे नहीं, बच्चे की कल्पना कर सकते हैं। जितना नहीं है, उतनी कल्पना की सुविधा है। मन आशाएं बनाए रख सकता है।

लेकिन अगर यह सब तुम्हें मिल जाए तो तुम्हारा मन मांगता है, तब क्या करोगे? तब तो और आशा को जगह न रही, स्थान न रहा फैलने को। सब आशाएं पूरी हो गईं, फिर क्या करोगे? सब दुःख कट गए, फिर क्या करोगे?

मुझे अब जिंदगी बेकार-सी मालूम होती है।
कयामत हो गया है नशा-ए-गम का उतर जाना।

दुःख का भी एक नशा है। जब वह उतर जाता है, तो एकदम ऐसा लगेगा; अब जीने में क्या सार? इसलिए लोग दुःख को पकड़ते हैं। इधर कहे भी चले जाते हैं कि दुःख से मुक्त होना है, उधर दुःख को छोड़ते भी नहीं! इधर कहे चले जाते हैं—कैसे दुःख से छूटूं, और उधर नीचे जड़ें दुःख में फैलाए चले जाते हैं। कहते हैं—क्रोध बुरा है, लेकिन छोड़ते नहीं। कहते है—मोह बुरा है, लेकिन छोड़ते नहीं। कहते हैं—ईर्ष्या जलाती है आग की तरह—और क्या लपटें होंगी नरक की!—लेकिन छोड़ते नहीं। ये सब कहने की बातें हैं। तुम्हारे कहने पर कोई भरोसा कर ले, तो बड़ी मुश्किल में पड़ जाएगा; क्योंकि तुम जो कहते हो, उससे उलटा करते हो।

सुख के सूत्र बहुत सीधे-साफ हैं। लेकिन अड़चन यहां है कि दुःख को पकड़कर तुम रखना चाहते हो। यह भी एक काम है तुम्हारे मन के लिए कि दुःख है, दुःख से छुटकारा पाना है। तुम डरते हो कि कहीं छुटकारा हो ही न जाए, अन्यथा फिर क्या करूंगा? ऐसी तुम्हारी दशा है अभी।

पूछते हो—'आनंद की वर्षा हो रही है। उमके लिए आपको धन्यवाद देने की इच्छा होती है।'

उसमें भी कंजूसी! इच्छा होती है; अभी दिया नहीं है धन्यवाद। सोच रहे हो! इच्छा होती है, दबा रहे होओगे। धन्यवाद देने में भी इतनी कृपणता!

मन धन्यवाद देना भी नहीं जानता। वह भी उसकी भाषा नहीं है। मन शिकायत करना जानता है। मन शिकायती है। क्योंकि शिकायत से भी दुःख होता है। शिकायत से भी पीड़ा होती है। शिकायत से भी कांटा चुभता है। और जितनी तुम शिकायत करते हो, उतना दुःख बढ़ता जाता है। जितना तुम धन्यवाद दोगे, उतना सुख बढ़ता जाएगा।

धन्यवाद का अर्थ है—तुमने सुख को अंगीकार किया। तभी तो धन्यवाद दोगे न! अभी तो तुमने स्वीकार ही नहीं किया, धन्यवाद किस बात का! अभी तो तुम्हें शक ही है कि यह जो हो रहा है, सच भी है? अगर कल्पना ही है, तो फिर धन्यवाद क्या देना! अभी तो तय करना है कि सच है, तो फिर सोचेंगे।

सच भी हो, तब भी लोग धन्यवाद देने में बड़ी कृपणता करते हैं।

मैंने सुना है—अमरीका में एक बड़ी जौहरी की दूकान, सबसे बड़ी दूकान; उस दूकान के सौ वर्ष पूरे हो गए। तो उस दुकान के मालिकों ने तय किया था कि जो व्यक्ति भी कल सुबह पहला ग्राहक दूकान में प्रवेश करेगा, उसको लाख रुपये का हार भेंट करेंगे। सौ वर्ष दूकान के पूरे हो गए हैं; यह उन्होंने सौ वर्ष की पूर्ति पर समारोह मनाने का आयोजन किया, इससे समारोह शुरू होगा। जो भी पहला ग्राहक प्रविष्ट होगा...।

और दूकान के दरवाजे खुले और एक स्त्री बड़ी तेजी से भीतर प्रविष्ट हुई। उन्होंने बैंड-बाजे बजाये, सबने उसे घेर लिया—दूकान के सभी कार्यकर्ताओं ने। मालिक आया; उसके गले में लाख रुपये का हार पहनाया। मगर वह स्त्री वैसे ही खड़ी रही। समझाया उसे कि हमने यह तय किया था कि एक लाख रुपये का हार भेंट करेंगे, जो भी पहला ग्राहक आएगा; तुम धन्यभागी हो।

तब उन्होंने पूछा कि 'किसलिए आई हो?' तो उसने कहा, 'शिकायत दर्ज करने।' अमरीका की बड़ी दूकानों पर शिकायत का रजिस्टर रखा रहता है। 'शिकायत दर्ज करने'! और वह स्त्री लाख रुपये का हार पाकर भी शिकायत दर्ज करना न भूली। वह लाख रुपये का हार कुछ भी नहीं है!

जैसे ही वह उत्सव-समारोह पूरा हुआ, वह भागी और गई दफतर के अंदर और शिकायत के रजिस्टार में, उसे जो शिकायत लिखनी थी, वह लिखी। यह लाख रुपये की भेंट भी उसे प्रसन्न न कर सकी! यह लाख रुपये की भेंट भी उसे धन्यवाद देने के लिए तैयार न कर सकी। शिकायत तो करनी ही है। शिकायत होगी कोई छोटी-मोटी। कभी कुछ गहना खरीदा होगा या कुछ होगा, कुछ शिकायत की बात होगी।

मन शिकायत में पटु है। मन बड़ा वाचाल है शिकायत में।

जब तुम शिकायतें करने लगते हो, तब तुमने देखा कि तुम कितनी कुशलता से बोलते हो! लोगों के दुःख सुनो। दुःख की बात करते वक्त हर व्यक्ति वक्ता होता है; बड़ी कुशलता से बोलता है। दुःख की चर्चा करते वक्त हर व्यक्ति कवि हो जाता है। बड़ी ठीक-ठीक उपमाएं खोजता है।

तुम लोगों का जरा दुःख सुनो। घंटों लगा देते हैं! सुनाए ही चले जाते हैं; अंत नहीं आता। सुख में जबान एकदम लड़खड़ा जाती है।

अब तुम पूछते हो कि 'धन्यवाद देने की इच्छा होती है!'...दबा रहे हो उसको क्या? धन्यवाद देने में इतनी कृपणता क्यों? धन्यवाद तुम्हारा क्या ले जाएगा? धन्यवाद में खोता क्या है? खोता कुछ भी नहीं, मिलता बहुत है। और शिकायत में खोता बहुत है, मिलता कुछ भी नहीं।

मगर तुम अपने दुश्मन हो। तुम काम ही ऐसा करते हो, जो अपने ही साथ घात है—आत्मघात है। इसमें पूछना क्या है? धन्यवाद दे दो! और चौंककर तुम पाओगे कि जैसे ही धन्यवाद दिया, और आनंद उतरा। क्योंकि धन्यवाद देने का मतलब ही यह होता है कि तुमने, आनंद जो उतरा था, उसे

स्वीकार किया—उसके सत्य को स्वीकार किया, उसकी प्रामाणिकता को अंगीकार किया। तभी तो धन्यवाद दे सके।

'इच्छा होती है कि धन्यवाद दूं, लेकिन पता नहीं कि सच में आनंद बरसता है या कि कल्पना है या कि अतिशयोक्ति!'

अब इसका कैसे पता करोगे? आनंद बरस रहा है।

यह हवाई जहाज गुजर रहा है, यह आवाज सुनाई पड़ रही है (प्रवचन में इसी क्षण ऊपर से हवाई जहाज गुजरा)—अब कैसे और पता करोगे कि यह कल्पना तो नहीं है? ये सूरज की किरणें वृक्षों को पार करके तुम तक आ रही हैं, अब कैसे और पता करोगे कि यह कल्पना तो नहीं है? ये पक्षियों के गीत तुम्हें सुनाई पड़ रहे हैं, अब और कैसे पता करोगे कि यह कल्पना तो नहीं है? और क्या उपाय है?

सिर में दर्द होता है, तो तुम जानते हो कि सिर में दर्द है। नासापुटों में फूलों की गंध भर जाती है, तो तुम जानते हो कि सुगंध ने तुम्हें घेरा है। देखते हो, आंख चांद-तारों से भर जाती है, तो जानते हो कि चांद-तारे हैं! और क्या उपाय है?

आनंद के साथ तुम और अतिरिक्त शर्तें क्यों बांधना चाहते हो? इतना काफी नहीं है कि आनंद बरस रहा है, ऐसा तुम्हें अनुभव हो रहा है? इस बरसते आनंद में डूबो। इस बरसते आनंद में पिघलो; खो जाओ। उठने दो अहोभाव को। नहीं तो कभी-कभी ऐसा हो जाता है कि पहुंचते-पहुंचते आदमी चूक जाता है; करीब आते-जाते रुक जाता है। कभी-कभी मंजिल पर एक कदम और,... और मंजिल मिल जाती—और आदमी लौट पड़ता है।

मुख़ालिफ़ वक्त हो तो काम बन-बनकर बिगड़ता है,
सफ़ीना जा पड़ा मझधार में टकरा के साहिल से।

कभी-कभी ऐसा हो जाता है, नाव किनारे से टकराकर दूर निकल जाती है और मझधार में जाकर डूब जाती है। किनारे से टकराकर मझधार में पहुंच जाती है!

'सफ़ीना जा पड़ा मझधार में टकरा के साहिल से।'

किनारे पर हो, हिम्मत करो! मैं कहता हूं—हिम्मत करो आनंद को स्वीकार कर लेने की! बड़ी हिम्मत की जरूरत है, तो ही स्वीकार कर सकोगे।

दुःख को तो कोई भी स्वीकार कर लेता है। दुःख को स्वीकार करने में किसी हिम्मत की कोई जरूरत नहीं। आनंद को स्वीकार करना बड़ी हिम्मत की बात है, बड़े साहस की। क्योंकि आनंद तुम्हारे अहंकार को मिटा देगा, क्योंकि आनंद तुम्हारी अब तक की चली आई पुरानी धारा को तोड़ देगा, क्योंकि आनंद तुम्हारे अतीत को पोंछ देगा और एक नए जन्म और एक नए भविष्य की शुरूआत होगी। क्योंकि आनंद में मृत्यु है और पुनर्जन्म है।

हिम्मत करो। स्वीकार करो। आनंद ही बरस रहा है और तुम धन्यभागी हो कि तुम पर प्रभु का प्रसाद हुआ है। अब इसे इन बातों में मत खो देना। नहीं तो पीछे पछताओगे।

मुख़ालिफ़ वक़्त हो तो काम बन-बनकर बिगड़ता है,
सफ़ीना जा पड़ा मझधार में टकरा के साहिल से।'

फिर बहुत पछताओगे, क्योंकि यह किनारा दुबारा मिले, न मिले! तुम कितने दूर निकल जाओ किनारे से, कौन जाने! आज तुम यहां मेरे साथ हो, आज तुम इस हवा में हो, आज ये चारों तरफ नाचते हुए प्रसन्न लोगों का समूह तुम्हें मिला है—फिर दुबारा मिले, न मिले! आज ध्यान का सरगम तुम्हारे भीतर बैठने लगा है; कौन जाने, कल भी ऐसा सौभाग्य हो, न हो! कल की प्रतीक्षा न करो; आज जो हो रहा है, इसे हृदय में भर लो। आलिंगन कर लो! मस्त हो उठो!

खोएगा क्या! समझ लो यही कि कल्पना थी।

कभी-कभी मैं हैरान होता हूं कि अगर यही बात मान ली जाए कि क़ल्पना है, तो भी कल्पना में सुखी होना ज्यादा बेहतर है, बजाय यथार्थ में दुःखी होने के। हालांकि यह कल्पना नहीं है। लेकिन मैं तुमसे कहता हूं कि चलो यही मान लो कि कल्पना है, तो हर्ज क्या? थोड़ी देर को सुखी अगर कल्पना में भी हो लिए. . . इतना-सा विश्राम भी नहीं देना चाहते अपने को! दुःखी होने की ऐसी जिद कर रखी है!

चलो, कल्पना ही सही, तो थोड़ी देर कल्पना में ही रस ले लो। आज जो कल्पना में है, शायद कल यथार्थ बन जाए। यद्यपि दोहरा दूं कि कल्पना नहीं है। और तुमसे यह भी कह दूं कि तुम्हारे सब दुःख कल्पना हैं; और आनंद कल्पना नहीं है।

इसीलिए ज्ञानियों ने आनंद को स्वभाव कहा है। स्वभाव का मतलब होता है—जो तुम्हारे भीतर पड़ा ही है। और दुःख पर-भाव है। है नहीं तुम्हारे भीतर, माना हुआ है; तुम्हारी मान्यता है। किसी आदमी ने कुछ कहा, तुमने समझा कि अपमान हो गया और तुम दुःखी हो गए। कोई रास्ते पर खड़ा हंस रहा था और हो सकता है, किसी और बात पर हंसता हो, तुम समझे कि तुम पर हंस रहा है और तुम दुःखी हो गए।

दुःख बाहर से आता है। आनंद भीतर से आता है। दुःख दूसरों की तरफ से आता है। दुःख संसार से आता है और आनंद स्वयं से। दुःख कल्पना है, क्योंकि जो भी तुम बाहर से ले लेते हो, वह वस्तुतः तुम्हारा नहीं है। ये बाहर की दी गई गालियां भी पड़ी रह जाएंगी, सम्मान भी पड़े रह जाएंगे। बाहर का कोई बहुत मूल्य नहीं है। बाहर—ज्यादा-से-ज्यादा तुम्हारी सतह को छूता है।

जैसे सागर पर लहरें उठती हैं, हवा के उत्तुंग वेग आते हैं और सागर में लहरें फैल जाती हैं—लेकिन सतह पर ही फैलती हैं लहरें। सागर गहराई में तो शून्य है, मौन है; वहां कोई तरंग नहीं है; वहां कोई हलचल नहीं है; वहां कोई परिवर्तन नहीं है। वहां शाश्वत का वास है। वहां समाधि की दशा है।

ऐसी ही तुम्हारी हालत है। तुम्हारी आत्यंतिक गहराई में सब शांत है, सब मौन है, सब आनंद से भरा है। सिर्फ तुम्हारी सतह पर. . .। उस सतह का नाम ही मन है। वहीं बाहर के झंझावात आ जाते हैं, आंधियां आ जाती हैं और तुम्हें आंदोलित कर जाता है।

दुःख उधार है। आनंद स्वयं का है।

आनंदित अगर कोई होना चाहे तो अकेले में भी हो सकता है; दुःखी होना चाहे, तो दूसरे की जरूरत है। इस बात को तुमने कभी खोजा कि दूसरे के बिना आदमी दुःखी नहीं हो सकता। दूसरा चाहिए ही दुःख के लिए।

तुम अपने दुःखों की तलाश करना। तुम पाओगे—सब दुःख दूसरे से जुड़े हैं। ऐसा कोई दुःख नहीं है, जो दूसरे से न जुड़ा हो। कोई धोखा दे गया, किसी ने गाली दे दी, कोई तुम्हारे मन के अनुकूल न पड़ा, किसी ने ऐसा व्यवहार किया, जैसी अपेक्षा न थी—सब दुःख दूसरे से जुड़े हैं। और आनंद का दूसरे से कोई संबंध नहीं हैं। आनंद स्व-स्फूर्त है। इसलिए हिमालय की गुफा में बैठा हुआ आदमी भी आनंदित हो सकता है। दुःखी होना हो, तो बाजार में आना जरूरी है। वहां बैठे-बैठे दुःखी नहीं हो सकता।

इसलिए लोग अगर जंगल में भागने लगे, तो अकारण नहीं। वह इसीलिए कि न रहेगा बांस, न बजेगी बांसुरी; दूसरे को छोड़कर भाग जाओ। दूसरा बचेगा ही नहीं, तो फिर कैसा दुःख!

लेकिन मैं तुमसे कहना चाहता हूं कि दूसरे को छोड़कर तुम भाग गए तो शायद दुःखी तो तुम न होओ, यह तो हो सकता है; लेकिन आनंदित भी तुम न हो पाओगे। क्योंकि दूसरे को छोड़कर भागे हो, तो दूसरे का डर तो बना ही हुआ है। और जिसको छोड़कर भागे हो, उसकी तरंगें मन में घूमती रहेंगी। जिसको छोड़कर आ गए हो, वह मन में खड़ा रहेगा।

तो अकसर ऐसा हो जाएगा, जंगल में भाग गए आदमी को...

आज न कोई दूर न कोई पास है
फिर भी जाने क्यों मन आज उदास है?
आज न सूनापन भी मुझसे बोलता
पात न पीपल पर भी कोई डोलता
ठिठकी-सी है वायु, थका-सा नीर है
सहमी-सहमी रात, चांद गंभीर है
गुप-चुप धरती, गुम-सुम सब आकाश है
फिर भी जाने क्यों मन आज उदास है?
आज शाम को झरी नहीं कोई कली
आज अंधेरी नहीं रही कोई गली
आज न कोई पंथी भटका राह में
जला पपीहा आज न प्रिय की चाह में
आज नहीं पतझार, नहीं मधुमास है।
फिर भी जाने क्यों मन आज उदास है?
आज अधूरा गीत न कोई रह गया
चुभने वाली बात न कोई कह गया

मिलकर कोई मीत आज छूटा नहीं
जुड़कर कोई स्वप्न आज टूटा नहीं
आज न कोई दर्द न कोई प्यास है
फिर भी जाने क्यों मन आज उदास है?

तो दुःखी तो न रह जाओगे, अगर संसार से भाग गए—उदासी हो जाओगे।

संसार छोड़कर भागने का प्रश्न नहीं है। वह तो नकारात्मक बात हुई। विधायक बात है—परमात्मा को अपने में निमंत्रित कर लेना। इसकी बजाय कि तुम हिमालय की गुफा में जाओ, हिमालय की गुफाओं को अपने हृदय में बसाओ। इसकी बजाय कि तुम हिमालय की शांति और शीतलता खोजो, हिमालय की शांति और शीतलता को अपने भीतर आमंत्रित करो, बुलाओ। वह तुम्हारे भीतर बसे। हिमालय तुम्हारे भीतर बस जाए; फिर तुम बाजार में रहो, व्यवसाय में रहो, भीड़-भाड़ में रहो—कोई अंतर न पड़ेगा।

आनंद निश्चित बरस रहा है, लेकिन इतना नया है कि तुम जो भी जानते हो, उससे उसका कोई तालमेल नहीं बैठता। तो चलो, यही मान लो कि अभी कल्पना है। कल्पना भी मानो, मगर स्वीकार करो। कल्पना भी क्या बुरी! आनंद की कल्पना है। शायद यही आनंद की पदचाप हो, जो अभी पदचाप की तरह दूर सुनाई पड़ती है, वह धीरे-धीरे पास आती जाएगी। जो अभी स्वप्न है, कल सत्य हो सकता है। मगर सत्य करने के मार्ग पर पहली जरूरत है कि उसे तुम स्वीकार करो, अंगीकार करो। तो ही तुम्हारे भीतर बीजारोपण होगा। तो ही तुम बदलोगे।

लेकिन हमारी पुरानी समझ हमें गलत व्याख्याओं में ले जाती।

मैंने सुना है—प्रेमिका बार-बार मुल्ला नसरुद्दीन से कह रही थी—'तुम डैडी से कहना कि तुम मुझसे विवाह करोगे।' पर मुल्ला था कि चुप। ऐसा चुप कि जैसे न सुन सकता है, या कि बोल नहीं सकता, गूंगा है; बहरा है, कि गूंगा है। अंत में प्रेमिका ने झल्लाकर कहा—'कहा न, डैडी से कहोगे, बेवकूफ!' इस पर मुल्ला खूब खुश हो गया और खुश होकर बोला—'कहूंगा, जरूर कहूंगा!' 'क्या कहोगे?'—प्रेमिका उल्लसित होकर बोली।

'बेवकूफ'—मुल्ला ने कहा। अपनी व्याख्या है। अपने चुनाव हैं।

आनंद बरस रहा है, उसे तो तुम नहीं स्वीकार कर रहे; तुम एक नयी चिंता पैदा कर रहे हो कि कहीं यह कल्पना तो नहीं है! तुम संदेह उठा रहे हो। संदेह के धुएं में खो जाएगा। संदेह का बादल जोर से घिर गया, तो यह रोशनी की किरण फिर दिखाई न पड़ेगी। सूरज ढंक जाता है बादलों में, तो यह तो चांद अभी बहुत छोटा-सा है, तुम्हारे भीतर जो उगा है आनंद का; संदेह के बादलों में छिप जाएगा। भरोसा करो।

और हर्ज क्या है? खो क्या जाएगा? आनंद पर भरोसा करने में खो क्या सकते हो? हर्ज क्या हो सकता है? दुःख पर भरोसा मत करो। दुःख पर भरोसा करने में सदा कुछ खोता है।

लेकिन दुःख पर भरोसा करने को तुम सदा तैयार हो और आनंद पर भरोसा करने को कभी तैयार नहीं।

इधर यह बात रोज घटती है। यह प्रश्न तुम्हारा ही नहीं है, अनेकों का है। कोई- न-कोई रोज आकर कहता है कि बड़ी शांति मिल रही है; मगर शक होता है कि यह सच है! कोई कभी आकर कहता है—बड़ी मस्ती छा रही है; मगर शक होता है कि कहीं मैं अपने को भुलावा तो नहीं दे रहा!

तुमने इतने भुलावे दिए हैं अब तक कि तुम्हें लगता है कि तुम शायद यह भुलावा भी अपने को दे लोगे। लेकिन मैं तुमसे कहना चाहता हूं कि कोई आज तक अपने को आनंद का भुलावा नहीं दे सका। यह असंभव है।

आनंद का भुलावा हो ही नहीं सकता। क्योंकि जो भुलावा देनेवाला मन है, उसमें आनंद होता ही नहीं। भुलावा देनेवाला मन केवल नए-नए दुःख खोजता है। भुलावा दुःखों को खोजने की व्यवस्था है।

इसलिए डरो मत। भयभीत न होओ। पुराने मन को बीच में न आने दो। नया अतिथि आया है, उसे अंगीकार करो। उसे भीतर ले जाओ। उसे हृदय के सिंहासन पर विराजमान करो।

दूसरा प्रश्न भी पहले से थोड़ा जुड़ा है, इसलिए साथ-साथ ले लें। पूछा है : *मैं अत्यंत उदास क्यों हूं, यद्यपि उदासी का कोई भी कारण नहीं है?*

शायद इसीलिए।

उदासी का कारण भी हो तो आदमी को समझ में आता है कि चलो कारण तो है; कम-से-कम कारण तो है, इसलिए उदास हूं। बहाना तो है। कोई पागल तो न कह सकेगा। बता सकता हूं कि पत्नी मर गई, कि बेटा जेल चला गया, कि दूकान डूब गई, दिवाला निकल गया।

तो उदासी में तर्क है। तर्क है तो तुम सुरक्षित हो। तुम यह कह सकते हो कि उदास होना बिलकुल स्वाभाविक है। कर भी क्या सकता हूं? तुम्हारी पत्नी मरती, तो तुम भी उदास होते। और तुम्हारी दूकान का दिवाला निकलता, तो तुम भी रोते। तो कोई मैं ही रो रहा हूं, ऐसा नहीं है।

तो तुम्हारे आंसुओं के लिए तुम तर्क दे सकते हो। सबसे बड़ी उदासी तो तब होती है, जब उदास होने का कोई कारण भी नहीं होता। तब बड़ी बेबूझ बात हो जाती है। तब तुम कह भी नहीं सकते कि क्यों उदास हूं। अपनी उदासी की रक्षा भी नहीं कर सकते! अपनी उदासी के लिए तर्क भी नहीं जुटा सकते। तब तुम बिलकुल असहाय हो जाते हो। ऐसा भी होता है।

ऐसे होने के पीछे कई कारण हैं। एक, तो हो सकता है कारण आज ना हो, लेकिन जिंदगी भर तुम उदास-ही-उदास रहे, तो उदास होना तुम्हारी आदत हो गई। ऐसा बहुत बार हो जाता है कि क्रोधी आदमी को क्रोध की आदत हो जाती। फिर क्रोध का कारण न हो, तो भी उसको तो क्रोध करना ही है। वह तो बिना क्रोध किए नहीं रह सकता। वह तो कोई-न-कोई उपाय खोजेगा।

तुम सब ऐसे आदमियों को जानते हो, जो क्रोध के लिए उपाय खोजते रहते हैं। क्रोध भीतर है। अकारण करेंगे, तो पागल समझे जाएंगे। कोई कारण खोज लेना होता है। कोई भी कारण! तुम भी पीछे लौटकर सोचते हो, तो पाते होः कारण पर्याप्त नहीं था—इतने क्रोध के लिए पर्याप्त नहीं

था। कारण में और क्रोध में कोई अनुपात नहीं था। तुम भी पीछे पछताते हो कि बात बड़ी छोटी थी!

मेरे पास आ जाता है कभी कोई व्यक्ति और कहता है, 'बड़ा क्रोध हो गया। पत्नी की पिटाई कर दी; कि अपने बच्चे को पीट दिया। हालांकि इतना क्रोध करने का कोई कारण न था।

कारण पूछता हूं, तो कहता है—'कारण न पूछिये। कहता है, कारण तो क्षुद्र था। ऐसा ही था, बेकार था; उसका कोई मतलब भी न था। बात-बात में से बात निकल गई।

आदत...अगर तुम रोज-रोज क्रोध करते रहे हो, तो तुम्हें आज भी क्रोध की तलाश करनी पड़ेगी। क्रोध की भी तलब लगती है। जैसे कोई सिगरेट पीता है, हुक्का पीता है, चुरुट पीता है, शराब पीता है— उसकी तलब लगती है। एक घड़ी आ जाती है, जब उसे पीने के लिए मजबूर होना पड़ता है। हालांकि बात बिलकुल फिजूल है; धुएं को भीतर ले जाता है, बाहर ले आता है; किसी मतलब की नहीं है। लेकिन आदत हो गई है, छूटती नहीं।

ऐसे ही क्रोध की आदत हो जाती है। ऐसे ही उदास होने की आदत हो जाती है। थिर हो जाती है एक भाव। स्थायी भाव बन जाता है।

कभी-कभी उदास हो जाने को क्षमा किया जा सकता है। जिंदगी में हजार अड़चनें हैं। आदमी कमजोर है। आदमी की सीमाएं हैं। समझ में आती है बात, कभी उदासी भी आ जाती है। कोई मर गया, तो उदास न होओगे तो क्या करोगे? जिस पर बड़ा भरोसा था, वह धोखा दे गया—उदासी स्वाभाविक है। जिसके साथ सोचा था कि जिंदगी भर साथ-साथ रह लेंगे, वह अचानक बीच में विदा हो गया—उदासी स्वाभाविक है। क्षमा की जा सकती है।

क्षणभंगुर भाव क्षमा किए जा सकते हैं। लेकिन धीरे-धीरे होता यह है कि जो क्षणभंगुर भाव हैं, वे स्थायी-भाव बन जाते हैं। आदमी उदास ही रहने लगता है। उदासी उसकी स्वाभाविक हो जाती। उसको हंसते देखना बहुत कठिन है। वह हंसता भी है, तो उसकी हंसी में भी उदासी ही झरती है।

ऐसा ही कुछ हुआ होगा। तुम्हें उदासी का कारण दिखाई नहीं पड़ता—इसका एक ही अर्थ हो सकता है कि जितने तुम अतीत के दिनों में उदास रहे हो, वे सब उदासियां इकट्ठी होती गई हैं। आज उनका ढेर लग गया है। उस ढेर का कोई भी कारण नहीं दिखाई पड़ता। एक-एक बूंद इकट्ठा करते-करते गागर भर गई है। तुमने तो एक-एक बूंद भरी थी, इसलिए गागर कैसे भर गई? गागर के भरे होने का कोई कारण नहीं दिखाई पड़ता। लेकिन कारण तो रहा होगा, क्योंकि इस जगत में अकारण कुछ भी नहीं—चाहे प्रत्यक्ष न हो।

ये दिल अब ख़राब है
ऐसा खराब कि बर्गे-मुसर्रत तो क्या इसमें ख़ारे-अलम तक नहीं है
न जश्न-ए-बहारां,
न मातम खिजां का
ये दिल अब खराब है लेकिन हमेशा खराब नहीं था।
खिले थे यहां फूल भी आरजू के

चुभे थे यहां ख़ार भी जुस्तजू के
ये दिल अब खराब है लेकिन सदा बेनियाजे-
बहारो-खिजां तो नहीं था
मैं वो आशिके-रंगो-बू हूं कि जिसने
लहू अपना सर्फ़े-बहारां किया था।

'ये दिल अब खराब है!' अब यह दिल बड़ा खराब हो गया, खंडहर हो गया, उदास हो गया, मरघट हो गया। ऐसा ख़राब कि बर्गे-मुसर्रत तो क्या, खुशी का पत्ता तो क्या, इसमें खारे-अलम तक नहीं है, दुःख का कांटा भी नहीं है—ऐसा खाली हो गया।

दुःख भी हो, तो आदमी इतना उदास नहीं होता। कम-से-कम कुछ तो रहता है करने को; व्यस्त रहने को कुछ तो रहता है हाथ में; उलझन तो रहती है, उपाय तो रहता है—उलझे रहो कहीं, अपने को भुलाए रहो। कभी ऐसी घड़ी आ जाती है कि उदास होने का कोई कारण नहीं दिखाई पड़ता। सुखी होने की कोई नजर मिलती नहीं मालूम होती। सुख का कोई द्वार नहीं खुलता। दुःख का कोई कारण नहीं दिखता। आदमी बिलकुल बीच में लटककर रह जाता है—घर का, न घाट का।

न जश्न-ए-बहारां...अब न तो वसंत का कोई उत्सव है; *न मातम खिजां का*... और न पतझड़ का रोना है। *'ये दिल अब खराब है, लेकिन हमेशा खराब नहीं था। खिले थे यहां फूल भी आरजू के!'* कभी यहां वासनाओं के, इच्छाओं के, कामनाओं के फूल भी खिले थे। *'चुभे थे यहां खार भी जुस्तजू के'*...और जीवन के कांटे भी चुभे थे। यह दिल अब खराब है, *लेकिन सदा बेनियाजे-बहारो-खिजां तो नहीं था।* आज ऐसा है,लेकिन सदा ऐसा नहीं था। *'मैं वो आशिके-रंगो बू हूं कि जिसने लहू अपना सर्फ़े-बहारां किया था।'* और मैं वह प्रेमी हूं, जिसने कभी वसंत पर अपने खून को न्योछावर किया था।

अतीत में झांकना होगा। तुम आज उदास हो, तो अतीत में देखना होगा। तुम्हारा अतीत उदासी को सघन करता गया है। बूंद-बूंद गागर ही नहीं भरती, सागर भी भर जाता है। तुम्हारा अतीत तुम्हारी रात को अंधेरा करता चला गया है। सब तारे छुप गए। आज अचानक कारण नहीं दिखाई पड़ता है, लेकिन कारण पीछे होंगे। तुम्हारी असफल वासनाएं, तुम्हारे वसंतों का पतझारों में बदल जाना, तुम्हारे प्रेम का घृणा में बदल जाना, मित्रों का शत्रु हो जाना—तुम्हारी आशाओं पर सब पानी फिर गया है।

लेकिन यह तुम्हारा ही नहीं है; जिसने पूछा है, उसका ही नहीं है यह मामला—सभी का यही है। एक-न-एक दिन सभी को ऐसी उदासी आती है। सिकंदरों को भी आती है। जो सब पा लेते हैं, उनको भी आती है। जो हारते हैं, उनको भी आती है। जो जीतते हैं, उनको भी आती है। क्योंकि जीतने पर पता चलता है कि जीतने में कुछ सार नहीं था। व्यर्थ ही मेहनत की। व्यर्थ दौड़े-धूपे। व्यर्थ आपा-धापी की। सब पाकर भी पता चलता है कि कुछ हाथ न लगा, हाथ खाली हैं! हाथ ही खाली नहीं हैं, हृदय भी खाली है। सारा जीवन ऐसे ही मरुस्थल में खो गया। तब एक उदासी घेरती है।

वैसी ही उदासी ने तुम्हें घेरा है। इस उदासी में एक तो तुम्हारा अतीत है। एक कारण खोजना जरूरी नहीं है। तुम्हारा सारा अतीत का इकट्ठा संस्कार उदास तुम्हें कर गया है।

और दूसरी बात, इस उदासी में अभी भी कहीं छिपी हुई भविष्य की आशा है। नहीं तो उदासी टूट जाए। यह तुम्हें समझना थोड़ा कठिन होगा। जब किसी आदमी को तुम निराश देखो, तो यह मत समझना कि उसने आशा छोड़ दी है।

निराश होने का मतलब ही यही होता है कि आशा अभी भी कायम है। हालांकि जिंदगी ने आशा के सब उपाय तोड़ दिए हैं; लेकिन आशा अभी भी कहीं कायम है; नहीं तो बिना आशा के निराश भी कैसे होओगे? जितनी बड़ी आशा होगी, उतनी बड़ी निराशा होती है—उसी अनुपात में होती है। अगर किसी आदमी की सारी आशाएं ही छूट गईं, तो फिर निराशा भी नहीं हो सकती; फिर निराशा क्या!

उसी व्यक्ति को हम संन्यस्त कहते हैं, जिसने आशा करना ही छोड़ दिया। और आशा करना छोड़ा, तो आशा की जो छाया है निराशा—वह भी विदा हो जाती है।

साधारण तर्क तो कहता है कि जब आशा टूटेगी, तो आदमी निराश हो जाएगा। लेकिन वह सच नहीं है। जीवन का अनुभव कुछ और कहता है। अगर आशा सच में ही टूट जाए, आशा का कोई एक धागा भी शेष न रह जाए—अखंड, अविच्छिन्न—तो तुम पाओगे निराशा भी उसी के साथ चली गई।

तुम कहते हो:'मन उदास है, कारण दिखाई नहीं पड़ता'। तो तुम्हारे मन में अभी भी सुख को पाने की आशा है; अभी भी तुम इस संसार में कुछ बना लेना चाहते हो, कर लेना चाहते हो। हालांकि जिंदगी कहती है : हो न पाएगा। तुम कर चुके बहुत बार। जो भी घर तुमने बनाए, गिर गए। जो भी मनसूबे तुमने बांधे असफल हुए। जो भी नाव तुमने चलाई, वह तुमने डूबते देखी।

तुम्हारे जीवन भर का, अतीत भर का अनुभव कहता है—कुछ हो नहीं सकता। लेकिन तुम्हारे हृदय में छिपी हुई वासना का बीज कहता है—'कौन जाने इस बार करो, और हो जाए! निन्यानबे दफा हार गए हो, लेकिन सौवीं बार आदमी जीत जा सकता है।'

कहीं अभी भी वासना कुलबुला रही है। बहुत गहरे में दबी होगी, क्योंकि अतीत के अनुभव का ढेर लग गया है, उदासी का। लेकिन उस उदासी की राख में कहीं अभी भी वासना का अंगारा है।

रात आई है तो दिलेजार ने सोचा अकसर
कौन आंखों में सिमट आएगा आंसू बनकर
किसकी ज़ुल्फ़ों के दरीचे से किरन फूटेगी
कब ये ज़ंजीरे-गरां टूटेगी
जाने कब तक इस शबे-तनहाई से जां छूटेगी
आज की रात भी शायद न मुझे नींद आए
किसकी आहट है कि बढ़ने लगी दिल की धड़कन

कौन हमदर्द है कि तन्हाई के वीराने में
कौन महबूब है इस शब के सियह-ख़ाने में
किसका पैकर है तसव्वुर के सनम-ख़ाने में
जाने जां तुम हो कि अहसास का बहलावा है
नर्म झोंका है कि आहट है कि ख़ामोशी है
हां, वही हसरत-ओ-मायूसी है।

'रात आई है तो दिलेजार ने सोचा अकसर'...रात आती है, तो रोता हुआ दिल सोचने लगता; हारा हुआ दिल फिर भरोसे जगाने लगता; थका-मांदा दिल फिर सपने देखने लगता। सोचता है—कल सुबह होगी; कल फिर यात्रा पर निकलेंगे।

रोज सांझ, दिन भर की हार के बाद, तुम फिर अपने को जुड़ाने लगते हो, फिर इकट्ठा करने लगते हो। दिन तोड़ जाता है, रात तुम फिर अपने को जोड़ लेते हो। सुबह तुम उठकर फिर चले बाजार।

रात आई है तो दिलेजार ने सोचा अकसर
कौन आंखों में सिमट आएगा आंसू बनकर
किसकी जुल्फ़ों के दरीचे से किरन फूटेगी

और अगर दिन में नहीं मिल सका प्रेमी, नहीं मिल सकी प्रेयसी, नहीं मिल सका जो चाहा था—तो आदमी सोचता है—सपने में मिलन हो जाएगा।

कोई आंखों में सिमट आएगा आंसू बनकर
किसकी जुल्फ़ों के दरीचे से किरन फूटेगी
कब ये ज़ंजीरे-गरां टूटेगी
जाने कब इस शबे-तन्हाई से जां छूटेगी

सोचने लगता है, हर हारा-थका आदमी—यह बोझिल जंजीर कब टूटेगी दुःख की! और यह एकाकी रात कब तक एकाकी रहेगी! कब प्यारा मिलेगा! कब प्रिय मिलन होगा?

और फिर जब तुम इस तरह की कामनाओं से भरते हो, तो मन में सपने उठने शुरू हो जाते हैं।

आज की रात भी शायद न मुझे नींद आए
किसकी आहट है कि बढ़ने लगी दिल की धड़कन!

किसी की आहट नहीं है। कोई न आया है, न कोई आएगा। कोई कभी आता नहीं। तुम अकेले हो। तुम्हारा अकेलापन आत्यंतिक है। दूसरे की तलाश व्यर्थ है। दूसरा न मिलता है, न मिल सकता है।

कुछ भी जो पाया जा सकता है, वह तुम्हारे भीतर है। तुम अपने को ही पा लो, तो सब पा

लिया।

'किसकी आहट है कि बढ़ने लगी दिल की धड़कन!' किसी की आहट से दिल की धड़कन नहीं बढ़ती है। दिल की धड़कन बढ़ती है, तो तुम आहट को सोचने लगते हो कि कोई आता होगा। कोई मिलने की उम्मीद बनती है।

कौन हमदर्द है कि तन्हाई के वीराने में
कौन महबूब है इस शब के सियह-ख़ाने में!

—कौन प्यारा चला आ रहा है इस अंधेरी रात में! अंधेरा-ही-अंधेरा है, कोई प्यारा नहीं है।

लेकिन कभी-कभी जब तुम प्रतीक्षा में रत होते हो, तो राहगीर के पैरों की आवाज भी तुम्हें लगती है—शायद प्यारा आ गया! हवा का झोंका द्वार को हिला जाता है, तुम सोचते हो : शायद किसी ने थपकी दी, किसी ने द्वार खटखटाया! सूखे पत्ते रास्ते पर उड़ते हैं हवा में और खड़-खड़ की आवाज होती है, तुम चौंककर बैठ जाते हो कि शायद प्रेमी आ गया।

इंतजार, वासना से भरा इंतजार, उम्मीदों से भरा इंतजार—बड़ी कल्पनाएं करने लगता है।

कौन महबूब है इस शब के सियह-ख़ाने में
किसका पैकर है तसव्वुर के सनम-ख़ाने में

'जाने जां, (हे प्रेयसी!) तुम हो कि अहसास का बहलावा है?' तुम हो कि यह भी मन को बहलाने का एक ढंग है?

'नर्म झोंका है, कि आहट है, कि ख़ामोशी है?' यह क्या है? हवा का झोंका है? तेरे पैरों की आवाज है? यह तेरे आने की आहट है कि या सिर्फ रात का सन्नाटा है, रात की खामोशी है?

'हां, वही हसरत-ओ-मायूसी है।' फिर वही आशा है मन में और फिर वही उदासी है। वही हसरत और मायूसी है।

आशा और निराशा साथ चलते हैं— एक ही सिक्के के दो पहलू हैं; एक ही पक्षी के दो पंख। एक पंख गिर जाए, तो दूसरा भी व्यर्थ हो जाता है।

तुम उदास हो, तो निश्चित ही तुम्हारे भीतन कहीं अभी आशा का अंगारा दबा पड़ा है, अभी तुम सोचते हो; इस जिंदगी से कुछ मिल सकता, अनुभव कहता है : नहीं मिल सकता। लेकिन अनुभव पर अभिलाषा की जीत होती चली जाती है।

अतीत उदास बना रहा है और भविष्य में अभी भी सोचते हो शायद... शायद ऐसा हो जाए! असंभव भी तो होता है! चमत्कार भी तो घटते हैं।

इस आशा को जाने दो।

इस संसार में कोई चमत्कार नहीं होता। इस संसार में कभी कोई विजय नहीं मिलती। हार यहां भाग्य है। पराजय यहां नियति है। हारते हैं, वे हारते ही हैं; जीतते हैं, वे भी हारते हैं। असफल तो असफल होते ही हैं; सफल भी असफल होते हैं। इस संसार में हम जो भी करें, वह पानी पर किए गए हस्ताक्षरों से ज्यादा नहीं है; बन भी नहीं पाते और मिट जाते हैं।

आशा को पूरा विदा कर दो। और तुम अचानक पाओगे—उस विदाई में उदासी भी गई, निराशा भी गई। और तुम पाओगे—एक शांति उतरने लगी; कोलाहल मिटने लगा; दूसरे की इच्छा न रही है। उसी में तुम अंतर्यात्रा शुरू करते हो। अपने भीतर आना हो, तो बाहर से सब आशा-निराशा छूट जानी चाहिए; नहीं तो आंखें भीतर कैसे मुड़ें? कान भीतर कैसे सुनें!

जब तक तुम्हारा मन कहता है,'बाहर चलो; कहीं चलो; शायद यहां नहीं मिला राज्य, वहां मिल जाए; शायद यहां सुख नहीं मिला तो वहां मिल जाए'—तब तक तुम भटकते ही रहोगे।

संसार का इतना ही अर्थ है—बाहर की भटकन। और ध्यान का इतना ही अर्थ है—बाहर की भटकन गई, तुम अपने भीतर आ गए, अपने घर में विराजे, विश्राम किया। उस विश्राम में ही तुम पाओगे आनंद।

तीसरा प्रश्नः कई बार सोचती हूं कि आपसे कुछ पूछूं, आपसे कुछ कहूं। सवाल उठते भी हैं, प्रश्न बनते भी हैं; लेकिन फिर सोचती हूं—'यह पूछूं कि वह पूछूं? आज पूछूं कि कल पूछूं? आंखों-आंखों से कुछ पूछूं कि कोरा कागज ही भेजूं?' फिर बात टल जाती है। घड़ी निकल जाती है। और मन की जिज्ञासा मौन प्रतीक्षा में बदल जाती है। अचानक आपके किसी प्रवचन में, किसी मीठी कथा के कथन में, कोई भूला प्रश्न याद आ जाता है, जो उत्तर बनकर मुस्कुराता है।

पहली बात—पूछो या न पूछो, उत्तर दिए जा रहे हैं। उत्तर मैं दे ही रहा हूं। अगर तुमने धैर्य रखा और न पूछा, तो भी उत्तर मिल जाएगा। अधैर्य किया, पूछा, तो भी उत्तर मिल जाएगा।

और मजे की बात यह है कि जब तुम प्रश्न पूछते हो तो उत्तर मैं देता हूं, उससे दूसरों को तो शायद उत्तर मिल जाए, तुम्हें शायद ही मिले। क्योंकि पूछने वाले का मन बड़ा तनाव से भरा होता है कि 'मेरे प्रश्न का उत्तर दिया जा रहा है!' वही अड़चन हो जाती है? वह डरा रहता है, घबराया रहता है—मैं क्या कहूंगा? मैं चोट करूंगा? हिलाऊंगा, डुलाऊंगा, जगाऊंगा—क्या करूंगा? फूल की तरह मेरा उत्तर आएगा कि पत्थर की तरह मेरा उत्तर आएगा?

जो पूछता है, वह बेचैन हो जाता है। वह तनाव से भर जाता है। 'उसका' उत्तर दिया जा रहा है! और अकसर वह चूक जाता है। दूसरे शांति से सुन लेते हैं। उन्हें कोई प्रयोजन नहीं है। प्रश्न तो उनका भी यही है। आदमियों के प्रश्नो में भेद क्या है? वही तो समस्याएं हैं, वही प्रश्न हैं। आदमी-आदमी में कहां बड़े फर्क हैं? अगर फर्क भी होते हैं, तो बहुत से बहुत अनुपात के होते हैं। किसी को क्रोध ज्यादा है, किसी को काम ज्यादा है, किसी को लोभ ज्यादा है, किसी को मोह ज्यादा है। बस, अनुपात के भेद होते हैं। मात्रा के भेद होते हैं। मूलतः तो प्रश्न वही-के-वही हैं, क्योंकि आदमी एक जैसे हैं। अज्ञान एक जैसा है। अंधेरा एक जैसा है। भटकन एक जैसी है।

और उत्तर भी कहां अलग-अलग हो सकते हैं! उत्तर भी एक ही है। प्रश्न तो बहुत होंगे; उत्तर एक ही है। सारे उत्तरों में एक ही आकांक्षा है कि तुम भीतर लौट आओ, अपने भीतर आ जाओ। अपने को देख लो। अपने को पहचान लो।

यह 'सुषमा' ने पूछा—'कई बार सोचती हूं आपसे कुछ पूछूं, आपसे कुछ कहूं। सवाल उठते भी, प्रश्न बनते भी; फिर सोचती हूं—यह पूछूं, वह पूछूं? आज पूछूं, कल पूछूं? आंखों-आंखों से पूछूं कि कोरा कागज ही भेजूं?'

इसी में समय निकल जाता होगा। कोई चिंता न करो। उत्तर तो आ ही जाएगा। तुमने नहीं पूछा, तो भी आ जाएगा। मैं उत्तर दे ही रहा हूं। कोई और पूछ लेगा। किसी बहाने उत्तर आ जाएगा।

लेकिन यह भी समझना जरूरी है कि मन की यह दशा कि इतना भी तय न कर पाए कि पूछूं कि न पूछूं—शुभ नहीं है। पूछना—तो पूछना। नहीं पूछना—तो नहीं पूछना। लेकिन मन की यह डांवाडोल स्थिति को सहारा नहीं देना चाहिए। मन हर चीज में डांवाडोल होता है; छोटी-छोटी चीज में डांवाडोल होता है।

अब क्या हर्जा है पूछ लिया तो? इसमें इतना सोचना क्या है? इतना समय सोचने में खराब क्यों करना? मन की एक गलत आदत को इस तरह साथ मिलता है, सहयोग मिलता है। फिर मन धीरे-धीरे सोचने में असमर्थ ही हो जाता है। हर बात में विकल्प खड़े हो जाते हैं—ऐसा करूं, ऐसा करूं!

अब यह 'सुषमा' ने पूछा है, उसको विकल्प खड़ा हो जाता होगा—'आज यह साड़ी पहननी, कि यह साड़ी पहननी! आज यह खाना बनाना, कि यह खाना बनाना! ऐसे छोटे-छोटे विकल्प खड़े हो जाते हैं। और उन छोटे-छोटे विकल्पों में बहुत समय जाया होता है।

जिंदगी को सरल करो। और सरल करना हो, तो मन के विकल्पों को बहुत सहारा मत दो। और धीरे-धीरे मन के विकल्प गिरते चले जाएं, तो निर्विकल्प की दशा करीब आएगी। ये सब विकल्प हैं—ऐसा करूं, वैसा करूं! जो लगे करने जैसा, कर लेना। फिर उस पर और ज्यादा ऊहापोह मत करना।

फिर यह तो प्रश्न की ही बात है। कुछ हर्ज हुआ नहीं जा रहा है पूछा तो, नहीं पूछा तो, कुछ खोया नहीं जा रहा है। पूछना हो, पूछ लेना; नहीं पूछना हो, नहीं पूछ लेना। लेकिन यह डांवाडोल होते मन को सहारा मत देना। नहीं तो यह मन की जड़ आदत हो जाएगी।

लोग मेरे पास आ जाते हैं, वे कहते हैं—'संन्यास लें कि ना लें? मैं उनसे कहता हूं—अगर मैं तुमसे कहूं...कुछ भी कहूं...तो तुम्हारा मन सोचेगा—'इनकी मानें कि न मानें?' यही तो मन है—यह जो विकल्प खड़ा कर रहा है। यह फिर भी विकल्प खड़ा कर देगा—'आज लें, कल लें?'

आज जो भाव उठा हो, उसमें गुजरो, उसमें जाओ।

एक ही सूत्र मैं देना चाहता हूं—वह यह है—अगर किसी को हानि न होती हो, तो उसे कर ही लो। उसमें क्या विचार करना है? शुभ करना हो, तो तत्क्षण कर लो। अशुभ करना हो, तो कल पर टालो। पाप को कल पर टालो, पुण्य आज कर लो।

लेकिन आदमी खूब उलटी खोपड़ी है। पाप करना हो, तो अभी कर लेता है! पुण्य करना हो तो कल। सोचता है—कल कर लेंगे, परसों कर लेंगे। कोई तुम्हें गाली देता है, तो तुम यह नहीं सोचते कि इसको गाली का उत्तर दें कि न दे, कि आज दें, कि कल दें। तुम तत्क्षण दे देते हो। तुम

एक क्षण नहीं चूकते।

गलत को करने में हम बड़ी तत्परता दिखलाते हैं। दुनिया में निन्यानबे प्रतिशत गलत समाप्त हो जाए, अगर हम जरा-सा भी रुक जाएं।

डेल कारनेगी ने अपना एक संस्मरण लिखा है कि उसे एक पत्र मिला। डेल कारनेगी ने लिंकन के ऊपर एक व्याख्यान दिया था रेडियो पर और उसमें कुछ तारीख की भूल हो गई। तो लिंकन की भक्त किसी महिला ने उसे पत्र लिखा, खूब गालियां दीं—कि 'तुम्हें जब तारीखों तक का पता नहीं है, तो तुमने यह जुर्रत कैसे की कि तुम रेडियो पर व्याख्यान करने जाओ? पहले अपनी तारीखें ठीक करो। यह तो छोटे-छोटे बच्चे भी जानते हैं। इतना भी तुम्हें पता नहीं है! तुम इसके लिए क्षमा मांगो—सामूहिक। यह लिंकन का अपमान है।'

ऐसा उसने कुछ-कुछ लिखा होगा। डेल कारनेगी भी गुस्से में आ गया पत्र को पढ़ कर। खून खौल गया। उसने भी उत्तर लिखा—उतना ही जहरीला। लेकिन रात हो गई थी। और उस वक्त तो नौकर भी जा चुका था, तो उसने सोचा : सुबह डाल देंगे। चिट्ठी रखकर टेबल पर, सो गया। गाली-गलौच जितनी देनी थी, वे उसने भी दे डालीं। निश्चिंत, हलका मन होकर सो गया। सुबह उठा, लिफाफे में बंद करते वक्त उसने फिर पत्र को पढ़ा। लगा, यह जरा ज्यादती है। बात तो स्त्री की ठीक ही है कि मुझसे भूल तो हुई है। बजाय क्षमा मांगने के मैं और उलटा नाराज हो रहा हूं!

पत्र उसने सरकाकर रख दिया, दूसरा पत्र लिखा। दूसरा पत्र लिखते वक्त उसे खयाल आया कि अगर मैंने रात ही यह पत्र पोस्ट करवा दिया होता, अगर नौकर न गया होता, तो...? सुबह में इतना फर्क हो गया। उसने दोनों पत्र देखे, वह जमीन-आसमान का भेद है! तो उसने सोचा, यह दूसरा पत्र भी अभी नहीं डालूंगा। जल्दी तो कुछ है नहीं, सांझ को फिर एक दफा देखूंगा।

सांझ को देखा, तो तीसरा पत्र लिखा। अब तो बहुत फर्क हो गया। फिर तो उसे लगा कि अभी जल्दी क्या है; वह स्त्री कोई पागल नहीं हुई जा रही है मेरे पत्र के लिए! सात दिन रुका। रोज सुबह पढ़ता—बदलता; रोज शाम पढ़ता—बदलता। सातवें दिन जब वह निश्चित हो गया कि अब कुछ बदलने को नहीं बचा, लेकिन पत्र का पूरा रूप बदल गया। कहां वह घृणा और जहर से भरा पत्र था; कहां यह मैत्री और प्रेम से भरा पत्र हो गया।

इस पत्र में उसने लिखा था कि मैं अनुगृहीत हूं। और कभी अगर इस गांव आओ, मेरे गांव आओ, तो मेरे घर ठहरना। मिलकर मुझे खुशी होगी। मेरे ज्ञान में वर्धन होगा। लिंकन के संबंध में मैं ज्यादा नहीं जानता; और जानना चाहता हूं। और क्षमा मांगता हूं, जो भूल हो गई।

छः महीने बाद वह स्त्री उसके गांव आई। इस बीच पत्र-व्यवहार होता रहा। उसके घर ठहरी। और तुम हैरान होओगे कि हालत क्या हुई! वह उसकी पत्नी हो गई! ऐसे ही वह प्रेम में पड़ा। वह पहला पत्र...तो सारी संभावनाएं समाप्त हो जाती थीं दो आदमियों के बीच की।

जब बुरा करना हो, तो थोड़ा ठहरना। कल कर लेना, परसों कर लेना। जल्दी क्या है!

गुरजिएफ का दादा मरा, तो उसने कहा गुरजिएफ से—वह छोटा ही था, नौ साल का था—कि तुझसे मेरी एक ही प्रार्थना और एक ही मेरी आज्ञा है; यही मेरी वसीयत है; मेरे पास देने को कुछ भी नहीं; लेकिन मेरे पिता जब मरे थे, मुझे दे गए थे, और उसने मुझे जीवन में बड़े सुख दिए

और बड़े आनंद मैंने जीवन में पाए। तू भी याद रखना। तू अभी छोटा है, खूब याद कर ले, ताकि भूल न जाए।

तो गुरजिएफ ने याद कर लिया। दादा इतना ही कह गया था कि अगर कभी क्रोध आए तो जिस पर क्रोध आ जाए, उससे इतना कहना कि मैं चौबीस घंटे बाद आकर जवाब दूंगा। फिर चौबीस घंटे विचार कर लेना, फिर जवाब दे देना—जैसा भी देना हो।

गुरजिएफ ने लिखा है कि इस एक बात ने मेरी जिंदगी में क्रांति ला दी। चौबीस घंटे बाद जवाब देने जैसा ही न लगा। या तो ऐसा लगा कि उस आदमी ने ठीक ही कहा है, तो मैं जाकर क्षमा मांग आया; या ऐसा लगा कि उस आदमी ने बिलकुल झूठ कहा है, तो झूठ के खिलाफ जवाब देने की जरूरत भी क्या है! चौबीस घंटे में वह जरूरत भी न रह गई।

शुभ करना हो, तो तत्क्षण कर लेना। ऐसा कुछ करना हो, जिससे किसी की कोई हानि नहीं हो रही तो एक क्षण सोचने की कोई जरूरत नहीं है।

अब तुम्हें प्रश्न पूछना हो, तो पूछ ही लेना। किसी को कोई हानि नहीं होगी; किसी को लाभ ही हो सकता है। तुम्हारे प्रश्न से शायद किसी को उत्तर मिल जाए। जब किसी दूसरे के प्रश्नों के उत्तर से तुम्हें उत्तर मिलता है, तो तुम्हारे प्रश्न के उत्तर से भी किसी को उत्तर मिल सकता है। कंजूसी क्या? पूछ ही लेना।

'यह पूछूं कि वह पूछूं? आज पूछूं कि कल पूछूं?'

कोई रुकावट तो है नहीं। यह भी पूछो, वह भी पूछो। और आज भी पूछो और कल भी पूछो। कुछ ऐसा थोड़े ही है कि आज पूछ लिया, तो फिर कल नहीं पूछ सकते; यह पूछ लिया, तो वह नहीं पूछ सकते! पूछने की तुम्हें जैसी सुविधा है, दुनिया में शायद किसी को हो। तुम्हारे सारे प्रश्नों का स्वागत है। तुम्हें कुछ पूछना हो, तो पूछो। तुम्हें कुछ कहना हो तो कहो।

मेरे-तुम्हारे बीच संवाद चल रहा है। यह कोई विवाद नहीं है। चिंता इसलिए ही नहीं है।

तुम पूछते हो—जिज्ञासा से, मुमुक्षा से। जब भी मैं देखता हूं कि किसी ने विवाद की दृष्टि से पूछा है, उसका मैं उत्तर ही नहीं देता हूं, क्योंकि विवादियों में मेरा कोई रस नहीं है।

जब मैं देखता हूं—किसी ने ज्ञान के कारण पूछा है, कि उसको ज्यादा ज्ञान सिर पर चढ़ा है—किसी ने जब इस तरह पूछा कि उसका प्रश्न 'ज्ञान' से आ रहा है, तो मैं उत्तर नहीं देता। उसके पास तो ज्ञान है ही, उसे उत्तर की और क्या जरूरत है? उसके पास उत्तर खुद ही है।

जब कोई इस तरह पूछता है कि उसे मालूम ही है, तब मैं उत्तर नहीं देता। लेकिन जब भी कोई इस तरह पूछता है कि उसे मालूम नहीं है, जानने की आतुरता है, प्यास है—तो फिर प्रश्न कैसा भी हो, मैं जरूर उत्तर देता हूं। आज उत्तर न दूं तो कल दूंगा; कल न दूं, तो परसों दूंगा। क्योंकि मैं प्रतीक्षा करता हूं—ठीक क्षण की। जब भी ठीक क्षण आ जाएगा, तुम्हारा प्रश्न उत्तर पाएगा।

पूछ लो, फिर मुझ पर छोड़ दो, फिर जल्दी भी मत करना। कुछ लोग पूछ लेते हैं, फिर वे दूसरे दिन से ही राह देखने लगते हैं। फिर उनको कुछ और सुनाई नहीं पड़ता। उनको अपने प्रश्न की फिक्र लगी रहती है—कि हमारे प्रश्न का उत्तर अभी तक नहीं दिया।

एक संन्यासिनी है—मुक्ता। नैरोबी से आई है। काफी पूछती है। और उसको मैं उत्तर देता नहीं। तो अब तो वह लिखलिख कर पत्र भेजने लगी है कि आप सबके उत्तर देते हैं, मेरे उत्तर क्यों नहीं देते? 'मेरे' प्रश्न का क्या?

धैर्य रखो। या तो समय अनुकूल न होगा, या तुम्हारी पात्रता न होगी; या तुमने जो पूछा है, उसका उत्तर पाने की अभी तुम्हें जरूरत न होगी; जब जरूरत होगी, तब मिल जाएगा।

'आंखों-आंखों से कुछ पूछूं कि कोरा कागज ही भेजूं?' कुछ भी तो करो। आंखों-आंखों से पूछना है, तो आंखों-आंखों से पूछो। कोरा कागज भेजना है, तो कोरा कागज भेजो। कुछ तो करो। ऐसे बैठे ही सोच-विचार में ही मत पड़े रहो। कुछ लोग होते हैं, ऐसे ही सोच-विचार में जीवन गंवा देते हैं।

मैंने सुना है—एक गणितज्ञ को दूसरे महायुद्ध में युद्ध पर जाना पड़ा। सभी लोग सेना में भरती किए जा रहे थे, उसे भी जाना पड़ा। वह बड़ा विचारक था, दार्शनिक था। जो जनरल उसकी कवायद देखने गया, वह हैरान हुआ। जो कैप्टन उसे कवायद करवाता था, वह भी परेशान था, क्योंकि कहा जाए 'लैफ्ट टर्न' बायें घूम—वह खड़ा ही रहे। सारी दुनिया बायें घूम जाए, सारी रेजिमेंट बायें घूम गई, वह वहीं खड़े हैं! उसका कैप्टन पूछे,'आप क्यों खड़े हैं?' वह कहे : 'मैं सोच रहा हूं कि बायें घूमूं कि नहीं?' या घूमने से फायदा क्या? या फिर अभी थोड़ी देर में दाएं घूमना पड़ेगा, तो ये लोग घूमकर फिर दाएं आ जायेंगे; मैं वहीं खड़ा रहूं; इसमें हर्जा भी क्या है?'

कैप्टन बहुत परेशान हुआ। लेकिन वह प्रसिद्ध दार्शनिक था और गणितज्ञ था। एकदम उसको ऐसा कहा भी नहीं जा सकता था। उसका नाम था, ख्यातिलब्ध आदमी था। उसने जनरल को कहा कि आप कर देख लें, अब मैं क्या करूं इस आदमी के साथ! यह तो कोई छोटी आज्ञा भी मानने को राजी नहीं है! यह कहता है कि 'सोचता हूं, संगत होगी तो मानूंगा। और फिर मैं देखता हूं कि तुम थोड़ी देर में 'बाएं घूम' कह देते हो, तो फायदा ही क्या है? हम अपनी ही जगह खड़े रहे; लोग फिर अपने वापस उसी जगह आ गए। तो यह बाएं-दाएं घूमने में कुछ सार भी नहीं है।' इस आदमी की वजह से दूसरे लोग भी कम सुनते हैं मेरी। वे कहते हैं, उससे कहिए! और यह आदमी प्रतिष्ठित है; मैं इसका अपमान भी नहीं करना चाहता।

जनरल ने देखा। उसने कहा कि इसको ऐसा करो कि मैस में भेज दो। चौके में काम करे कुछ; यह काम का नहीं है मिलिट्री में। क्योंकि यह दाएं-बाएं नहीं घूमता। कल इससे कहें, बंदूक चलाओ; यह कहे, क्यों चलाएं? इसने हमारा क्या बिगाड़ा है? इस आदमी को हम क्यों मारें? इसकी पत्नी होगी, बच्चे होंगे। यह हम नहीं करने वाले।' यह... जब दाएं-बाएं घूमने में झंझट है इसको, तो और तो आगे जाएगा कहां।!रू

इसीलिए तो मिलिट्री में दाएं-बाएं घुमाते हैं। वह परीक्षा है और प्रशिक्षण है—जड़ बनाने का। तुम्हारा सोच-विचार खत्म हो जाए। बाएं घूम, दाएं घूम—घुमाते-घुमाते-घुमाते एक दिन कहा कि बंदूक चलाओ, तो तब तक आदमी खुद ही हो जाता है—मरने-मारने को तैयार! इतना दाएं-बाएं घुमाते हैं कि उस आदमी की खोपड़ी में एकदम आग जलने लगती है। वह कहता है कि 'ठीक, अब कुछ भी कर दो। एक मौका मिला है, अब चूको मत।' और धीरे-धीरे उसकी बुद्धि और

संवेदना क्षीण हो जाती है। फिर वह गोली चला देता है, बम गिरा देता है।

जिस आदमी ने हिरोशिमा पर बम गिराया, उससे जब दूसरे दिन सुबह पूछा, तो उसने कहा---'मैं रात निश्चिंतता से सोया, क्योंकि मैंने आज्ञा का पालन किया।' एक लाख आदमी मर गए और यह आदमी रात निश्चिंतता से सोया। इसकी बुद्धि बिलकुल क्षीण हो गई। इसने एक भी बार रात यह नहीं सोचा कि एक लाख आदमी मेरे बम गिराने से राख हो गए!

अपार पीड़ा झेली उन्होंने। नरक भी फीका है उस पीड़ा के सामने। छोटे बच्चे थे, निरीह बच्चे थे। गर्भ में थे बच्चे, वे भी जलकर राख हो गए। स्त्रियां थीं, जिन्होंने किसी का कुछ नहीं बिगाड़ा। नागरिक थे। क्योंकि हिरोशिमा कोई मिलिट्री कैंप नहीं था—आम आदमियों की बस्ती थी। लेकिन इस आदमी को निश्चिंतता रही; रात आराम से सोया; काम पूरा कर आया! जो आज्ञा मिली थी, पूरी कर दी।

इस आदमी के साथ जो दूसरा आदमी बैठा था, जिसका जुम्मा था कि वह बताएगा, कब गिराया जाए, जो सिग्नल देगा बम गिराने का—वह आदमी नहीं सो सका रात भर। रात भर क्या, वह तीन महीने तक नहीं सो सका। वे जो लपटें उसने देखी थीं, वह जो चीख-पुकार सुनी थी!—उसने नौकरी से इस्तीफा दे दिया। उसके मन में यह घाव इतना गहरा लगा और उसे पता नहीं था कि यह जो आज्ञा दे रहा है, यह एटम बम गिरेगा। इसका उसे कुछ पता नहीं था। वह तो हमेशा ही साथ होता था, बम गिराने के लिए आज्ञा देता था। जैसे साधारण बम थे, उसने सोचा, यह भी साधारण बम है। उसे कुछ पता ही नहीं था। उसे तो सिर्फ सिग्नल देना था कि यह ठीक जगह आ गई, अब बम गिरा दो।

बम में क्या है—साधारण बम है कि एटम बम है—इसे कुछ पता नहीं था। यह तो दूसरे दिन उसे पता चला कि जो भयानक कांड हो गया है, उसमें मेरा भी हाथ है। वह बड़ा उद्विग्न हो गया। उसने नौकरी से इस्तीफा दे दिया और अमरीका में प्रचार करने लगा जा-जाकर, गांव-गांव—अणु-बम के विरोध में—अणु-बम पर पाबंदी लगनी चाहिए। और उसकी बात में बल था, क्योंकि उस आदमी ने हिरोशिमा अपनी आंख से देखा था। नीचे उठती लपटें और चीख-पुकार और वह नरक! यह तांडव नृत्य मृत्यु का! उसकी बात में बल था। सरकार थोड़ी भयभीत हुई। उसकी बात लोग सुनते थे, गौर से सुनते थे। सरकार ने एक आयोग नियुक्त किया बीस मनोवैज्ञानिकों का और उन मनोवैज्ञानिकों के आयोग ने उस आदमी को पागल करार देकर पागलखाने में रख दिया।

अब यह बड़ी अजीब बात हुई! पहला आदमी पागल, मालूम होता है, जिसने एक लाख लोग मार डाले और रात, कहता है, मैं निश्चिंत सोया, क्योंकि आज्ञा पूरी कर दी। यह दूसरा आदमी पागल नहीं है, मगर सरकार इसको पागल घोषित करवाती है।

इस दुनिया में अगर तुम्हारे पास हृदय है, तो तुम पागल समझे जाओगे। अगर तुम्हारे पास संवेदनशीलता है, तो तुम पागल समझे जाओगे। यह दुनिया बड़ी अजीब है। यहां पागल राजनेता बने बैठे हैं। यहां पागलों के गिरोह राजधानियों में अड्डा जमाए बैठे हैं!

तो वह दार्शनिक आदमी था। 'बाएं घूम, दाएं घूम'—सुनता नहीं था। कहता था—

सोचूंगा, विचारूंगा, फिर करूंगा। बिना सोचे-विचारे तो कोई कृत्य कैसे किया जाए!

उसे भेज दिया गया किचन में। जनरल उसके पीछे आया और उसने कहा, 'तुम एक छोटा-सा काम करो। ये देखते हो मटर के दाने; बड़े-बड़े एक तरफ कर दो, छोटे-छोटे एक तरफ कर दो। दो ढेरी लगा दो।'

दो घंटे बाद लौटकर आया, देखा कि वह आदमी वहीं बैठा है—सिर पर हाथ लगाए। मटर के दाने वैसे ही एक ढेरी में पड़े हैं। जनरल ने पूछा—'अब यह क्या कर रहे हो? अभी तक कुछ शुरू नहीं किया! काम बहुत कठिन है?'

उसने कहा—'बहुत कठिन है। क्योंकि कुछ बड़े हैं, कुछ छोटे हैं, कुछ मझोल हैं। और मझोल को कहां करना। इस तरफ—कि उस तरफ?'

ऐसे ही 'सुषमा' का प्रश्न है—'आंखों-आंखों से पूछूं कि कोरा कागज भेजूं? यह पूछूं कि वह पूछूं; आज पूछूं कि कल पूछूं?'

अगर किसी का अहित न होता हो, तो देर की कोई भी जरूरत नहीं है। और किसी का अहित होता हो, तो जितनी देर कर सको, उतनी जरूरत है! अगर बम गिराना हो, तो खूब सोचना—कि गिराऊं कि न गिराऊं। मटर के दाने ही अगर करने हैं अलग, क्या फर्क पड़ता है कि एकाध मझोल इस तरफ चला गया कि उस तरफ चला गया!

निर्दोष कुछ कृत्य हो, तो देर की जरूरत नहीं है। निर्दोष कृत्य में चिंतन को लाने से देर होगी। दोषी कृत्य में चिंतन को ले आओ। दोष को करने के पहले खूब सोचो; और तुम दोष से मुक्त हो जाओगे, क्योंकि कभी न कर पाओगे। और अगर तुमने पुण्य को करने के लिए बहुत सोचा-विचारा, तो तुम पुण्य से छूट जाओगे, तुम पुण्य कभी न कर पाओगे।

शबनमी पलकें उठा लूं या झुका लूं
रश्मियों में चांद की किसका निमंत्रण मिल रहा है
कौन है जो दूर होकर भी किसी को छल रहा है
अनमिले वरदान की कुछ चाह ऐसी आ गई है
प्यार से तुमको बुला लूं या सजा लूं
शबनमी पलकें उठा लूं या झुका लूं।
कल्पनाओं में पलें अरमान मन के छटपटाते
चीर नभ का तम, सजीले मेघ रह-रह मुस्कुराते
याद धुंधली पड़ गई है, आज फिर भी कसमसाती
दीप आशा का बुझा लूं या जला लूं
शबनमी पलकें उठा लूं या झुका लूं।
जानती मैं भी नहीं, पर चाहती तुमको बताना
भोर की पलकें उनींदी देखती सपना सुहाना
मांग में सिंदूर भर उषा चली रवि को रिझाने

स्वप्न की हर बात कह दूं या छिपा लूं बहुमूल्य हैं, जो तुमने मेरे पास बिताए। इनको व्यर्थ के विकल्पों में नष्ट मत करो। मेरे साथ निर्विकल्प होकर रहो।

और निर्विकल्प होने का एक ही उपाय है—शुभ हो—करने में देरी मत करना।

मन की यह डांवाडोलपन स्थिति को समाप्त करना है। और जिस दिन मन का डांवाडोलपन समाप्त हो जाता है, उसी दिन मन भी समाप्त हो जाता है। क्योंकि मन यानी डांवाडोलपन।

तुमने देखा, सागर में लहरें उठ रही हैं! बवंडर है, तूफान है। फिर लहरें खो गईं, शांत हो गईं। फिर तुमसे कोई पूछे कि अब तूफान कहां है, तो क्या कहोगे? क्या तुम ऐसा कहोगे कि तूफान अब शांत हो गया है? यह बात ठीक नहीं होगी। तूफान अब नहीं ही है; शांत क्या हो गया है? तब था, अब नहीं है।

ऐसा ही मन है—डांवाडोलपन, तरंगें, यह-वह, विकल्प, हजार-हजार विकल्प, हजार-हजार रास्ते! और आदमी ठिठका खड़ा है, कंप रहा है—यह करूं, वह करूं! ऐसा ही मन है। जिस दिन तुम पाओगे—यह करने का डांवाडोलपन समाप्त हो गया, उसी दिन मन भी समाप्त हो गया। फिर सागर है—तरंग-रहित।

ऐसा समझो—मन तुम्हारी डांवाडोल दशा का नाम है; और आत्मा तुम्हारी शांत दशा का नाम है। तुम वही हो। जब डांवाडोल हो जाते हो, तो मन बन जाते हो। जब डांवाडोलपन चला जाता है, तो आत्मा बन जाते हो।

आत्मा और मन एक ही ऊर्जा की दो दशाएं हैं।

लेकिन प्रश्न प्यारा है। चलो, इतना तो पूछा! यह भी पहली बार ही पूछा है। इस बार तो हिम्मत की। कुछ खास इसमें पूछा नहीं है, लेकिन पूछा तो! यह प्रश्न लिखकर तो भेजा!

प्रश्न प्रेमपूर्ण है।

अकसर ऐसा होता है कि जिनकी बुद्धि बहुत-बहुत विचारों से भरी है, उन्हें प्रश्न पूछना आसान होते हैं। लेकिन जब प्रश्न हृदय से उठते हैं, तो कठिन होते हैं। पहले तो वे बनते ही नहीं, ठीक-ठीक शब्दों में अंटते नहीं। शायद इसीलिए सुषमा सोचती होगीः आंख ही आंख से पूछूं; कि कोरा कागज भेज दूं? क्योंकि हृदय के प्रश्न भाषा में आते नहीं। प्रेम भाषा में नहीं आता। आता है, तो ऐसा लगता है—बहुत अधूरा आया। अंग-भंग हो जाता है। खंडित हो जाता है, किसी तरह भाषा में समा भी दो, तो ऐसा लगता है—जो समाने चले थे, वह तो नहीं समाया; यह कुछ और हो गया! रूप बदल जाता है।

ऐसे ही जैसे तुम, अभी सूरज की रोशनी बरसती है, पक्षियों के गीत हैं, हवाओं में गंध है—इस सबको एक पेटी में बंद कर लो और घर ले जाओ और घर जाकर पेटी खोलो, वहां कुछ भी नहीं मिलेगा—न सूरज की किरणें, न पक्षियों के गीत, न हवा की सुवास; कुछ भी नहीं—खाली पेटी! हालांकि तुमने जब पेटी बंद की थी, तो सूरज की किरणें पड़ रही थीं पेटी पर; हवा की गंध उड़ रही थी; पक्षियों के गीत हवा में थे; सब था; लेकिन जब पेटी बंद करके ले गए, तो पेटी में कुछ भी न आया।

शब्द ऐसे ही हैं; उनमें प्रेम नहीं बंध पाता। प्रेम बड़ा सूक्ष्म; शब्द बड़े स्थूल।

इसलिए भक्त रोता है; कह नहीं पाता। आंसू से कहता है। इसलिए भक्त नाचता है; कह नहीं पाता। नृत्य से कहता है। इसलिए भक्त बोलता नहीं, मौन हो जाता है। मौन से कहता है।

जो प्रेमी की पीड़ा है, वही भक्त की पीड़ा है—हजार गुनी होकर।

तुमको बांध चुकी हूं मन में
संध्या की बेला यह सूनी
आकुलता बढ़ जाती दूनी
रवि भी बंधा हुआ है देखो
अपनी किरणों के बंधन में
तुमको बांध चुकी हूं मन में
बैठ नीड़ में चोंच मिला कर
अपने उर में स्वर्ग बसा कर
पक्षी कहते—जान गए हम
सुख से रहना इस जीवन में
तुमको बांध चुकी हूं मन में।
बांध तुम्हें क्या, मुक्त बनी मैं
पीड़ाओं की बनी धनी मैं
समझोगे तब, खो जाऊंगी
जब मैं अपने सूनेपन में
तुमको बांध चुकी हूं मन में!

प्रेम बांधता है—मनुष्य को मनुष्य से; सीमा से। तब भी भाषा असमर्थ हो जाती है—उस मिलन को भी प्रकट करने में असमर्थ हो जाती है। लेकिन जब कोई परमात्मा के प्रेम में पड़ता है, तब तो सीमा का असीम से मिलन होता है; सांत का अनंत से मिलन होता है। तब तो बात और मुश्किल हो जाती है।

तो कुछ हर्ज नहीं है, अगर कभी कोरा कागज भी भेज दो। मैं समझूंगा, मैं पढ़ लूंगा। और कुछ हर्ज नहीं है, अगर कभी आंखों-आंखों से कह दो। कुछ हर्ज नहीं है—कभी रोकर, कभी नाचकर, कभी गुनगुना कर कह दो। कुछ हर्ज नहीं है—कभी चुप रहकर कहो। मगर कहो। डांवाडोल मत होते रहो। निर्णायक बनो। निर्णय लेते-लेते, थिर होते-होते, मन एक दिन विसर्जित हो जाता है।

आखिरी प्रश्नः आपकी बातें सुनता हूं, तो प्रभु-खोज के विचार उठते हैं। लेकिन समझ नहीं *पड़ता कि कहां से शुरू करूं।*

कहीं से भी शुरू करो—शुरू करो। परमात्मा सब तरफ है। जहां से भी शुरू करोगे, उसी में शुरू होगा। कहां से शुरू करूं—इस प्रश्न में मत उलझो। क्योंकि परमात्मा तो एक तरह का वर्तुल है। इसीलिए तो दुनिया में इतने धर्म हैं, क्योंकि इतनी शुरूआतें हो सकती हैं। दुनिया में तीन सौ धर्म हैं। दुनिया में तीन हजार भी धर्म हो सकते हैं, तीन लाख भी हो सकते हैं, तीन करोड़ भी हो सकते हैं। दुनिया में असल में उतने ही धर्म हो सकते हैं, जितने लोग हैं। क्योंकि प्रत्येक व्यक्ति की शुरूआत दूसरे से थोड़ी भिन्न होगी। क्योंकि प्रत्येक व्यक्ति दूसरे से थोड़ा भिन्न है।

कहीं से भी शुरू करो। इस प्रश्न को बहुत मूल्य मत दो। मूल्य दो शुरू करने को। शुरू करो। और ध्यान रखो कि जब भी कोई शुरू करता है, तो भूल-चूक होती है! कहां से शुरू करूं—यह बहुत गणित का सवाल है। इसमें भय यही है कि कहीं गलत शुरूआत न हो जाए, कि कहीं कोई भूल-चूक न हो जाए! कहां से शुरू करूं!

अगर बच्चा चलने के पहले यही पूछे कि कहां से शुरू करूं, कैसे शुरू करूं, कहीं गिर न जाऊं, घुटने में चोट न आ जाए, तो फिर बच्चा कभी चल नहीं पाएगा। उसे तो शुरू करना पड़ता है। सब खतरे मोल ले लेने पड़ते हैं। सब भय के बावजूद शुरू करना पड़ता है। एक दिन बच्चा उठकर जब खड़ा होता है पहले दिन, तो असंभव लगता है कि चल पाएगा। अभी तक घसिटता रहा था, आज अचानक खड़ा हो गया।

मां कितनी खुश हो जाती है, जब बच्चा खड़ा होता है! हालांकि खतरे का दिन आया। अब गिरेगा। अब घुटने तोड़ेगा। अब लहू-लुहान होगा। सीढ़ियों से गिरेगा। अब खतरे की शुरूआत होती है। जब तक घसिटता था, खतरा कम था, सुरक्षा थी। मगर सुरक्षा में ही कब तक कैद रहोगे?

बच्चे को चलना पड़ेगा। खतरा मोल लेना पड़ेगा; अन्यथा लंगड़ा ही रह जाएगा। और कई बार गिरेगा।

जब बच्चा पहली दफा बोलना शुरू करता है, तो तुतलाता ही है; कोई एकदम से सारी भाषा का मालिक तो नहीं हो जाएगा! कौन कब हुआ है! तुतलाएगा। भूलें होंगी। कुछ का-कुछ कहेगा; कुछ कहना चाहेगा, कुछ निकल जाएगा। लेकिन बच्चे हिम्मत करते हैं—तुतलाने की। इसलिए एक दिन बोल पाते हैं। तुतलाने की हिम्मत करते हैं, इसलिए एक दिन कालिदास और शेक्सपीयर भी पैदा हो पाते हैं। तुतलाने की कोशिश करते हैं, इसलिए एक दिन बुद्ध और क्राइस्ट भी पैदा हो पाते हैं।

तो तुम जब शुरू करोगे, तो यह तो तुतलाने जैसा होगा। इसमें तुम पूर्णता की अपेक्षा मत करना। यह तो अभी घसिटते थे, अब उठकर खड़े हुए—खतरनाक है। भूल-चूक होने ही वाली है। भूल-चूक होगी ही। जो भूल-चूक से बचना चाहेगा, वह कभी चल न सकेगा, बोल न सकेगा। वह जी ही न सकेगा।

अकसर ऐसा हो जाता है कि भूल-चूक से बचने वाले लोग वंचित ही रह जाते हैं—जीवन की संपदा से। दुनिया में एक ही भूल-चूक है। और वह भूल-चूक से बचने की अतिशय चेष्टा।

तुम पूछते हो—'आपकी बातें सुनता हूं, तो प्रभु-खोज के विचार उठते हैं। लेकिन समझ नहीं पड़ता कि कहां से शुरू करूं।'

कहीं से भी शुरू करो। मसजिद से शुरू करो, मंदिर से शुरू करो, गुरुद्वार से शुरू करो, मूर्ति से शुरू करो। कुरान-गीता, वेद-पुरान, कहीं से शुरू करो। नदी, पहाड़, पत्थर—किसी की पूजा से शुरू करो। मगर शुरू करो। अगर तुम मेरी सलाह मानना चाहते हो तो मैं कहूंगा—प्रकृति से शुरू करो। क्योंकि प्रकृति में ही परमात्मा छिपा है। वृक्षों-फूलों को देखो, चांद-तारों को देखो, नदी-सागरों को देखो। परमात्मा इन सब में छिपा है। यहीं तलाशो।

तो पहला परमात्मा का कदम प्रकृति से उठाओ। प्रकृति में दिख जाए, तो फिर सब जगह दिखाई पड़ने लगेगा।

अंग्रेजी के प्रसिद्ध कवि टेनीसन ने कहा है—एक फूल को देखा खिला हुआ और एक आश्चर्यजनक स्थिति में देखा खिला हुआ। एक पत्थरों की दीवाल में, जरा-सी पत्थरों के बीच में संधि थी, उसमें से फूल निकल आया था। चौंककर खड़े हो गए टेनीसन और उन्होंने अपनी डायरी में लिखा—अगर मैं इस एक फूल को समझ लूं पूरा-पूरा, तो मुझे सारा अस्तित्व समझ में आ जाएगा। और परमात्मा की सारी लीला भी। एक फूल में सब छिपा है। एक फूल में!

सरेशाम फिर बाग़ में आ गया हूं
इसी मखजने-रंगो-बू की लगन में
कि जिसने कभी रूह को ताजगी,
कैफो-मस्ती की दौलत अता की
फजां को दिलाबेजी-ए-जाविदा दी
निगाहों को हुस्ने-तलब के नए जाविये
दिल को तहजीबे-जजबात देकर
रिवायत से प्यार करना सिखाया
यहां कासनी ऊदे-ऊदे, गुलाबी, शहाबी
सभी फूल हैं
सब्ज़ाजारों में जाएं तो बेले की ख़ुशबू
फरावां-फरावां
कहीं मोतिए और चमेली की महकार राहत-बदामां
गुलाबों के तख़्तों में हर दीदा-ओ-दिल की तसकीं का सामां
यहां ढाक है
जिसके फूलों से मुग़लों ने अपनी तस्वीर के रंग उभारे
उसी ढाक के रंग की दिलकशी से
'बसावन' ने, 'दसवंत' ने मुग़ल-ए-आज़म के दरबार में दाद पाई
यहां एक बूढ़ा शजर भी है
जो जीस्त के ख़ारजारों से तंग आ के गौतम बना

ज़ान में महव है

सुबक गाम वादे-मुअत्तर के झोंकों से फरहां व शादां

हुजूमे गुलो-रंग पर तब्सिरे कर रहे हैं

सरेशाम फिर बाग़ में आ गया हूं

——शाम से ही, संध्या से ही बगीचे में आ गया हूं।

इसी मखजने-रंगो-बू की लगन में

——यह रंग और सुगंध का खजाना मुझे खींच लाया है।

कि जिसने कभी रूह को ताज़गी

कैफ़ो-मस्ती की दौलत अता की

क्योंकि इसी से कभी-कभी जीवन में मस्ती आई; और इसी से कभी-कभी आनंद का स्वाद मिला; और इसी से कभी-कभी आत्मा की झलक मिली।

कि जिसने कभी रूह को ताज़गी

कैफ़ो-मस्ती की दौलत अता की

इसलिए तो कभी सागर को देखते-देखते ध्यान की झलक आ जाती है। कभी हिमालय पर शांत हरियाली को देखते-देखते तुम्हारे भीतर कुछ हरा हो जाता है। कभी गुलाब की पंखुड़ियों को खुलते देखते-देखते तुम्हारे भीतर कुछ खुल जाता है।

हम इस प्रकृति के हिस्से हैं। हम भी एक पौधे हैं। हमारी भी यहां जड़ें हैं। यह जमीन जितनी वृक्षों की है, उतनी हमारी है। ये वृक्ष जैसे जमीन से पैदा हुए, हम भी पैदा हुए हैं। सागर में जो जल लहरें ले रहा है, वही जल हमारे भीतर भी लहरें ले रहा है। वृक्षों में जो हरियाली है, वही हमारा जीवन भी है।

कि जिसने कभी रूह को ताज़गी

कैफ़ो-मस्ती की दौलत अता की

फजां को दिलावेजी-ए-जाविदां दी

और इस सौंदर्य को देखते हो——इसने प्रकृति को कैसे अमरता दी है! वृक्ष आते हैं, चले जाते हैं——हरियाली बनी रहती है; हरियाली अमर है। फूल आते हैं, चले जाते हैं——फुलवारी बनी रहती है; फुलवारी अमर है। आज एक पौधा है, कल दूसरा होगा, परसों तीसरा होगा——लेकिन तीनों किसी एक ही जीवन के अंग हैं। एक ही सिलसिला हैं। एक ही सातत्य है।

फजां को दिलाबेजी-ए-जाविदां दी

निगाहों को हुस्ने-तलब के नए जाविए

और जिसने प्रकृति को देखा, उसी को देखने के नए कोण, नई दृष्टियां, नए दर्शन उपलब्ध होते हैं। '*निगाहों को हुस्ने-तलब के नए जाविए।*' उसी को सौंदर्य को परखने की नई आंख मिलती है, नई क़सौटियां मिलती हैं।

'दिल को तहजीबे-जजबात देकर।'...और उसी प्रकृति के माध्यम से भावना को सभ्यता मिलती है। जो लोग प्रकृति से अपरिचित हैं, उनकी भावना असभ्य होती है। जिसने कभी फूल खिलते नहीं देखा, वह आदमी अभी पूरा आदमी नहीं। और जिसने कभी पक्षियों के गीत शांति से बैठकर नहीं सुने, और जो आदमियों की आवाज ही सुनता रहा है, वह आदमी नहीं। और जिसने कभी रात के चांद-तारों से गुफ्तगू न की, वह आदमी आदमी नहीं, वह आदमी बहुत अधूरा है।

लंदन में कुछ वर्षों पहले एक गणना की गई—लंदन के बच्चों की। उनसे प्रश्न पूछे गए। जब मैंने गणना देखी, तो मेरा हृदय आंसुओं से भर आया। लंदन के दस लाख बच्चों ने यह कहा है कि उन्होंने गाय नहीं देखी, खेत नहीं देखे।

सीमेंट से पटी सड़कें ज़िंदगी की खबर नहीं देतीं, मौत की खबर देती हैं। सीमेंट के खड़े हुए आकाश छूते मकान, जहां से वृक्ष विदा हो गए हैं, वहां से परमात्मा भी विदा हो गया है।

मशीनें और आदमी की बनाई हुई चीजें कैसे तुम्हें परमात्मा की खबर दें! आदमी की बनाई चीजें आदमी की खबर देती हैं। कारें हैं, ट्रेनें हैं, हवाई जहाज हैं, बड़े कल-कारखाने हैं, धुआं फेंकती हुई उनकी बड़ी चिमनियां हैं, बड़े ऊंचे मकान हैं, चौड़े सपाट सीमेंट के रास्ते हैं—इसमें तुम परमात्मा को कहां खोजोगे! इससे तुम्हें अगर परमात्मा के संबंध में शक होने लगे, तो आश्चर्य क्या!

परमात्मा को खोजना हो, तो वहां खोजो, जहां चीजें बढ़ती हैं। बड़े-से-बड़ा मकान भी अपने-आप नहीं बढ़ता। उसमें जीवन नहीं है। और लंबे से लम्बा रास्ता भी अपने-आप नहीं बढ़ता। उसमें जीवन नहीं है। एक बीज में ज्यादा छिपा है; जितना लंदन में, न्यूयार्क या बंबई में छिपा है, उससे ज्यादा एक छोटे-से बीज में छिपा है, क्योंकि बीज बढ़ता है। बीज में जीवन छिपा है और जीवन में परमात्मा छिपा है।

'दिल को तहजीबे जजबात देकर।'...और जिस आदमी ने आदमी की बनाई चीजें देखीं, वह आदमी कठोर हो जाएगा। जिसने परमात्मा की कोमल बनाई चीजें देखीं, वह आदमी भावनाओं की दृष्टि से सभ्य हो जाएगा।

दिल को तहजीबे-जजबात देकर
रिवायत से प्यार करना सिखाया

और जिसने प्रकृति को देखा, वही शाश्वतता को प्रेम कर पाएगा, क्योंकि वह देखेगा——यहां शाश्वत है। गुलाबों के फूल बहुत हुए और गए, लेकिन गुलाब का फूल बना है। कुछ फर्क नहीं पड़ता—एक फूल जाता है, दूसरा उसकी जगह भर देता है। परमात्मा का सृजन अनंत है।

यहां कासनी ऊदे-ऊदे गुलाबी, शहाबी !
सभी फूल हैं

और इस प्रकृति को तुम देखोगे, तो तुम्हें समझ में आएगा—यहां कितने-कितने ढंग के फूल हैं! कितने रंग, कितने ढंग! कितने अद्वितीय! कहां गुलाब, कहां गेंदा, कहां कमल, कहां चंपा, कहां चमेली! सब कितने अलग! और सबमें एक का ही वास है। और सब में एक की ही सुवास है।

ऐसे ही लोग भी अलग-अलग हैं! ऐसे ही लोग भी भिन्न-भिन्न हैं। उनकी प्रार्थनाएं भी भिन्न-भिन्न होंगी। उनकी भावनाएं भी भिन्न-भिन्न होंगी।

प्रकृति को देखोगे, तो तुम्हें भिन्नता में एकता दिखाई पड़ेगी। और जिसको भिन्नता में एकता दिखाई पड़ गई, उसको मनुष्य का अंतस्तल दिखाई पड़ गया।

यहां कासनी ऊदे-ऊदे, गुलाबी, शहाबी
सभी फूल हैं!
सब्ज़ाज़ारों जाएं तो बेले की ख़ुशबू

और अगर जरा भीतर घुसें तो बेले की महक, बेले की खुशबू! *'फरावां-फरावां'*... और जैसे-जैसे पास आओ वैसे-वैसे बढ़ती जाती है। फरावां-फरावां!

कहीं मोतिये, कहीं चमेली की महकार राहत-बदामां...

कहीं मोतिये, कहीं चमेली की महकार, आनंददायी महकार!

गुलाबों के तख़्तों में हर दीदा-ओ-दिल की तस्कीं का सामां...

और हर फूल में, अगर तुम्हारे पास देखने की आंख हो, तो तुम्हारे दुःखों को छीन लेने की सामर्थ्य है: तुम्हारी बेचैनी को छीन लेने की सामर्थ्य है।

गुलाबों के तख़्तों में हर दीदा-ओ-दिल की तस्कीं का सामां...

—नजर और दिल को संतुष्ट कर दे, ऐसा रहस्य, ऐसा जादू चारों तरफ छाया हुआ है।

यहां ढाक है।
जिसके फूलों से मुग़लों ने अपनी तस्वीर के रंग उभारे।

—वहां ढाक नाम का वृक्ष है, जिसके रंग मुगल चित्रकला में दिखाई पड़ेंगे।

उसी ढाक के रंग की दिलकशी से
'बसावन' ने, 'दसवंत' ने मुग़ले-ए-आज़म के दरबार में दाद पाई।

ये दो चित्रकार थे अकबर के जमाने में—बसावन और दसवंत। उन्होंने ढाक के रंगों से ही चित्र रंगे हैं और बड़ी दाद पाई, बड़ी इज्जत पाई।

यहां एक बूढ़ा शजर भी है।—यहां एक बूढा वृक्ष भी है।

यहां एक बूढ़ा शजर भी है।
जो जीस्त के ख़ारज़ारों से तंग आ के गौतम बना

—जो जिंदगी के दुःखों, पीड़ाओं, कष्टों, जो जिंदगी के कांटों से बहुत परेशान होकर गौतम बन गया है।

यहां एक बूढ़ा शजर भी है।
जो जीस्त के ख़ारज़ारों से तंग आ के गौतम बना
ज्ञान में महब है।

—जो अपने ध्यान में बैठा है, जो शांत हो गया है। जिसने बाहर से आंख बंद कर ली है। जो अपने भीतर डूब गया है।

यहां एक बूढ़ा शजर भी है।
जो जीस्त के ख़ारजारों से तंग आ के गौतम बना
ज्ञान में महब है।
सुबक गाम वादे-मुअत्तर के झोंकों से फरहां व शादां
हुजूमे गुलो-रंग पर तब्सिरे कर रहे हैं।

—और मंदगति से सुगंधित हवा आ रही है, प्रसन्न हवा आ रही है। और हवा फूलों के रंगों पर विचार-विमर्श कर रही है। हर फूल के पास थोड़ी देर ठहरती है, देखती है, रस लेती है; आगे बढ़ जाती है, सोचती है।

प्रकृति के पास जाओ।

तुम पूछते हो—कहां से शुरू करें?

मैं कहता हूं—प्रकृति से शुरू करो। प्रकृति में डूबने लगो। एक घंटा तो कम-से-कम खोज ही लो, जो आदमियों से दूर, एक दूसरी भाषा में, एक दूसरे जगत में तुम्हें ले जाए।

आदमी जरूरत से ज्यादा आदमी से भर गया है। उससे छुटकारा चाहिए। थोड़ा दरवाजा खोलो। और प्रकृति श्रेष्ठतम है, जहां से राह बन सकती है। और जब प्रकृति को देखने की तुममें सामर्थ्य आ जाएगी, तो तुम अचानक पाओगे—परमात्मा दूर नहीं, यहीं छिपा है। यह सारा राग-रंग उसी का है। इस सबके पीछे उसी का हाथ है और इस सबके पीछे उसी के प्राण की धड़कन है। उसी का हृदय धड़क रहा है।

आदमी में ही रहे, आदमी में ही उलझे रहे, तो चूकते चले जाओगे। आदमी को भूलो—बिसारो।

मैं तुमसे यह नहीं कहता हूं कि तुम सदा के लिए जंगल भाग जाओ। मैं तुमसे यह भी नहीं कहता हूं कि तुम सदा के लिए वृक्षों और पौधों के हो जाओ। वह भी गलती होगी। क्योंकि ऐसे तो जिस दिन तुम्हें समझ आएगी, तुम पाओगे—आदमी भी उसी की अभिव्यक्ति है। उसकी सबसे बड़ी अभिव्यक्ति आदमी है। फलों में कुछ भी नहीं फूला है—आदमी में चैतन्य फूला है।

मगर शुरूआत करो—अ ब स से। आदमी को शायद तुम अभी समझ भी न पाओ। शुरूआत करो—तुतलाने से। फिर यह आदमी नाम के महाकाव्य को भी समझ पाओगे।

जिस दिन फूल में तुम्हें परमात्मा की छवि दिख जाएगी, उस दिन क्या तुम्हें लोगों की आंखों में परमात्मा नहीं दिखाई पड़ेगा? कौन फूल लोगों की आंखों से मुकाबला कर सकता है? जिस दिन तुम्हें फूलों में परमात्मा दिखाई पड़ेगा, उस दिन मुस्कुराहट में किसी के ओठों पर तुम्हें परमात्मा नहीं दिखाई पड़ेगा? कौन फूल आदमी की मुस्कुराहट का मुकाबला कर सकता है? हां, फूल चटखते हैं और उनकी आवाजें होती हैं; लेकिन जब कोई आदमी हंसता है और जब फुलझड़ी झरती है हंसी की, तो कौन फूल उसका मुकाबला कर सकता है!

माना कि वृक्ष हरे हैं, और माना कि वृक्ष बड़े शांत हैं; मगर कौन आदमी की मस्ती और

आदमी के जीवन और आदमी की उमंग और आदमी के उत्साह का मुकाबला कर सकता है!

यह सच है कि कभी तुम्हें बूढ़ा वृक्ष मिल जाए, जो अपने भीतर शांत बैठा है, मौन बैठा है, ध्यान में डूबा है। लेकिन गौतम बुद्ध का मुकाबला तो कोई भी वृक्ष न कर पाएगा—वह वृक्ष भी नहीं, जिसके नीचे बैठ कर गौतम बुद्ध बने।

मनुष्य की चेतना तो आत्यंतिक, आखिरी फूल है—जगत का, अस्तित्व का। इसलिए मैं यह नहीं कहता कि आदमी से सदा के लिए भाग जाओ। मैं यह कहता हूं—आदमी को जानना हो तो थोड़ी देर के लिए आदमी से मुक्त हो जाओ; थोड़ी दूरी बनाओ; थोड़े वृक्षों से दोस्ती करो; पशु-पौधों-पक्षियों से दोस्ती करो। और तब तुम एक दिन जब आदमी पर लौटकर आओगे; और ये पक्षियों, पौधों, वृक्षों से जो तुम पाठ लेकर आओगे और तुम्हारा हृदय, तुम्हारी भावनाएं सभ्य हो गई होंगी; तुम किसी काव्य से, अभिनव काव्य से भरे जब आदमी को फिर से देखोगे, तब तुम पहचानोगे कि आदमी परमात्मा की प्रतिलिपि है।

प्रकृति से शुरू करो।

आज इतना ही।

क्या मेरा क्या तेरा

पांच

सूत्र

रे यामैं क्या मेरा क्या तेरा।
लाज न मरहिं कहत घर मेरा।।
चारि पहर निसि भोरा, जैसे तरवर पंखि बसेरा।
जैसे बनिए हाट पसारा, सब जग का सो सिरजनहारा।।
ये ले जारे वे ले गाड़े, इन दुखि इनि दोऊ घर छाड़े।
कहत [illegible] सुनहु रे लोई, हम तुम्ह विनसि रहेगा सोई।।
बूंद कर

मन तू पार उत्तर कहं जैहौं।
आगे पंथी पंथ न कोई, कूच-मुकाम न पैहों।।
नहिं तहं नीर नाव नहिं खेवट, ना गुन खैंचनहारा।
धरती-गगन-कल्प कछु नाहीं, ना कछु वार न पारा।।
नहिं तन नहिं मन, नहीं अपनपौं, सुन्न में सुद्ध न पैहौं।
बलीवान होय पैठो घट में, वाहीं ठौरें होइहौ।।
बार हि बार विचार देख मन, अंत कहूं मत जैहो।
कहै कबीर सब छाड़ि कल्पना, ज्यों के त्यों ठहरैहौ।।

ज्युं मन मेरा तुज्झ सौं, यौं जे तेरा होइ।
ताता लोहा यौं मिलै, संधि न लखई कोइ।।
कबीर जाको खोजते, पायो सोई ठौर।
सोई फिरि कै तूं भया, जाको कहता और।।
मारे बहुत पुकारिया, पीर पुकारे और।
लागी चोट मरम्म की, रह्यो कबीरा ठौर।।

दोस्तो! तुम इसे महसूस करो या न करो
रोशनी ज़हर की लपटों में सिमट आई
चुपके-ही-चुपके पिए जाती है शबनम का लहू
आओ वो देखो शबे-माह का क़ातिल सूरज
अपनी किरणों का कमंद फैंक रहा है हर सू
कौन है कौन नहीं ज़द में ये सोचा न करो
ख़्वाब की लहर सिमट आई है आंसू बनकर
हासिले-शब है यही, इसको बचाकर रख लो
अपनी गुम-गश्ता सहर की ये मता-ए-आख़िर
हो सके तो इसे दामन में छुपाकर रख लो
हसरते दीदा-ए-नमनाक को रुसवा न करो।

आदमी की जिंदगी का हासिल क्या है? अंतिम पूंजी क्या है?

ख़्वाब की लहर सिमट आई है आंसू बनकर
हासिले-सब है यही, इसको बचाकर रख लो

इस जिंदगी की पूरी अंधेरी रात का एक ही परिणाम है—दुःख। बस एक ही संपत्ति है—आंसू। यहां कुछ आदमी पाता नहीं, कुछ गंवाता जरूर है। हम जितने खाली हाथ आते हैं संसार में, उससे कहीं ज्यादा खाली हाथ जाते हैं। हम कुछ गंवाकर जाते हैं। आते तो खाली हैं ही, लेकिन कम-से-कम मुट्ठी बंद होती है। बच्चा पैदा होता है, तो मुट्ठी बंद होती है। हालांकि खाली—पर कम-से-कम बंद होती है। और जब जाता है, तब भी खाली होती है। लेकिन तब खुली होती है। सब लुट गया।

जिंदगी लूटती है—देती कुछ भी नहीं। और जिंदगी लूट लेती है इस तरकीब से कि पता भी

नहीं चलता। और तुम तो इसी खयाल में रहते हो कि कमा रहे हो; तुम इसी भ्रम में रहते हो कि कमा लिया है। और कमाये जा रहे हो। यह अपना हो गया; वह अपना हो गया; इतनी जमीन इतनी जायदाद, इतना नाम, इतनी प्रतिष्ठा! इसी कमाने के धोखे में तुम सब गंवा देते हो।

धनी से ज्यादा गरीब आदमी खोजना कठिन है। और जो बड़े पदों पर बैठे हैं, उनसे ज्यादा रिक्त आत्माएं खोजनी कठिन हैं। भिखमंगे हैं; भ्रांति भर है कि भिखमंगे नहीं हैं। सौभाग्यशाली है वह, जिसे यह समझ में आ जाए कि जिंदगी लूटती है; जिंदगी लुटेरी है।

दोस्तो! तुम इसे महसूस करो या न करो
रोशनी ज़हर की लपटों में सिमट आई है।

जिस दिन से तुम पैदा हुए हो, उस दिन से मरने के सिवाय कुछ और तुमने किया नहीं है। उस दिन से मर रहे हो। जहर करीब आता जा रहा है, मौत करीब आती जा रही है। और जिसको तुम रोशनी कहते हो, वह सदा जहर में घिरी हुई है।

जिसको तुम जिंदगी कहते हो, वह चारों तरफ मौत से लिपटी हुई है। मौत का कफन तुम्हें लपेटे हुए है। एक [illegible] बीतता है, एक दिन और मर गए। जिंदगी और कम हुई; तुम और अशक्त हुए। ऐसे बूंद-[illegible] के यह गागर चुक जाएगी।

और मजा यह है कि तुम इसी खयाल में हो कि तुम गागर भर रहे हो। तुम इसी खयाल में हो कि गागर भर रही रोज। थोड़ी दूर और है सपना; और पूरा होने के करीब है। जरा और मेहनत—और तुम पहुंच जाओगे मंजिल पर।

दोस्तो! तुम इसे महसूस करो या न करो
रोशनी ज़हर की लपटों में सिमट आई है।
चुपके-ही-चुपके पिए जाती है शबनम का लहू

तुम्हारा खून मौत पिए जा रही है। ऐसा नहीं है कि सत्तर साल बाद एक दिन अचानक मौत आ जाती है। मौत प्रतिपल आ रही है; तुम रोज ही मर रहे हो। सत्तर साल में मौत का काम पूरा होता है; मौत सत्तर साल के बाद अचानक नहीं आती। धीरे-धीरे आती है, आहिस्ता-आहिस्ता आती है। तुम्हें पता भी नहीं चलता और आती चली जाती है। पगध्वनि भी सुनाई नहीं पड़ती, इतने चुपचाप आती है। फुसफुसाहट भी नहीं होती; शोरगुल भी नहीं होता; द्वार-दरवाजे पर दस्तक भी नहीं होती।

चुपके-ही-चुपके पिए जाती है शबनम का लहू
आओ वो देखो शबे-माह का क़ातिल सूरज
अपनी किरणों का कमंद फेंक रहा है हर सू

हर तरफ जाल है! 'कौन है, कौन नहीं जद में ये सोचा न करो' इस विचार में मत पड़ा करो कि कौन आज मर गया, कौन कल मर गया; कौन आज फंस गया जाल में, कौन कल फंस गया—यह मत सोचा करो। 'कौन है, कौन नहीं जद में ये सोचा न करो'।

जब भी कोई मरता है। तब याद किया करो कि तुम मर गए; जिंदगी और कम हो गई। जब

भी कोई मरता है, तुम्हीं मरते हो। हर मौत तुम्हारी मौत की खबर है।

'दोस्तो! तुम इसे महसूस करो या न करो।' यह तुम्हारी मरजी। महसूस कर लो, तो जीवन में धर्म की शुरूआत होती है। महसूस न करो, तो जिंदगी व्यर्थ की बातों में उलझे-उलझे ही समाप्त हो जाती है। आखिर में पाओगे—आंसुओं के अतिरिक्त और कोई संपदा नहीं है।

ख्वाब की लहर सिमट आई है आंसू बनकर
हासिले-शब है यही . . . ।'

जिंदगी की पूरी रात का यही हासिल है। *'हासिले-शब है यही, इसको बचाकर रख लो।'*

'अपनी गुमगश्ता सहर की ये मता-ए-आखिर।' . . . वह जो जिंदगी की सुबह खो गई, वह जो जिंदगी का सारा समय, अवसर खो गया . . . । *'अपनी गुमगश्ता सहर की ये मता-ए-आखिर'*—उसी खोई हुई सुबह की बस यह आखिरी पूंजी है—यह आंसू।

मरते वक्त आदमी की आंख से जो आंसू गिर जाते हैं दो, यह जिंदगी का हासिल है। जो इसे देख लेता है, समय रहते जाग जाता है। मौत के पहले जाग जाओ, तो ही जिंदा थे। मौत के पहले न जागे, तो नाममात्र की जिंदगी थी—ऐसे तुम मुर्दा थे।

श्वांस चलने का नाम जिंदगी नहीं है; और न हृदय के धड़कने का नाम ज़िंदगी है। जिंदगी जागरण है, क्योंकि जागरण में ही बुद्धत्व की संपदा है। बुद्ध हुए बिना चले गए, तो सब गंवाकर चले गए।

बुद्ध होकर जाओ। कस्द करो, कसम खाओ कि बुद्ध होकर जाएंगे, जागकर जाएंगे। ऐसे सोये-सोये जीए और सोये-सोये मर न जाएंगे। एक दीया जलाएंगे रोशनी का भीतर। प्राणों की आहुति देंगे। प्राणों को जलाएंगे, मगर रोशनी करेंगे। और एक बार भीतर रोशनी हो जाए, तो फिर रोशनी कभी बुझती नहीं। फिर कोई अंधड़-तूफान उसे छीन नहीं सकता। उसको ही ज्ञानियों ने संपत्ति कहा है, जो छीनी न जा सके। जो छिन जाए, उसे संपत्ति नासमझ कहते हैं।

समझदार उसे संपत्ति कहते हैं, जो तुम्हारा स्वभाव है। तुम्हारे पास ऐसा कुछ है, जो तुमसे न छीना जा सके। सोचना, खोजना, विचार करना। तुम्हारे पास कुछ है, जो तुमसे छीना न जा सके?

तुम्हारा धन छीना जा सकता है। तुम्हारा पद छीना जा सकता है। तुम्हारी पत्नी छीनी जा सकती है। तुम्हारा पति छीना जा सकता है। कोई न भी छीनेगा, तो मौत छीन लेगी। तुम्हारी देह भी छिन जाएगी, और तुम्हारा मन भी छिन जाएगा।

तुम्हारे पास कुछ है, जो लूटा न जा सके? जिसे लूटने का उपाय ही न हो?

महावीर के पास उस समय का सम्राट् प्रसेनजित गया; और उसने महावीर से कहा कि 'आपकी बातें सुनीं और मुझे साफ दिखाई पड़ने लगा कि मैं बिलकुल दरिद्र हूं। सब है मेरे पास और कुछ भी नहीं मेरे पास! तुमने मुझे चौंका दिया, तुमने मेरी नींद तोड़ दी। मैं एक ख्वाब देखता था, एक सपना देखता था—सम्राट् होने का। मगर मेरे पास कुछ भी नहीं है। लेकिन तुमने मुझे पीड़ा से भी भर दिया है। बड़ा संताप मेरे हृदय में पैदा हो गया है। मैं निर्धन हूं। तुम जिस धन की बात कर रहे हो, वह मैं कहां पाऊं? कैसे पाऊं?'

महावीर ने कहा, 'मैं तो ध्यान को ही धन कहता हूं। कोई और धन नहीं है। कहीं और पाने जाना नहीं है।' लेकिन प्रसेनजित तो प्रसेनजित! जिंदगी में बाहर-ही-बाहर दौड़ की थी, बड़ी यात्राएं की थीं, बड़ा राज्य बनाया था। दूर-दूर तक जीता था, पताका फहराई थी। उसने कहा, 'तुम फिक्र न करो, कोई भी हो, कैसा भी धन हो, तुम मुझे बता दो कहां है, मैं जीत लाऊंगा।'

महावीर हंसे। उन्होंने कहा, 'यह जीतने की बात नहीं है। और यह बाहर नहीं है। फौज-फांटा काम नहीं पड़ेगा।' प्रसेनजित ने कहा, 'आप इसकी फिक्र ही न करें। दुनिया में मैंने ऐसी कोई चीज नहीं देखी, जिसको मैंने चाहा हो और न पा लिया हो। मैं सब तरह की कीमत चुकाने को तैयार हूं। जो भी मूल्य हो, दे दूंगा। सारा राज्य भी देना पड़े, तो दे दूंगा, मगर ध्यान लेकर रहूंगा।'

महावीर ने कहा, 'कुछ भी देने से ध्यान नहीं मिलता। यह लेने-देने की बात ही नहीं है।' लेकिन उसकी कुछ समझ में न आए। उसने सब चीजें खरीदी थीं दुनिया में; सब तरह की जीत की थी। सोचता था—ध्यान भी जीत लेंगे, ध्यान भी खरीद लेंगे। और ऐसा प्रसेनजित ही सोचता हो, ऐसा नहीं है, तुम भी इसी तरह सोचते हो। सभी इसी तरह सोचते हैं।

उसको महावीर की बात समझ न पड़ी, तो महावीर ने कहा, 'ऐसा करो, तुम्हारे गांव में ही एक गरीब आदमी है, उसको ध्यान मिल गया है। वह मेरा शिष्य है। गरीब है, उसके पास कुछ नहीं है। तुम उससे खरीद लो। वह शायद बेचने को राजी हो जाए!' यह महावीर ने मजाक किया।

प्रसेनजित अपना रथ लेकर उस गरीब के दरवाजे पर रुका। गरीब उसके चरणों में गिर पड़ा। उसने कहा, 'आपके आने की जरूरत क्या थी? आप मुझे बुला भेजते? आज्ञा दे देते!' प्रसेनजित ने कहा, 'आना पड़ा। मैं ध्यान लेने आया हूं। महावीर ने कहा—तुझे ध्यान मिल गया है। तू धन्यभागी है। ध्यान मुझे दे दे और धन तुझे जितना चाहिए, वह तू ले ले।'

वह आदमी हंसने लगा। उसने कहा, 'मालूम होता है, महावीर ने मजाक की है। मैं अपने प्राण दे सकता हूं, लेकिन ध्यान कैसे दे सकता हूं? और ऐसा नहीं है कि मैं देना नहीं चाहता। मगर ध्यान दिया ही नहीं जा सकता। ध्यान तो आंतरिक संपदा है; आविष्कार करना होता है। बाहर जाने से नहीं मिलता, भीतर जाने से मिलता है। ध्यान तो प्रत्येक लेकर ही पैदा हुआ है।'

दो धन हैं इस दुनिया में; एक धन है—ध्यान, जिसे तुम लेकर पैदा हुए हो, जो तुम्हारी गुदड़ी में ही छिपा है, जो हीरा तुम्हारे भीतर ही पड़ा है। और एक है—धन, उसके बहुत रूप हैं। उसे तुम लेकर पैदा नहीं हुए हो। जिसे तुम लेकर पैदा नहीं हुए हो, उसको तुम जिंदगी भर दौड़ते हो—पाने को, और मौत उसे छीन लेगी। क्योंकि जिसे तुम जिंदगी के साथ नहीं लाए, उसे तुम मौत के पार न ले जा सकोगे। जिसे तुम जन्म के पहले से ही लाए हो, वही तुम मौत के पार भी ले जा सकोगे।

इसलिए झेन फकीर अपने शिष्यों को कहते हैं—आंख बंद करो, और उस जगह पहुंचो जहा तुम जन्म के पहले थे। मगर तुमने वह जगह अपने भीतर पा ली, तो फिर तुमसे कुछ छीना न जा सकेगा।

मौत वही छीन सकती है, जो जन्म ने दिया। उसके पार जो है, वह मौत के बाहर है। और जो मौत के बाहर है, वही अमृत है। और जो मौत के बाहर है, वही परमात्मा है।

एक धन है, जो बाहर खोजने से मिलता है। एक तो बड़ी मुश्किल से मिलता है; खोजे-खोजे मिलता है; हजार खोजने निकलते हैं, तो नौ सौ निन्यानबे को नहीं मिलता; एकाध को मिलता है। और बड़ी आश्चर्य की बात यह है कि जिनको नहीं मिलता, उनको तो नहीं मिलता। जिनको मिलता है, उनसे भी मौत वापस ले लेती है।

जो इसके प्रति जाग जाए, समझ जाए, यह होश जिसे आ जाए—उसके जीवन में एक क्रांति पैदा होती है। उसके जीवन में एक नई यात्रा शुरू होती है। उस नई यात्रा का नाम ही धर्म है। उसी को हम खोजते भटकते फिर रहे हैं।

है नसीमे-सुब्ह आवारा उसी के नाम पर
बू-ए-गुल ठहरी हुई है जिस कली के नाम पर
कुछ न निकला दिल में दाग़े-हसरते-दिल के सिवा
हाय क्या-क्या तोहमतें थीं आदमी के नाम पर
फिर रहा हूं कू-ब-कूं ज़ंजीरे-रुसवाई लिए
है तमाशा-सा तमाशा ज़िंदगी के नाम पर
अब ये आलम है कि हर पत्थर से टकराता हूं सर
मार डाला एक बुत ने बंदगी के नाम पर
कुछ इलाज उनका भी सोचा तुमने ऐ चारागरो
वो जो दिल तोड़े गए हैं दिलबरी के नाम पर
कोई पूछे मेरे ग़मख़्वारों से तुमने क्या किया
ख़ैर उसने दुश्मनी की दोस्ती के नाम पर
कोई पाबंदी न हंसने पर से न रोना जुर्म है
इतनी आज़ादी तो है दीवानगी के नाम पर
आप ही के नाम से पाई है दिल ने ज़िंदगी
ख़त्म होगा अब ये क़िस्सा आप ही के नाम पर
कारवाने-सुब्ह यारो कौन-सी मंज़िल में है
मैं भटकता फिर रहा हूं रौशनी के नाम पर।

हम टटोल रहे हैं...। *'कारवाने-सुब्ह यारो कौन-सी मंज़िल में है।'* कहां मिलेगी रोशनी? कहां मिलेगा वह प्रभात का कारवां? कहां होंगे दर्शन सूरज के? कहां मिलेगा ऐसा आलोक, जो हमें रूपांतरित कर जाएगा? जो हमें ऐसा जीवन दे जाएगा, जिसका कोई अंत नहीं? जो हमें समय के बाहर ले जाएगा? जो हमें जन्म-मृत्यु की उधेड़-बुन से बचा लेगा?

'कारवाने-सुब्ह यारो कौन-सी मंजिल में है'। कहां है वह ठिकाना, वह मंजिल कहां है? *'मैं भटकता फिर रहा हूं रौशनी के नाम पर'*। हम अंधे हैं और अंधेरे में हैं।

यह असली जन्म नहीं है, जो तुम्हारा मां के गर्भ से हुआ है। एक गर्भ से निकले हो और एक

अंधेरे से निकले हो और दूसरे अंधेरे में गिर गए हो। यह तो खाई से बचे, तो कुंए में गिर गए!

मां के पेट में बच्चा गहरे अंधेरे में जीता है। न कुछ सूझता, न कुछ दिखाई पड़ता। फिर पैदा होता है। दिखाई भी पड़ने लगता है, सूझने भी लगता है, लेकिन बाहर। भीतर अब भी अंधेरा रहता है। भीतर घना अंधेरा रहता है। एक तारा भी नहीं टिमटिमाता। एक मद्धिम-सी रोशनी भी नहीं जलती।

यह जन्म कोई असली जन्म नहीं है। इसलिए इस देश में हमने असली जन्म को कहा है—दूसरा जन्म।

जैसे मां के पेट से बाहर निकलकर रोशनी हो गई, ऐसे ही बाहर से निकलकर भीतर चले जाओ—दूसरा जन्म हो जाए—तो भीतर भी रोशनी हो जाए।

यह दूसरा जन्म ही जिसको मिल जाए, उसको हमने ब्राह्मण कहा है। इसलिए ब्राह्मण को द्विज कहते हैं। द्विज का अर्थ है—दुबारा जन्म। एक जन्म तो मां से मिल गया और एक जन्म स्वयं को दिया।

इसलिए सद्गुरु को हम मां और पिता से ज्यादा आदर देते है। कहते हैं—मां और पिता का ऋण तो चुकाया जा सकता है। लेकिन सद्गुरु का ऋण नहीं चुकाया जा सकता। क्योंकि मां और पिता ने तो जन्म दिया; बाहर आंखें खोलीं। सद्गुरु एक और जन्म देता है; भीतर आंखें खुल जाती हैं। और भीतर सब है। रोशनियों की रोशनी, सूरजों का सूरज—भीतर सब है।

कबीर के ये पद समझना; बड़े बहुमूल्य हैं।

'रे यामैं क्या मेरा क्या तेरा'... कबीर कहते है—इस संसार में मेरा क्या है, तेरा क्या है! हम व्यर्थ की आपाधापी में, व्यर्थ के संघर्ष में पड़े हैं।

लोग लड़ रहे हैं—यह मेरा, वह तेरा! सीमाएं खींच रहे हैं। परिभाषाएं बना रहे हैं। अदालतें चला रहे हैं। युद्ध कर रहे हैं। व्यक्ति लड़ते हैं, समूह लड़ते हैं, राष्ट्र लड़ते हैं। और सारी लड़ाई इस बात की है कि क्या मेरा!

'मेरा' ज्यादा हो जाए,'तेरा' कम हो जाए—यह हमारे जीवन की कथा है; और यहां कुछ मेरा नहीं और कुछ तेरा नहीं। न हम कुछ लेकर आए हैं, न कोई और कुछ लेकर आया है। खाली हाथ आए और खाली हाथ जाएंगे।

रे यामैं क्या मेरा क्या तेरा?
लाज न मरहि कहत घर मेरा।

कबीर कहते हैं—तुझे शरम भी नहीं आती है! यहां सब परमात्मा का है। इसमें मेरा-तेरा करने में तुझे शर्म नहीं आती? तुझे संकोच भी नहीं होता? रात भर किसी के घर में मेहमान हो गए, तो सुबह उठकर घोषणा करने लगते हैं कि यह घर मेरा! रात भर किसी घर में मेहमान हो गए धन्यवाद दो और विदा हो जाओ।

'रे यामैं क्या मेरा क्या तेरा?' थोड़ी देर के लिए हम यहां अतिथि हैं। मगर हम बड़े झगड़े खड़े कर देते हैं। हमारी ज़िंदगी झगड़ों में बीत जाती है।

थोड़ी देर को हम यहां हैं, बसेरा है थोड़ी देर का, फिर विदा हो जाएंगे। कब विदा हो जाएंगे, यह भी पक्का नहीं है। सुबह भी होगी कि नहीं! आधी रात भी विदा हो सकते हैं। अभी हम बैठे हैं और क्षणभर बाद न हों। जहां क्षणभर का भरोसा नहीं है, वहां हम कितने जोर से लड़े जाते हैं! कैसा संघर्ष किए जाते हैं! खून बहाते हैं। मरने-मारने को तत्पर होते हैं। कबीर कहते हैं—तुम्हें लाज भी नहीं आती? थोड़ा संकोच तो करो? *लाज न मरहिं कहत घर मेरा।*

यहां मेरा कुछ भी नहीं है। जिस दिन यह बात दिखाई पड जाती है कि यहां मेरा कुछ भी नहीं है—उस दिन एक बड़ी अपूर्व घटना घटती है। जैसे ही मेरा कुछ भी नहीं है—यह दिखाई पड़ जाता है, वैसे हीं 'मैं' का भाव मर जाता है।

लोग पूछते हैं मुझसे—अहंकार कैसे छूटे? अहंकार छूट नहीं सकता, तब तक 'मेरा' न छूट जाए। क्योंकि मेरा ही मैं को जन्म देता है। इसलिए तो जितना तुम्हारे पास 'मेरा' कहने को बढ़ता जाता है, उतना मैं बड़ा होता जाता है।

एक छोटा-सा मकान है, तो तुम्हारा 'मैं' भी छोटा-सा होता है। फिर तुमने एक महल बना लिया, तो तुम्हारा 'मैं' भी बड़ा हो गया। तुम्हारे पास एक छोटी-सी कार है, तो तुम्हारा 'मैं' भी छोटा है। फिर एक बड़ी कार ले आए, तो 'मैं' बड़ा हो गया। तुम्हारे पास छोटी-सी तिजोड़ी थी, बड़ी हो गई, तो 'मैं' बड़ा हो गया। तुम दस-पच्चीस आदमियों पर मालकियत करते थे, फिर प्रधानमंत्री हो गए और करोड़ों लोगों की मालकियत करने लगे, तो उतना 'मैं' बड़ा हो गया।

'मैं' तुम्हारा बढ़ता जाता है 'मेरे' के फैलाव से। जिसके पस 'मेरा' कहने को कुछ भी नहीं है, उसके पास 'मैं' कैसे हो सकता है? इसलिए गरीब की असली पीड़ा गरीबी नहीं है। गरीब की असली पीड़ा है कि वह अपने 'मैं' की घोषणा नहीं कर पाता।

पदहीन की असली पीड़ा पदहीनता नहीं है। पदहीन की असली पीड़ा यह है कि दूसरे उसको रौंदते चले जा रहे हैं। वह प्रतिरोध भी नहीं कर सकता। वह जोर से आवाज भी नहीं उठा सकता। जिसके पास मेरा कहने को कुछ नहीं है, वह किसी से यह नहीं कह सकताः जानते हो मैं कौन हूं? यह कहने का उपाय नहीं है। पहले मेरा होना चाहिए।

'मेरे' के साम्राज्य के भीतर ही 'मैं' खड़ा होता है। ऐसा समझो कि 'मैं' को 'मेरे' से सहारा मिलता है। चारों तरफ से सहारा मिल जाता है, तो 'मैं' खड़ा हो जाता है। इतना धन, इतना पद, इतनी प्रतिष्ठा, इतना पुण्य, इतने व्रत-उपवास, इतना त्याग—कुछ भी जो गणना में आ सके, और जिस पर तुम अपने 'मेरे' की छाप लगा सको कि मेरा, तो 'मैं' बड़ा हो जाता है। अहंकार का भोजन है—मेरा।

कबीर कहते हैं—*'रे यामैं क्या मेरा क्या तेरा'*। अगर यह समझ में आ जाए कि यहां मेरा कुछ भी नहीं है, तो 'मैं' गिर जाएगा। निरहंकार भाव अपने से पैदा हो जाएगा।

लोग उलटा काम करते हैं। 'मेरे' को तो गिराते नहीं, निरहंकार भाव को साधने की कोशिश करते हैं। विनम्र बनने की कोशिश करते हैं। सिर झुकाकर चलते हैं, पैर छूते हैं; कहते हैं—हम तो आपके पैर की धूल। लेकिन उनकी आंख में देखो। उनकी विनम्रता भी उनके अहंकार का आभूषण बन जाती है।

विनम्र आदमी भी बड़ा अहंकार से भरा होता है कि मुझसे ज्यादा विनम्र और कोई भी नहीं है। सिर उठाकर चलता है।

जब कोई तुमसे कहे कि मैं आपके पैरों की धूल, तो भूलकर यह मत कहना कि आप बिलकुल ठीक कह रहे हैं, ऐसा तो मैं भी मानता था। तो वह नाराज हो जाएगा; तो शायद गरदन पर चढ़ बैठेगा। वह यह नहीं कह रहा है कि पैरों की धूल है। वह यह कह रहा है कि तुम स्वीकार करो कि मैं कितना विनम्र! मेरी विनम्रता कितनी बड़ी!

उसकी बात मान मत लेना। यह मत कह देना कि बिलकुल ठीक कह रहे हैं आप; बिलकुल सच कह रहे हैं। यही तो हम भी मानते हैं; सभी यही मानते हैं कि आप बिलकुल पैरों की धूल! वह आदमी कभी क्षमा नहीं करेगा। उसने यह कहा भी नहीं था कि मैं पैरों की धूल हूं। वह तो केवल शिष्टाचार था। वह तो अपने अहंकार को प्रकट करने का एक उपाय था। और बड़ा चालबाजी का उपाय खोजा था उसने। उसने बड़ा सूक्ष्म उपाय खोजा था कि मैं ना-कुछ हूं। लेकिन ना-कुछ हूं—इसकी घोषणा वह करता रहेगा।

विनम्र होने की चेष्टा मत करना अन्यथा अहंकार विनम्रता में छिप जाएगा। अहंकार को गिराने का एक ही उपाय है, कि जान लेना—यहां न मेरा है कुछ, न तेरा है।

लेकिन लोग यह भी करते हैं—कि कहते हैं—जब यहां मेरा-तेरा कुछ भी नहीं, तो घर छोड़ दिया, धन छोड़ दिया, दुकान छोड़ दिया, संन्यासी हो गए, सब त्यागकर जंगल चले गए। मगर तब उनको दूसरे तरह का मेरा पकड़ लेता है। वे कहते हैं—मैं लाखों रुपये छोड़ आया। त्याग पर 'मेरा' भाव बैठ जाता है!

मेरे एक परिचित है। कई वर्षों पहले उन्होंने घर छोड़ दिया था। मगर वे अभी भी कहते नहीं थकते...। जब भी बात करते हैं, तो उसको ले आते हैं बीच-बीच में—कि मैंने लाखों रुपये पर लात मार दी।

मैंने उनसे पूछा कि 'यह लात मारे भी तीस साल हो गए, मगर यह लात अभी तक लगी नहीं! तुम इसे याद क्यों करते हो? इसे बार-बार क्यों कहते हो? इसका हिसाब-किताब क्यों रखा है? लाखों पर लात मार दी, बात खतम हो गई। कोई बड़ा काम तो किया नहीं!'

नहीं, लेकिन उन्होंने बड़ा काम किया है। उन लाखों के कारण जितने नहीं अकड़ कर चलते थे, उतने अकड़कर अब चल रहे हैं, क्योंकि लाखों पर लात मार दी है! लाखों तो बहुतों के पास है, लेकिन लाखों पर लात मारने वाले बहुत कम हैं।

इससे अहंकार और मजबूत हुआ।

और मैंने उनसे कहा, 'जहां तक मुझे पता है, लाख इत्यादि थे भी नहीं। क्योंकि मैंने इस पर बड़ी तुम्हारी शोधबीन की है, तो मुझे पता चला कि कोई तीन सौ साठ रुपये—पोस्ट ऑफिस में जमा थे!'

पहले वे सैकड़ों कहते थे; फिर हिम्मत बढ़ गई, तो हजारों कहने लगे। फिर हिम्मत बढ़ गई, तो लाखों कहने लगे। अब तीस साल पुरानी बात हो गई, अब किसी को मतलब भी नहीं। और

त्यागियों के संबंध में शोधबीन कौन करे!

धीरे-धीरे हिम्मत बढ़ती चली गई, वे लाखों कहने लगे। मैंने कहा—'तुम जल्दी ही मरने के पहले करोड़ों कहने लगोगे!'

यह अहंकार बड़ा हो रहा है। त्याग से भी अहंकार निर्मित हो जाता है। तो खयाल रखना—अगर धन तुम्हारा नहीं है, तो छोड़ने की बात ही कहां उठती है—जो तुम्हारा था ही नहीं, उसे छोड़ने की बात ही कहां उठती है। जो तुम्हारा था ही नहीं, उसे छोड़ोगे कैसे? छोड़ने में भी मेरा है—यह भाव बना है। छोड़ने का मतलब ही यह है। तुम कहते हो—'मैंने छोड़ दिया।' जो तुम्हारा नहीं था, उसको छोड़ते हो? क्या तुम ऐसा कहते हो कि मैंने सूरज का त्याग कर दिया? कि मैंने आज आकाश को मुक्ति दे दी! कि अब चांद-तारों को मैं बंधन में नहीं रखता। तो किसी से तुम कहोगे, तो वह समझेगा कि तुम पागल हो गए हो!

चांद-तारे तुम्हारे बंधन में कब थे? आकाश को तुमने मुक्ति दे दी? तो तुम क्या कह रहे हो! सूरज को तुमने स्वतंत्रता दे दी! तुम्हारा दिमाग ठीक है? वे तो मुक्त थे ही!

जब तुम कहते हो—मैंने छोड़ दिया धन, तो तुम इसी बात की घोषणा कर रहे हो, फिर परोक्ष कि धन मेरा था, मैंने छोड़ दिया। जो मेरा नहीं था, उसे छोड़ोगे कैसे?

असली ज्ञान वस्तु का त्याग नहीं है। असली ज्ञान ममत्व से जाग जाना है। बस।

मेरा यहां कुछ है ही नहीं; त्यागी बनूं कैसे? जो है, उसका है। जो है—अस्तित्व का है। मेरा यहां कुछ भी नहीं है।

सुबह तुम जब धर्मशाला से उठकर अपनी यात्रा पर निकलते हो, तो तुम यह नहीं कहते कि मैंने धर्मशाला का त्याग कर दिया। तुम त्यागी नहीं बनते। लेकिन जब तुम अपना घर छोड़कर जंगल चले जाते हो, तुम कहते हो, मैंने त्याग कर दिया! जब तुम कहते होः मैंने अपनी पत्नी छोड़ दी...।

एक जैन मुनि थे—गणेशवर्णी। जैनों में उनकी बड़ी प्रतिष्ठा थी। उनकी जीवन-कथा मैं पढ़ता था, तो एक बड़े अनूठे प्रसंग पर आया। जीवन-कथा तो भक्तों ने लिखी है, तो भाव से लिखी है। और जो उल्लेख किया है, वह भी इसी खयाल से किया है कि लोग प्रभावित होंगे।

गणेशवर्णी हिंदू थे जन्म से, फिर धर्म रूपांतरित किया और जैन हो गए। इसलिए जैनों में उनकी प्रतिष्ठा खूब थी। हिंदुओं से अनादर था, जैनों में प्रतिष्ठा थी।

जब कोई हिंदू मुसलमान हो जाता है, तो मुसलमानों में आदर होता है, हिंदुओं में अनादर हो जाता है। कोई मुसलमान हिंदू हो जाए, तो हिंदू बड़ा शोरगुल मचाकर स्वागत करते हैं। क्योंकि उससे सिद्ध होता है—हमारा धर्म ठीक; दूसरे का गलत। नहीं तो यह आदमी छोड़कर क्यों आता? इसलिए तो एक धर्म से दूसरे धर्म में लोगों को खींचने की इतनी कोशिश चलती है।

गणेशवर्णी की बड़ी प्रतिष्ठा थी। कोई पच्चीस साल बाद घर छोड़ने के, उनकी पत्नी की मृत्यु हुई, तब वे काशी में थे। पत्र पहुंचा—कि पत्नी की मृत्यु हो गई, तो पत्र पढ़कर जो उनके पास लोग बैठे थे, उन्होंने उनसे कहा—'चलो, झंझट मिटी।' तो जिसने उनकी आत्मकथा में यह उल्लेख किया है, कि गणेशवर्णी ने कहा कि चलो झंझट मिटी...। कैसे त्यागी थे! कैसे महात्यागी? पत्नी

मर गई, आंसू न गिरा! ऐसी मोह से मुक्ति। उलटे यह कहा कि चलो झंझट मिटी!

जिस आदमी ने वह किताब लिखी है, वह मेरे पास किताब भेंट करने आए थे। मैंने उनसे कहा कि रुको, मुझे थोडी बात करनी है। पच्चीस साल पहले जिस पत्नी को छोड़कर चले गए थे, उसकी झंझट बाकी थी? जरूर मन में कहीं चल रही होगी। जब छोड़ ही चुके थे पत्नी को, पच्चीस साल हो गए, तो झंझट बाकी रही थी और इससे कुछ त्याग पता नहीं चलता, केवल हिंसात्मक मन का पता चलता है। मन में कहीं कुछ लगा था, कुछ सिलसिला जारी रहा होगा—मोह का, माया का, वासना का, या डर रहा होगा कि कहीं पत्नी आ न जाए। पत्नी से भय रहा होगा। भय रहा होगा कि कहीं मैं फिर उसमें उत्सुक न हो जाऊं? कहीं मेरा मन डांवांडोल न हो जाए? पत्नी कहां दूर, गरीब, चक्की पीस-पीसकर किसी तरह अपना भोजन जुटाती रही। उसकी झंझट थी।

'झंझट बताती है कि मन में कुछ रोग जारी रहा, जहर जारी रहा। और पत्नी के मरने पर यह कहना कि झंझट मिटी, यह भी बताता है कि कहीं-न-कहीं मन में यह खयाल रहा होगा कि मर जाए—तो अच्छा। कहीं-न-कहीं हिंसा की भावना मन में रही होगी।

पति अक्सर सोचते हैं कि मर जाए यह स्त्री तो अच्छा, झंझट मिटे। पत्नियां भी कभी-कभी सोच लेती हैं, इतना ज्यादा नहीं, लेकिन कभी-कभी सोच लेती हैं कि खतम हो यह आदमी तो झंझट मिटे। और तो कोई उपाय नहीं दिखता। मौत आ जाए तो झंझट सुलझ जाए। अपने को झंझट भी न करनी पड़े और मामला खतम हो जाए!

मैंने सुना है कि मुल्ला नसरुद्दीन की पत्नी मरी, तो उसका ताबूत निकाला गया। जब ताबूत निकाल रहे थे, तो आंगन में एक नीम का झाड़ था, उससे ताबूत टकरा गया। संयोग की बात—ताबूत क्या टकराया, पत्नी ढक्कन खोलकर बैठ गई! मरी नहीं थी। शायद जल्दी...! मुल्ला ने जरा जल्दी कर दी। पत्नियां मर जाएं, तो लोग जल्दी करते हैं कि अब कहीं खतरा और कुछ न हो जाए, विदा करो!

शायद अभी श्वास अटकी थी। मरी नहीं थी, शायद बेहोश ही थी। धक्का नीम के झाड़ से लग गया, तो जग गई। फिर तीन साल और जिंदा रही। फिर तीन साल बाद मरी। और जब ताबूत निकाला जाने लगा, तो मुल्ला ने कहा, 'भाइयो, जरा सम्हालकर। फिर नीम से मत टकरा देना। जो एक दफा भूल हो गई—हो गई!'

गणेशवर्णी का यह कहना कि झंझट मिटी, कहीं मन में हिंसा के भाव की खबर देता है। मन के किसी कोने में यह भाव रहा होगा कि यह मर जाए। मर जाती, तो अच्छा था। पहले तो यह सोचना कि हम त्याग कर आ गए पत्नी को—नासमझी है। पत्नी तुम्हारी है? यहां क्या मेरा, क्या तेरा?

'लाज न मरहिं कहत घर मेरा।' कबीर बड़ी ठीक बात कहते हैं कि तुझे लाज भी नहीं आती? तुझे संकोच भी नहीं लगता? यहां घड़ी भर को मेहमान है और घर मेरा कहने लगा?

सम्यक् ज्ञानी, ठीक-ठीक समझने वाला व्यक्ति न तो कुछ छोड़ता है, न कुछ पकड़ता है। सिर्फ इतना जानता है—यहां न कुछ पकड़ने को है, यहां न कुछ छोड़ने को है। सम्यक् ज्ञानी जल में कमलवत् रहता है।

जो है—है। छोड़ना-पकड़ना कहां है! छोड़ना-पकड़ना दोनों ही भ्रांतियां हैं। इसीलिए दुनिया में दो तरह के भ्रांत हैं। एक—जिसको तुम संसारी कहते हो। उसको भ्रांति है कि मैं पकड़ लूंगा, कि पकड़े हुए हूं; कि और पकड़ लूंगा, कि मेरी मुट्ठी बड़ी होती जा रही है; और ज्यादा मेरी मुट्ठी में संसार समाया जा रहा है।

दूसरी भ्रांति है त्यागी की; वह कहता है—मैंने छोड़ दिया। ये दोनों भ्रांतियां हैं। फिर मैं किसको संन्यास कहता हूं? इन दोनों भ्रांतियों से जागने को संन्यास कहता हूं।

संन्यास का अर्थ केवल इतना है—सम्यक् बोध। इस बात की समझ कि यहां कुछ मेरा नहीं, तेरा नहीं, तो पकड़ूं कैसे? छोड़ूं कैसे? जो है—है। इससे गुजर जाना है। इससे बिना लिप्त हुए और बिना अलिप्त होने की चेष्टा किए गुजर जाना है।

अलिप्त होने की चेष्टा में तो समाहित हो गई बात कि तुम लिप्त हो चुके हो। इस द्वंद्व से जो बच जाए—त्याग और भोग के—वह संन्यस्त। इन दो में से कोई भी उसे न पकड़े, वही संन्यस्त है।

रे यामैं क्या मेरा क्या तेरा।
लाज न मरहिं कहत घर मेरा।।
बस, अब गुजरेंगे राहे-ज़िंदगी से बेनियाजाना,
अगर तेरे करम पर है मुनस्सिर ज़िंदगी अपनी।

यह होगा समझदार का वक्तव्य।

'बस अब गुज़रेंगे राहे ज़िंदगी से बेनियाजाना।'

अब जिंदगी से अजनबी होकर गुजरेंगे, अपरिचित होकर गुजरेंगे।

बस, अब गुज़रेंगे राहे ज़िंदगी से बेनियाजाना
अगर तेरे करम पर है मुनस्सिर ज़िंदगी अपनी

अगर तेरे ही ऊपर सब कुछ निर्भर है, तो हम चिंता क्यों लें—पकड़ने और छोड़ने की? परमात्मा का सब खेल है, तो जैसा खिलाए—खेल लेंगे।

नाटक है यह पृथ्वी; बड़ा नाटक का मंच है। जो कहेगा, वही कर देंगे। राम बनाएगा, तो राम बन जाएंगे; रावण बनाएगा, तो रावण बन जाएंगे। भला-बुरा जो करवाएगा, कर लेंगे।

'अगर तेरे करम पर है मुनस्सिर ज़िंदगी अपनी।' अगर तेरे ही ऊपर सब निर्भर है, तो हम बीच में क्यों दखलंदाजी दें। हम क्यों आग्रह करें कि ऐसा होना चाहिए। ऐसा होगा, तो मैं सुखी होऊंगा। ऐसा न होगा, तो मैं दुःखी हो जाऊंगा। हम ऐसी अपेक्षाएं क्यों करें? हम चुपचाप इस खेल को देखते हुए गुजर जाएं; साक्षी की तरह गुजर जाएं: अजनबी की तरह गुजर जाएं। 'बस, अब गुज़रेंगे राहे-ज़िंदगी से बेनियाजाना।'

अब नहीं यहां घर बनाएंगे और न ही घर को छोड़ने का भ्रम बनाएंगे। मूल को ही काट देंगे। भोगी पत्तों में उलझा होता है, त्यागी भी पत्तों में उलझा होता है। भोगी पत्तों पर पानी सींचता

है कि और बड़े हो जाएंगे। और त्यागी पत्तों को काटता फिरता है कि पत्ते कहीं बढ़ न जाएं। मगर जड़ की किसी को भी खबर नहीं है। ज्ञानी जड़ को काट देता है। जड़ कहां है? मेरे-तेरे भाव में जड़ है। मालकियत में जड़ है।

'चारि पहर निसि भोरा' यह चार ही पहर की रात है, फिर सुबह हो जाने वाली है। यह थोड़ देर की रात है यह संसार; फिर सुबह हो जाएगी और यात्री चल पड़ेंगे।

यह बड़ा प्यारा शब्द है। मृत्यु को कबीर कह रहे हैं—सुबह, और ज़िंदगी को कह रहे हैं—रात।

'चार पहर निसि भोरा'...। यह ज़िंदगी तो रात है; गुजार देनी है। इस ज़िंदगी की रात में, नीद में जो सपने चल रहे हैं, वे देख लेने हैं। ठीक है। साक्षी बने देखते रहो।

तुम तो ज़िंदगी को साक्षी बनकर कैसे देखोगे? तुम सपने तक को साक्षी बनकर नहीं देख पाते। सपने तक में लीन हो जाते हो! सपने तक में ऐसा मान लेते हो कि यही हो रहा है; यह सच है।

एक सम्राट् का बेटा मर रहा था। एक ही बेटा। बुढ़ापे का एकमात्र सहारा। वही मालिक सारी संपदा का। सम्राट बड़ा बेचैन था। इलाज हो नहीं पा रहा था, चिकित्सक थक गए थे। कोई संभावना बचने की न थी। आखिरी रात करीब आ गई। चिकित्सकों ने कहा—

सुबह हो जाए तो गनीमत। रात ही समाप्त हो जाने की संभावना है। तो सम्राट रातभर जागकर बैठा रहा अपने बेटे के पास।

कोई चार बजे के करीब झपकी लग गई। सुबह की ठंडी हवा; रातभर का थका-मांदा, झपकी लग गई। झपकी लगी तो एक सपना देखा। सपने में देखा कि बड़ा विशाल महल है। यह जो महल जागकर देखा था, यह कुछ भी नहीं। सोने का बना महल है। हीरे-जवाहरात जड़े हैं, महल की सीढ़ियों पर। और उसके बारह बेटे हैं; उनकी बड़ी सुंदर काया है। बड़े स्वस्थ, बड़े बुद्धिमान, बड़े अनूठे। ऐसे सुंदर और ऐसे प्यारे, ऐसे बुद्धिमान युवक न तो कभी देखे न, सुने गए। शायद यह सपना उसी स्थिति के कारण पैदा हुआ।

एक ही बेटा, मर रहा है। एक था, वह भी जा रहा है। यह सारा मकान, ये सारे महल, वह राज्य पड़ा रहा जाएगा। ज़िंदगी भर सम्राट् ने मेहनत करके बनाया; खुद तो जाएगा ही अब, लेकिन कम-से-कम यही राहत रहती है कि बेटा भोगेगा, वह भी जा रहा है। लुट जाएगा यह सब। ज़िंदगी-भर की मेहनत अजनबियों के हाथ पड़ जाएगी, परायों के हाथ पड़ जाएगी। जिनसे छीन-छीनकर ली थी, उन्हीं के पास लौट जाएगी। यह सब महल खंडहर हो जाएगा। यही कामना, यही वासना—यह मन में जाल रहा होगा, इसी से सपना पैदा हुआ।

तृप्ति के लिए सपना पैदा होता है। जो ज़िंदगी से तृप्त नहीं होता, उसे हम सपने में पूरा करते हैं। दिन में उपवास कर लिया, रात तुम भोजन करोगे सपने में। दिन में एक सुंदर स्त्री राह से चलती देखी, आंख बचाकर निकल गए; डरे, घबड़ाए कि कहीं यह सुंदर स्त्री खींच ही न ले, आकर्षित ही न कर ले! कोई उपद्रव न खड़ा हो जाए। तुम चरित्रवान आदमी, घर-द्वारवाले, बाल-बच्चे, प्रतिष्ठा। आंख बचाकर निकल गए। लेकिन ऐसे निकलने से क्या होगा! रात सपने में वह स्त्री आ जाएगी। वह रात और सुंदर होकर आ जाएगी। वह तुम्हारे सपने को चारों तरफ से घेर लेगी।

जो तुम दिन में अतृप्त छोड़ देते हो या दबा लेते हो, वही रात उभर आता है। तो सपना तो। सपना बड़ा दिलफेंक होता है, कंजूस नहीं होता सपना। एक लड़का क्या देना; बारह दे दिये सपने में। सपने ही की बात है, तो लेना-देना क्या है? जब मकान ही देना है, तो क्या छोटा-सा साधारण मकान दे दिया! सोने का दे दिया।

हीरे-जवाहरात जड़े हैं सीढ़ियों पर। बड़ा साम्राज्य है। दूर-दूर तक सारी पृथ्वी...। चक्रवर्ती सम्राट् है। बड़ा खुश है राजा। जितना दुखी था, उतना ही खुश हो गया। यह सपना है, यह भूल गया, लगा कि यही सच है।

हंसना मत, ऐसे ही रोज तुम भी सपने में भूल जाते हो। सम्राट् तो तुम्हारा प्रतीक है।

और तभी बाहर का बेटा मर गया। जब वह भीतर के बेटों के साथ मजा कर रहा था, प्रसन्न हो रहा था, बाहर का बेटा मर गया। पत्नी दहाड़ मारकर चिल्लाई। उसकी आवाज से सम्राट् की नींद खुली। नींद खुलते ही सोने का महल गायब, बारह लड़के गायब, सारा राज्य गायब! सम्राट् एक क्षण को ठगा रह गया।

ऐसा कभी-कभी तुम्हें भी होता है कि कोई जल्दी जगा दे, जबरदस्ती जगा दे, झकझोर कर जगा दे आधी रात में, तो एक क्षण को तुम्हें समझ में नहीं आता कि क्या सच और क्या झूठ! एक क्षण को पक्का नहीं होता कि तुम कहां हो, कौन हो; क्योंकि अभी-अभी कुछ और थे, और एकदम से कुछ और हो गए। थोड़ा समय चाहिए। सपने से जागरण में आने में, जागरण से सपने में जाने में थोड़ी सीढ़ियां पार करनी होती हैं।

पत्नी ने दहाड़ मारकर चिल्ला दिया, तो सम्राट् की अचानक टूट गई नींद। चौंककर कुछ समझ में नहीं आया। सामने लड़का मरा पड़ा है—यह भी खयाल और अभी-अभी बारह लड़के थे, उनका भी खयाल; दोनों के बीच में खड़ा हो गया। रोया नहीं। हंसने लगा उलटा।

पत्नी तो समझी कि पागल हो गया। उसे डर था यही कि इतना प्यार है इसका बेटे से और बेटा मर रहा है।

जब सम्राट् खिलखिलाकर हंसा, तो पत्नी समझी कि पागल हो गया है। उसने कहा कि 'मुझे डर था, वही हो गया। आप पागल तो नहीं हो गए हैं! बेटा मर गया—आप हंस रहे हैं?' उसने कहा कि 'मैं इसलिए हंस रहा हूं कि किसके लिए रोऊं?—उन बारह के लिए रोऊं, जो अभी-अभी थे और बड़े सच थे? या इस एक के लिए रोऊं, जो अभी-अभी था और बड़ा सच था, और नहीं है? दोनों ही सपने टूट गए हैं। किसके लिए रोऊं? उन महलों के लिए, जो सोने के थे!'

पत्नी ने कहा 'कहां की बातें कर रहे हो? कहां के सोने के महल? कहां के बारह बेटे?' सम्राट् ने तब अपना सपना कहा—कि 'इस सपने में मैं खोया था; बड़ा मस्त था। ऐसे ही यह भी एक सपना है। इस बेटे को मैं बिलकुल भूल गया था, जब भीतर के सपने में था। अब भीतर के बेटों को बिलकुल भूल गया हूं, जब यह बाहर मेरे बेटे को देख रहा हूं!'

तुम बार-बार रोज जागने से सोने में जाते हो, लेकिन सोने में रोज-रोज सपना देखते हो, सुबह जागकर पाते हो; झूठा था। लेकिन रात जब फिर दुबारा सोओगे, फिर सच हो जाता है। आदमी की भ्रांति कितनी गहन है!

गुरजिएफ अपने शिष्यों को कहता था कि तुम संसार में तब तक न जाग सकोगे, जब तक सपने में न जाग जाओ। उसने बड़े अद्‌भुत अनूठे मार्ग खोजे थे—सपने में जगाने के। मैं तुमसे भी कहना चाहूंगा। वे मार्ग सच हैं और बड़े काम के हैं।

अगर तुम सपने में जागना सीख जाओ, तो तुम एक दिन अचानक पाओगे कि जागना भी एक बड़ा सपना है और कुछ भी नहीं। जब तक सपने में तादात्म्य नहीं टूटता, तब तक इस बड़े सपने में तो कैसे टूटेगा? बहुत मुश्किल है। इसलिए हिंदू इसको माया कहते हैं—इस बड़े सपने को माया कहते हैं।

माया यानी सपना। दिखाई पड़ता है—है नहीं। जैसा दिखाई पड़ता है, कम-से-कम वैसा तो नहीं है। और जैसा है, वैसा तुम्हें नहीं दिखाई पड़ता। सिर्फ बुद्ध-पुरुषों को दिखाई पड़ता है। तुम्हें तो जो दिखाई पड़ता है। वह तुम्हारी वासनाओं के परदों में से झिन-झिनकर आते हैं, छन-छन कर आती हैं। तुम्हारी कामना, इच्छाएं—उन्हीं का रूप तुम्हें दिखाई पड़ता है।

यह संसार तुम्हारे लिए तो एक परदा है, जिस पर तुम अपने सपने दौड़ाते हो। चलचित्र की तरह सपने दौड़ते रहते हैं। जिस दिन तुम्हारे भीतर चलचित्र की तरह सपने नहीं उठते, परदा खाली रह जाता; उस खाली परदे का नाम ब्रह्मभाव है। तब वृक्ष में वृक्ष नहीं दिखाई पड़ता; स्त्री में स्त्री नहीं दिखाई पड़ती; पत्थर में पत्थर नहीं दिखाई पड़ता। पत्थर में, स्त्री में, वृक्ष में सभी में परमात्मा दिखाई पड़ता है। तब खो गई तस्वीरें; कोरा परदा रह गया। उस कोरे परदे का नाम ब्रह्म है।

लेकिन अभी तो कैसे जागोगे? यह सपना तो बड़ा मजबूत है। रात जो सपना देखते हो, झीना, बहुत कमजोर—उसमें भी नहीं जाग पाते।

गुरजिएफ कहता था—पहले रात के सपने में जागना शुरू करो। रोज रात सोते वक्त स्मरण रखकर सोओ कि जब सपना आएगा, तो मुझे याद रहेगी कि यह सपना है। एक-दो दिन में याद नहीं रहेगी; कम-से-कम तीन से छह महीने लग जाएंगे। सतत अगर रोज रात सोते वक्त एक ही खयाल रखकर सोए कि जब सपना मुझे आए, तो मुझे याद रहे कि मैं द्रष्टा हूं, यह सपना है। किसी दिन यह घटना घटती है। तीन से छह महीने के बीच अगर सतत प्रयास किया, अगर रोज यही सोच-सोचकर सोए कि सपने को देख लूंगा और पहचान लूंगा कि सपना है। सपने में पहचान लूंगा कि सपना है...।

जागकर तो सभी पहचानते हैं; सुबह उठकर तो सभी पहचान लेते हैं। फिर कुछ नहीं है। यह तो बड़ी साधारण-सी बात है। जब सपना चल रहा होगा रात, तभी बीच में अपने को झटका देकर याद कर लूंगा कि यह सपना है। जिस दिन यह घटना घटती है, उस दिन तुम चकित हो जाओगे—एक क्रांति हो गई।

घटती है यह घटना। रोज-रोज स्मरण करके सोने से यह स्मरण धीरे-धीरे तुम्हारी नींद में प्रविष्ट हो जाता है। जब तुम नींद में गिरने के करीब हो, सोचते रहो, स्मरण करते रहो। राम-राम जपने से यह ज्यादा बेहतर है। माला फेरने से यह ज्यादा बेहतर है। क्योंकि माला फेरने से क्या होगा? राम-राम जपने से क्या होगा? तोते की तरह जप लोगे। माला फेरने से क्या होने का है? माला फेरने से कुछ ज्ञान उत्पन्न नहीं होने वाला है।

लेकिन अगर यह स्मरण करते सोए कि जो भी मुझे रात दिखाई पड़ेगा, वह मैं पहचान लूंगा कि सपना है, मैं साक्षी बन जाऊंगा। इसी भाव में रगे-पगे, नींद में डूब गए, तो तुम सुबह एक दिन पाओगे कि और ढंग से उठे, जैसे तुम कभी न उठे थे। एक रात तुम पाओगे कि सपना था और तुम्हें दिखाई पड़ गया कि सपना है। और तब बड़ी मजेदार घटना घटती है।

दिखाई पड़ने से सपना खो जाता है। जैसे ही दिखाई पड़ा कि सपना है, जैसे ही पहचाना कि सपना है, कि सपना खो जाता है।

जब तुम साक्षी की तरह देखते हो—सपना नहीं होता है या साक्षी हो सकता है। दोनों साथ-साथ नहीं होते। दोनों साथ-साथ हो ही नहीं सकते। इसलिए साक्षीभाव की दशा में जो दिखाई पड़े, वही सत्य है। क्योंकि साक्षी और सपना कभी साथ-साथ नहीं होते हैं। जब तक साक्षीभाव पैदा नहीं हुआ, तब तक तुम जो भी देख रहे हो, वह सब सपना है, उसमें कुछ भी सत्य नहीं है। सत्य होने की कसौटी साक्षीभाव है।

इस साक्षीभाव की तरफ जाना हो, तो एक-एक कदम उठाना पड़ता है। कबीर कहते हैं:

रे यामैं क्या मेरा क्या तेरा।
लाज न मरहिं कहत घर मेरा।

यह मेरे-तेरे का सपना छोड़ो।

'चारि पहर निसि भोरा; जैसे तरवर पंखि बसेरा।' रात पक्षी आ जाते हैं, सांझ होते-होते, वृक्षों पर बैठ जाते हैं, सो जाते हैं; सुबह उड़ जाते हैं।

'जैसे तरवर पंखि बसेरा।'...ठीक वैसी ही बात है। इस पृथ्वी पर हमने रात भर के लिए बसेरा कर लिया है; सुबह फिर पता नहीं किस ग्रह-नक्षत्र पर उड़ जाएंगे!

तुम्हें पता है, वैज्ञानिक कहते हैं—कम-से-कम पचास हजार पृथ्वियों पर जीवन है। यह अकेली पृथ्वी नहीं है, जहां जीवन है। कम-से-कम पचास हजार पृथ्वियां हैं...। यह कम- से-कम बात है; ज्यादा-से-ज्यादा का हिसाब अभी लगाया नहीं गया है। इतनी तो होनी ही चाहिए—गणित के हिसाब से। मगर बड़ी दूर हैं।

पचास हजार पृथ्वियां हैं, उन सब पर जीवन है। इस पृथ्वी पर हम रात भर के लिए बसे हैं। रात सत्तर साल की हो—इससे क्या फर्क पड़ता है। और जीवन की अनंत यात्रा में सत्तर साल भी सात पल से ज्यादा नहीं हैं।

'चारि पहर निसि भोरा...।' सुबह जल्दी आ जाएगी। सुबह यानी मौत। मौत को कबीर सुबह कह रहे हैं। क्योंकि मौत में जागकर पता चलेगा कि वह जो देख रहे थे, सब सपना था।

चार पहर निसि भोरा, जैसे तरवर पंखि बसेरा।
जैसे बनिए हाट पसारा, सब जग कासो सिरजनहारा।

यह परमात्मा ने सारा जगत् ऐसे फैलाया है, जैसे बनिया जाता है मेले में और दूकान फैला देता। फिर सांझ हो गई, दूकान बांध लेता सब और चल पड़ता है वापस। ऐसे परमात्मा रोज यह

पसारा करता है, रोज समेट लेता है। यह परमात्मा का विस्तार है। यह उसका खेल है—लीला। इसमें मेरा-तेरा मत करो। लेकिन हो जाता है; मेरे-तेरे की भूल हो जाती है।

मैंने सुना है—एक गांव में रामलीला हो रही थी। उसमें जो स्त्री सीता बनी थी—सच में ही—रावण जो बना था वह, उसके प्रेम में पड़ गया। सच में ही। अब बड़ी झंझट खड़ी हो गई, क्योंकि लीला मुश्किल में पड़ गई।

जब सीता का स्वयंवर रचा गया, तो रावण भी गया है, राम भी गए हैं, और सारे राजा-महाराजा गए हैं। वे सब बैठे हैं।

नाटक को चलाने के लिए यह जरूरी है कि रावण लंका की तरफ भागे। तो खबर आती है लंका से, दूत आते हैं भागे हुए—कि रावण, तेरी लंका में आग लग गई। और रावण लंका चला जाता है। इसी बीच राम धनुष तोड़ देते हैं।

मगर यह रावण जो था, असली प्रेम में पड़ गया था। उसने कहा, 'लगी रहने दो आग; आज तो सीता को वर के ही जाऊंगा।' तब बड़ी घबड़ाहट फैल गई! जनता जो देखने आई थी, वह भी कुछ समझी नहीं कि अब मामला क्या है! ऐसा तो कभी हुआ नहीं!

नाटक का जो मैनेजर था, वह छाती पीटने लगा कि बड़ी मुश्किल खड़ी हो गई। और वह दमदार आदमी तो था ही, तभी तो रावण बनाया था उसको। वह रामचंद्रजी और लक्ष्मणजी को ऐसे हिलाके फेंक देता! असली में ही फेंक देता वह। रामचंद्रजी और लक्ष्मणजी तो छोकरे थे—और रावण तो गांव का पहलवान था। वह तो जितने राजा-महाराजा आए थे, सभी इकट्ठे भी जूझते, तो उससे जीत नहीं सकते थे।

जनकजी भी घबड़ाए। बैठे थे सिंहासन पर, उनका सिंहासन कंप गया कि मारे गए! अब यह होगा क्या? यह कथा कैसे चलेगी! फिर-फिर राजदूत भिजवाया कि लंका में आग लगी है। उसने कहा, 'कह दिया एक दफे कि लगी रहने दे।' और न केवल इतना, वह उठा और उसने उठकर धनुष तोड़ दिया। धनुष भी क्या—रामलीला का धनुष था! ऐसे ही बांस का बना था। उसने तोड़-ताड़कर ऐसा फेंक दिया। उसने कहा, 'कहां है सीता?—निकाल! वह तो सीता का हाथ पकड़कर ले जाने ही लगा। यह तो लीला ही खत्म कर दी इसने!

तो जनक बूढ़ा आदमी था। कई दिन से जिंदगीभर उसने जनक का पार्ट किया था, उसे कुछ सूझ आई। उसने जल्दी से चिल्लाकर कहा, अपने नौकरों को, कि 'तुमसे कुछ भूल हो गई मालूम होती है। यह मेरे बच्चों के खेलने का धनुष ले आए! शंकरजी का धनुष लाओ।'

परदा गिराकर किसी तरह धक्कामुक्की करके रावण को बाहर किया; दूसरे रावण को लाए, तब लीला आगे चली।

इस जगत् में तुम अगर धर्म के रहस्य को समझना चाहो, तो 'लीला' शब्द को समझ लेना। यह जगत् एक खेल है—इससे ज्यादा नहीं। इसमें गंभीर होने की जरूरत नहीं है। यहां न कुछ मेरा है, न कुछ तेरा है। न कुछ हार है, न कुछ जीत है। न कुछ सफलता, न कुछ असफलता। सब मन की ही धारणाएं हैं।

चारि पहर निसि भोरा, जैसे तरवर पंखि बसेरा।
जैसे बनिए हाट पसारा, सब जग का सो सिरजनहारा।
ये ले जारे, वे ले गाड़े, इन दुखिइनि दोऊ घर छाड़े।
कहत कबीर सुनहु रे लोई, हम तुम बिनसि रहेगा सोई।

यह अपनी पत्नी लोई को संबोधित करके कहे गए वचन हैं। पत्नियों का बहुत लगाव होता है—मेरे-तेरे में—इसलिए। पुरुषों से ज्यादा होता है। पत्नियों का बड़ा ममत्व होता है—मेरे-तेरे में। पत्नियों को बड़ी ईर्ष्या होती है—मेरे-तेरे की। इस फर्क को थोड़ा समझना।

पुरुषों को रस होता है 'मैं' में, और पत्नियों को रस होता है, स्त्रियों को रस होता है—मेरे में। पुरुष को अकड़ होती है—'मैं' की। स्त्री को अकड़ होती है—मेरे की। तो स्त्री जब किसी से प्रेम करती है, तो पहले देख लेती है कि क्या है इसके पास, कितना है इसके पास।

मुल्ला नसरुद्दीन अपने बेटे से कह रहा था कि 'तू जिस लड़की के साथ घूम-फिर रहा है, वह इस गांव की सबसे बदशकल लड़की है। उससे तू बच। कोई और नहीं तुझे मिलता?' उसके बेटे ने कहा, 'पिताजी, अपने पास जो सड़ियल फोर्ड गाड़ी है—उन्नीस सौ तीस की, उसको देखते हुए इस लड़की के सिवाय और कोई लड़की मुझसे राजी हो भी नहीं सकती।'

स्त्रियां देखती हैं—क्या तुम्हारे पास है। बैंक-बैलेंस कितना है? प्रतिष्ठा कितनी है; धन-दौलत कितनी है।

स्त्री का रस 'मेरे' में है। पुरुष का रस 'मैं' में है। पुरुष देखता है—स्त्री कितनी सुंदर है। साथ लेकर घूमूंगा, तो सारे लोगों की ईर्ष्या को जगा पाऊंगा कि नहीं? लोग देखेंगे, तो जल-भुनकर रह जाएंगे कि नहीं? कहेंगे कि हां, कोई स्त्री है, तो इसके पास है!

लोग अपनी स्त्रियों को ऐसे ही लेकर तमाशा बनाए रखते हैं। पुरुष चाहे कुछ भी न पहने...। आमतौर से नहीं पहनता। न हीरे की अंगूठी, न कुछ हार, न कुछ लेकिन अपनी स्त्री को सजाए रहता है। वह स्त्री को दिखाता फिरता है—कि देखो, मेरी स्त्री के पास कितना है! उसकी स्त्री के पास है, उससे उसके 'मैं' को रस है। मैंने दिया है! 'मैं' का मजा है।

स्त्री को 'मैं' का उतना रस नहीं है, जितना 'मेरे' का रस है। कितनी साड़ियां उसके पास हैं; कितने गहने उसके पास हैं—वही उसका हिसाब-किताब है।

स्त्री-पुरुष के मन में इतना फर्क है। हालांकि दोनों एक ही सिक्के के दो पहलू हैं। 'मेरे' से 'मैं' बनता है; 'मैं' से 'मेरा' बनता है। लेकिन यह वचन कबीर ने अपनी पत्नी को संबोधित करके कहे हैं, यह बात प्रासंगिक रूप से याद रखनी जरूरी है।

'*कहत कबीर सुनो रे लोई...।*' लोई उनकी पत्नी का नाम था—'हम तुम विनसि रहेगा सोई।' जब हम और तुम दोनों विनष्ट हो जाएंगे, तब जो शेष रह जाएगा—वही है; वही सत्य है। जहां मैं और तू विदा हो जाते हैं, तब जो शेष रह जाता है, वही सत्य है—'हम तुम विनसि रहेगा सोई।'

मौत आएगी, मुझे भी डुबा देगी, तुझे भी डुबा देगी। फिर हम में जो अनडूबा रह जाएगा...।

सब छीन लेगी, फिर भी हम में कुछ शेष रह जाएगा; बाकी सब तो चला जाएगा।

कोई सूरज की किरण इसमें है, वह बचेगी, बाकी सब तो गिर जाएगा। फिर बाकी गिर जाने का तुम क्या करते हो—कुछ फर्क नहीं पड़ता।

'ये ले जारे, वे ले गाड़े।' हिंदू ले जाकर जला देते हैं, मुसलमान गड़ा देते हैं। बाकी सब फर्क फिजूल हैं। चाहे गड़ाओ, चाहे जलाओ—क्या फर्क पड़ता है! क्योंकि जो था असली, वह गया। अब तो लाश पड़ी रह गई; मिट्टी पड़ी रह गई।

'ये ले जारे . . . गाड़े'—फिर फिजूल की झंझटें मचा रहे हो। कोई जला देता है, कोई गड़ा देता है—क्या फर्क पड़ता है?

'इन दुखिइनि दोऊ घर छाड़े।' लेकिन जो मर गया है, वह भी घर छोड़कर उड़ गया। जो गाड़ रहे हैं, जला रहे हैं, वे भी आज नहीं कल, घर छोड़कर उड़ जाएंगे। यह घर, घर नहीं है।

'जैसे तरवर पंखि बसेरा, चारि पहर निसि भोरा।' यह केवल थोड़ी देर के लिए हम रुक गए हैं—विश्राम के लिए। थक गए हैं और रुक गए हैं। यह पड़ाव है—मंजिल नहीं।

इनमें खिजां का रंग शामिल जरूर है
गहरी नज़र से नक्शो निगारे बहार देख

सारे संतों ने यही कहा है। अगर तुम बाहर को भी बहुत गौर से देखो, गहरी नजर से, तो उसमें पतझड़ को छिपा हुआ पाओगे।

इनमें खिजां का रंग भी शामिल जरूर है
गहरी नज़र से नक्शो निगारे बहार देख

अगर तुम जीवन को गहरी नजर से देखोगे, तो उसमें तुम मौत को छिपा हुआ पाओगे। अगर सुख को तुम गहरी नजर से देखोगे, तो दुःख उसके पीछे छाया की तरह आता हुआ दिखाई पड़ जाएगा। अगर सफलता को गौर से देखोगे, तो तुम पाओगे; उसका ही दूसरा पहलू असफलता है। यश के पीछे अपयश लगा है। नाम के पीछे बदनामी लगी है। इस जगत में सभी चीजें द्वंद्व से भरी हैं।

तो बहार में उलझ मत जाना, गौर से देखना; बहार के पीछे पतझड़ आती ही है। आ ही रही है; आ ही गई है। बहार उसी का रास्ता साफ कर रही है, फिर यहां क्या मेरा और क्या तेरा?

सौंदर्य दो क्षण का है; जीवन दो क्षण का है। यह चहल-पहल दो क्षण की है। फिर सब सन्नाटा हो जाता है। यह जो दो क्षण का जगत है, यह जो पानी का बुलबुला जगत है, इसमें बहुत रस न लगाओ। इस बुलबुले से अपने को बांधो मत, अन्यथा टूटेगा तो पीड़ा होगी। इसलिए ज्ञानी शांति से मर पाता है।

अज्ञानी तो शांति से जी भी नहीं पाता; मरने की तो बात ही दूर। ज्ञानी शांति से मर पाता है, क्योंकि उसने जीवन में ही मृत्यु को छिपे देख लिया था। और जिसने जीवन और मृत्यु दोनों को देख लिया—वह दोनों के पार हो गया, वह साक्षी बन गया। वही बचता है। 'हम तुम विनसि रहेगा

सोई।'

'मन तू पार उतर कहं जैहौं।' और मन दौड़ाए रखता है। मन कहता है—चलो यहां, चलो वहां। इसे पा लो, उसे पा लो। मन कितनी-कितनी उत्तेजनाएं देता है! मन उत्तेजनाओं को जन्माए चला जाता है। एक वासना पूरी नहीं हो पाती कि दस उठा देता है। तुम्हें दौड़ाए ही रखता है। कभी ऐसा क्षण नहीं आने देता कि तुम थोड़ी देर विश्राम कर लो—कि थोड़ी देर आराम से बैठ जाओ। मन कहता है। अभी कहां विश्राम का क्षण। अभी तो इतना पाने को पड़ा है। थोड़ा और दौड़ लो:

'मन तू पार उतर कहं जैहौं।' कबीर कहते हैं—मन तू जाना कहां चाहता है? और जाएगा भी कहां?

फिर बड़े मजे की बात मन के संबंध में यह कि इस संसार में तो मन दौड़ता ही है, फिर एक दिन संसार से थक जाता है, तो परमात्मा में दौड़ने लगता है। लेकिन दौड़ जारी रहती है!

कुछ लोग धन कमा रहे हैं, जब ऊब जाते हैं...। ऊब ही जाएंगे। अगर जरा भी बुद्धि होगी, तो ऊब जाएंगे। सिर्फ बुद्धू ही जिंदगी भर धन कमाते रह सकते हैं। जिसमें थोड़ी भी समझ है, वह एक-न-एक दिन देख लेगा—इन चांदी के ठीकरों में क्या है! अब तो चांदी के भी नहीं हैं। इन ठीकरों में क्या है?

लेकिन तब मन नई दौड़ें शुरू कर देता है। मन कहता है—ठीक है, इनमें नहीं है; कोई बात नहीं। पुण्य के सिक्के कमाओ। अभी दुकान बनाई, अब धर्मशाला बनाओ। अभी दूकान बनाई, अब मंदिर बना दो। अब पुण्य के ठीकरे कमाओ। स्वर्ग में अच्छी जगह मिले, परमात्मा के ठीक मकान की बगल में स्थान मिले, अब कुछ उसका इन्तजाम कर लो। यहां का तो देख लिया; व्यर्थ है; अब वहां की सम्हालो।

तुम्हारे तथाकथित साधु-संन्यासी तुम्हें यही समझाते हैं कि यहां कुछ नहीं रखा है। अब वहां की सम्हालो। जैसे वहां रखा है!

कबीर कहते हैं—न यहां रखा है, न वहां रखा है। यह तो दौड़ने के ही ढंग हैं। न यहां मिला, न वहां मिलेगा। यह तो मन की वासना की तरकीबें हैं। वह नई वासना उठा देता है। पुरानी थक गई, वह कहता है: कोई हर्जा नहीं, यह नई लो। वह नए संस्करण निकाल देता है वासना के।

'मन तू पार उतर कहं जैहौं...।' कबीर कहते हैं; न तो यहां, न वहां। तू जाएगा कहां मन? पार उतर कर कहां जाना चाहता है? यह दौड़-धाप किसलिए है?

'आगे पंथी पंथ न कोई...।' न कोई पंथी है, न कोई पंथ है। *'कूच-मुकाम न पैहो।'* न तो कोई यात्रा का प्रारंभ है, और न तो कोई यात्रा का अंत है। दौड़ते रहो—दौड़ते रहो—दौड़ते रहो।

'नहिं तहं नीर नाव नहिं खेवट...।' न तो वहां कोई जल है, न कोई नाव है, न कोई खेवट है।

'ना गुन खैंचनहारा।' और न नाव में रस्सी बांधकर कोई खींचने वाला है।

'धरनी-गगन-कल्प कछु नाहीं...।' न तो वहां धरती है, न आकाश है, न समय है। वहां न काल है, न क्षेत्र है।

'धरती-गगन-कल्प कछु नाहीं, ना कछु वार न पारा।' और न कोई आरपार है इस अस्तित्व का। तू जाएगा कहां? तू जाना कहां चाहता है? दूसरा किनारा है ही नहीं। क्योंकि इस जगत् की कोई सीमा नहीं है। तू चलता रहेगा, चलता रहेगा; और सदा आगे आकाश दिखाई पड़ता रहेगा। क्योंकि अंत यहां कहीं आता नहीं।

किसी भी चीज का तुमने अंत आते देखा? रुपए कमाओ, हजार हों, लाख हों, करोड़ हों, अंत आते देखा? करोड़ आ जाते हैं, मगर अंत तो नहीं आता! संख्या का फैलाव आगे मौजूद है।

इस पद पर हो जाओ, उस पद पर हो जाओ; अंत आता है? किसी पद पर हो जाओ, अंत नहीं आता। आगे कुछ कायम है!

और फिर एक ही वासना होती तो भी ठीक था। वासनाएं अनेक हैं। तुम एक चीज में आगे हो जाते हो, तो दूसरी चीजों में पीछे हो।

नैपोलियन की ऊंचाई कम थी, इससे वह बड़ी तकलीफ पाता था। सम्राट् हो गया—बड़ा शक्तिशाली सम्राट्। दुनिया में दस-पांच नाम ही उसके मुकाबले खड़े हो सकते हैं। लेकिन यह पीड़ा हमेशा उसे पकड़े रहती। जब भी रास्ते पर किसी छह फीट के आदमी को देखता, एकदम घबड़ा जाता; एकदम आंख बचा लेता। उसे बड़ी पीड़ा होती थी इस बात की कि मैं केवल पांच फीट दो इंच!

पांच फीट दो इंच! कोई भी उसे झेंपा देता। उसके सिपाही लंबे थे, और उसके पहरेदार लंबे थे। एक दिन घड़ी लगा रहा था ठीक जगह पर, लेकिन हाथ उसका पहुंच नहीं रहा था। दीवाल ऊंची थी, जहां लगाना चाहता था। तो उसके बॉडीगार्ड ने, अंगरक्षक ने कहा कि 'मालिक, आप रुके, मैं। आपसे ऊंचा हूं, मैं लगाए देता हूं,' उसने कहा, 'चुप, नासमझ। दुबारा यह शब्द उपयोग मत करना। मुझसे ऊंचा? मुझसे लंबा भला हो— ऊंचा नहीं। लंबाई-ऊंचाई में फर्क है!'

अहंकार बड़ी पीड़ाएं देता है—मन बड़ी पीड़ाएं देता है। तुम्हारे पास धन हो जाता है, सब हो जाता है, लेकिन धन को कमाने में स्वास्थ्य खो जाता है। फिर एक दिन तुम देखते हो—एक फकीर को—अलमस्त फकीरा! चला जा रहा है—अपनी बांसुरी बजाते। छाती जल-भुनकर रह जाती है।

तुम प्रधानमंत्री हो गए, लेकिन जिंदगी उसी में गंवा दी— दौड़ते-दौड़ते। फिर एक दिन, एक आदमी को : उसका स्वर मीठा है, उसके काव्य में जीवन है; और तुम उदास हो गए। या देखते किसी आदमी की आंखों को और वहां शांति की गहरी झील है। और तुम्हारे भीतर सिवाय पागलपन के कुछ भी नहीं। पागलपन न होता, तो राजनीति में क्यों होते? दौड़ते क्यों? तुम्हारी आंखों में सिर्फ विक्षिप्तता है और देखते हैं : किसी की आंखों में शांति की झील! मन एकदम तृष्णा से भर जाता है, लोभ से भर जाता है।

कोई तुमसे ज्यादा सुंदर है, कोई तुमसे ज्यादा ज्ञानी है। किसी के पास तुमसे ज्यादा धन है। किसी के पास कुछ, किसी के पास कुछ! क्या-क्या करोगे! कहां-कहां दौड़ोगे? पार कहां पाओगे!

'मन तू पार उतर कहं जैहौं।' कोई-न-कोई आगे होगा। किसी-न-किसी दिशा में आगे

होगा। पीड़ा होती रहेगी। मन सभी दिशाओं में सबसे आगे होना चाहता है। यह असंभव है। यह असंभव इसलिए है कि दिशाएं एक-दूसरे के विपरीत हैं।

समझो—अगर तुम सबसे बड़े राजनेता होना चाहते हो, तो तुम सबसे बड़े संन्यासी नहीं हो सकते। वे विपरीत हैं। एक पूरा होगा, तो दूसरा नहीं हो सकता। जो पूरब जाना चाहता है, वह पश्चिम नहीं जा सकता—एक ही साथ। दो घोड़ों पर कौन सवार हो सकता है! और यहां दो घोड़े नहीं हैं, यहां हजार घोड़े हैं। और हजार घोड़ों पर इकट्ठे सवार होने का मन है!

तुम्हें एक को तो चुनना ही पड़ेगा। जीवन में विकल्प है। अगर तुमने राजनीति चुनी, तो धर्म से तुम चूक जाओगे। क्योंकि धर्म और राजनीति विपरीत दिशाएं हैं। राजनीति में दूसरे को जीतना है, धर्म में स्वयं को जीतना है।

राजनीति में धोखा-धड़ी है, बेईमानी है। बिना बेईमानी के, धोखा-धड़ी के वहां कोई नहीं जीतता। वहां चालबाजियां हैं, कूटनीतियां हैं।

धर्म में धोखा-धड़ी कभी नहीं जीतती। परमात्मा के साथ कैसी धोखा-धड़ी? वहां सरल चित्त, सीधे-सादे लोग जीतते हैं। वहां जिनके पास बाल हृदय है, वे जीतते हैं। वहां निष्कलुष लोग जीतते हैं। वहां ध्यानस्थ लोग जीतते हैं।

राजनीति में ध्यानस्थ तो हार ही जाएगा। क्योंकि राजनीति में तो बड़ा विचार चाहिए, दूर का विचार चाहिए। राजनीति तो शतरंज का खेल है। कहते हैं—शतरंज का खिलाड़ी तभी जीत सकता है, ठीक से जब आगे की पांच चाल का हिसाब उसके भीतर हो; कम-से-कम पांच चालों का! मैं यह चलूंगा, दूसरा क्या चलेगा। फिर मैं क्या चलूंगा! दूसरा क्या चलेगा; फिर मैं क्या चलूंगा; फिर दूसरा क्या चलेगा? ऐसी कम-से-कम पांच चालों का जिसे पहले से हिसाब हो, वही शतरंज में जीत पाता है। तो शतरंज तो पागल कर ही देगी।

मैंने सुना है—इजिप्त में ऐसा हुआ कि एक सम्राट् शतरंज का बड़ा शौकीन था, खिलाड़ी था, वह पागल हो गया। वह शतरंज खेलते-ही-खेलते पागल हुआ। शतरंज भी राजनीति का ही खेल है। राजा, हाथी, घोड़े—वे सब प्रतीक हैं। शतरंज यानी दिल्ली, इसको गिराओ, उसको उठाओ; इसको चलाओ, उसको भुलाओ। सब चलता रहता है। राम आए, राम गए! यह चलता रहता है। इधर आए, उधर गए; इस पार्टी से उस पार्टी में खिसक गए। यह सब चलता रहता है। अपना घोड़ा दूसरे का हो गया; वह दूसरा उस पर सवार हो गया। यह उठा-पटक—सारा खेल है।

तो सम्राट् बड़ा शौकीन था। जिंदगीभर तो युद्धों में उलझा रहा, अब बूढ़ा हो गया था, युद्धों में जाने की सामर्थ्य न थी, तो वह शतरंज खेलता था। फिर पागल हो गया। मनोचिकित्सकों ने कहा कि 'कोई इलाज नहीं है इसका। इलाज एक ही है कि कोई इसके साथ शतरंज खेलता रहे।' कौन उसके साथ शतरंज खेले—पागल आदमी के साथ! एक तो सम्राट्—और फिर पागल! तो करेला और नीम चढ़ा! यह तो सम्राट्, इसके साथ वैसे ही लोग खेलने में डरते थे। क्योंकि वह कभी भी तलवार निकाल ले या फांसी लगवा दे! अगर न जीते, तो मुसीबत में डाल दे। और अब पागल हो गया था; इसके साथ खेले कौन?

लेकिन काफी रुपये देने का वायदा किया गया, तो एक खिलाड़ी आ गया। कहते हैं साल

भर वह खिलाड़ी उसके साथ खेलता था। सम्राट् ठीक हो गया—खिलाड़ी पागल हो गया।

अब पागल के साथ शतरंज खेलोगे, तो कितने दिन होशियार रह सकते हो? ज्यादा देर होशियार नहीं रह सकते। पागल की चालों को समझोगे; पागल का हिसाब-किताब रखोगे; पागल क्या चल रहा है, क्या कर रहा है—तुमको उसके जवाब खोजने पड़ेंगे। धीरे-धीरे तुम भी पागल हो जाओगे। इसलिए अकसर ऐसा होता है कि दो राजनीतिक पार्टियां लड़ते-लड़ते, बिलकुल एक-जैसी हो जाती हैं; उनमें कोई फर्क नहीं रहता।

अभी! तुम देखते हो—जनता पार्टी में कांग्रेस से कोई फर्क नहीं है। हो नहीं सकता फर्क। एक-दूसरे से लड़ते-लड़ते, एक-दूसरे की चाल सीखते-सीखते बात एक-सी हो जाती है। वही हालत अमरीका में है। वही हालत इंग्लैंड में है। दो विरोधी पार्टियां होती हैं, मगर उनमें भेद कुछ नहीं रह जाता। कोई नीति का भेद नहीं है। कोई लक्ष्य का भेद नहीं है। इतना ही भेद होता है कि हम ताकत में हों, कि तुम ताकत में हो। बस, इतना ही भेद होता है। और जनता को धोखा खाने में आसानी रहती है।

दो पार्टियां रहती हैं, तो जनता को सुविधा रहती है। एक आदमी को कंधे पर बिठाए-बिठाए पांच साल में थक गए; कहा कि 'देवी उतरो, अब भाई को बिठाएंगे!' पांच साल में भाई से थक जाओगे; फिर भाई को उतार देना। जनता को मूढ़ बने रहने में इससे सुविधा मिलती है।

जो दो पार्टियों की राजनीतिक व्यवस्था है, वह जनता को मूढ़ बनाए रखने का उपाय है। उसमें वह कभी थक गए, पांच साल...।

और जनता की स्मृति बड़ी कमजोर होती है। अगर पांच साल जनता पार्टी सत्ता में रह गई, तो जीत नहीं सकेगी। अभी भी चुनाव लड़े तो उतनी बड़ी जीत नहीं होगी, जितनी पांच महीने पहले हुई थी। जनता थकने लगी! पांच साल में थक जाएगी। जनता पार्टी की सारी बुराइयां दिखाई पड़ने लगेंगी। और कांग्रेस की सारी बुराइयां पांच साल में भूल जाएंगी। स्मृति बड़ी कमजोर है जनता की। तब तक कांग्रेस का फिर सितारा चमकने लगेगा। यह राजनीतिज्ञों की मिली-जुली भगत है। यह षड्यंत्र है।

ये दुश्मन नहीं होते एक-दूसरे के। ये दोनों ही मिलकर जनता के दुश्मन हैं। इन दोनों का काम जनता का शोषण है।

जिससे तुम लड़ते हो, उस जैसे हो जाओगे। धीरे-धीरे तुम्हारा रंग-ढंग, तुम्हारी व्यवस्था, तुम्हारी शैली उस जैसी हो जाएगी।

जो आदमी धन-ही-धन के लिए दौड़ता रहता है, और धन ही पाने के युद्ध में लगा रहता है, तुमने कभी खयाल किया, उसके चेहरे पर घिसे-पिटे रुपए-जैसा भाव आ जाता है। गंदे नोट-जैसी शकल हो जाती है। कई हाथों में चलते-चलते नोट गंदा हो ही जाता है। दाग लग जाते हैं, वैसी उसकी शकल हो जाती है। रुपए में जैसी घिनौनी-सी चमक आ जाती है—चलते-चलते-चलते—ऐसे ही उसकी शकल हो जाती है।

जो आदमी जो करेगा स्वभावतः वैसा हो जाएगा।

कामी की आंख में वासना की गंदगी दिखाई पड़ने लगती है। प्रार्थना करने वाले की आंख में परमात्मा की झलक आने लगती है।

और यहां इतनी चीजें हैं पाने को कि आदमी इधर दौड़ता है। फिर सोचता है, उधर भी दौड़ लूं। फिर सोचता है, इधर भी दौड़ लूं। यहां हजार रास्ते हैं। यह चौराहा हजार रास्तों का चौराहा है। इसमें यहां जाऊं, वहां जाऊं... पगलाया जाता है आदमी!

कबीर कहते हैं—*'मन तू पार उतर कहं जैहौं।'* जाएगा कहां तू? जाने को है कहां! मंजिल कहां है?

आगे पंथी, पंथ न कोई, कुच-मुकाम न पैहों।' न कोई मुकाम है आगे। चलता जाएगा, चलता जाएगा, थकेगा—हारेगा; नई-नई वासनाएं खोज लेगा। मगर कभी कोई मुक़ाम पर नहीं पहुंचा। मन की मानकर कभी कोई सिद्धि को नहीं पहुंचा; उस जगह नहीं पहुंचा, जहां सब आनंद हो जाए। उस जगह नहीं पहुंचा, जहां आगे चलने का कोई उपाय न रह जाए।

मुकाम का अर्थ है—ऐसी जगह, जिसके आगे फिर और कोई जगह जाने को न बची। आ गए अपने घर। पहुंच गए—जहां पहुंचना था। फिर विश्राम है। उसको हम मोक्ष कहते हैं।

और मन भागदौड़ करता है, लेकिन मन तो बदलता है। मन वही-का-वही है। यहां जाए, वहां जाए—मन वही है।

नग़मे से अगर महरूम है दिल, माहौल को मत बदनाम करो।
कितना ही जुनूजा हो मौसम, कब काग ग़ज़ल ख्वां होते हैं।

चाहे वसंत आ गया हो, तो भी कौए गजलें नहीं गा सकते हैं।

'नग़मे से अगर महरूम है दिल...।' तो वातावरण को गालियां मत दो।

'कितना ही जुनूजा हो मौसम'।... मधुशाला खोल दी हो परमात्मा ने, सब तरफ वसंत छाया हो, फूल खिले हों, सब तरफ मस्ती हो, फिर भी, *'कितना ही जुनूजा हो, मौसम कब काग ग़ज़ल ख्वां होते हैं।'* कौए कब मीठे गीत गा सकते हैं?

तुमने कहानी सुनी होगी ईसप की—एक कौआ उड़ा जा रहा था; कोयल ने उससे पूछा कि 'चाचा, कहां जा रहे हैं?' कौए ने कहा कि 'पूरब की तरफ जा रहा हूं, क्योंकि यहां के लोग मेरे गीतों को पसंद नहीं करते हैं!'

कोयल ने कहा, 'चाचा, पूरब के लोग भी पसंद नहीं करेंगे। खराबी पूरब और पश्चिम में नहीं है। आपके गीत ही ऐसे अनूठे हैं!'

यह मन जो है, यहां दुःखी है, वहां भी दुःखी होगा। इस मन का ढंग दुःख है।

यह मन दुःख पैदा करता है। तुम्हारे पास हजार रुपए हैं, तुम दुःखी हो। दस हजार होंगे, तो दस गुने दुःखी हो जाओगे, बस। और कुछ भी न होगा। तुम्हारी क्षमता दुःख की दस गुनी हो जाएगी। मन तो यही का यही है। करोड़ हो जाएंगे, तो और दुःखी हो जाओगे।

यह आकस्मिक नहीं है कि अमरीका में सर्वाधिक दुःख है। यह आकस्मिक नहीं है कि जितना धन बढ़ता जाता है, उतना उसके साथ दुःख बढ़ता जाता है। होना तो नहीं चाहिए। गणित के

बाहर है यह बात। तर्क के विपरीत है। सुख बढ़ना चाहिए धन के साथ। लेकिन धन के साथ दुःख बढ़ता है। क्योंकि मन तो वही का वही है।

मन वही है और धन मिल जाने से, मन को बल मिल जाता है। मन का आधार वही है।

यही समझो कि कौए को लाउडस्पीकर मिल गया। गीत तो वही-का-वही है, लेकिन अब हजार गुना होकर फैलने लगा।

एक आदमी को लॉटरी मिली। गरीब आदमी था; दरजी था। रूसी कहानी है। लॉटरी मिली—एक लाख रुपए की। भरोसा ही नहीं आया उसे। वह तो आदतवश हर महीने एक रुपए की टिकट खरीद लेता था। ऐसा कोई बीस साल से कर रहा था। न कभी मिली थी, न मिलने की कोई आशा थी। आदत थी। एक शौक था। एक रुपए में कुछ जाता भी नहीं था। मिल गई तो मिल गई; नहीं मिली तो . . . । अब तो कुछ आशा भी छोड़ दी थी। बीस साल बहुत आशा की; फिर धीरे-धीरे आदत में शुमार हो गया था कि एक तारीख को जाकर, एक टिकट खरीद लेता था। मगर मिल गई!

लॉटरी आई, तो उसे भरोसा नहीं आया। एकदम दीवाना हो गया। ताला लगाकर दुकान पर, उसने चाबी जो थी, कुएं में फेंक दी। अब करना क्या है? लाख रुपए पास! जिंदगी के लिए बहुत हैं। अपनी जिंदगी के लिए नहीं—बच्चों की जिंदगी के लिए भी बहुत हैं। सस्ते जमाने की बात। तब लाख रुपए का बहुत मूल्य होता था।

लेकिन वह साल भर में लाख रुपए उड़ गए। न केवल लाख रुपए उड़ गए, साथ ही स्वास्थ्य भी उड़ गया। क्योंकि खूब शराब पी, वेश्यागमन किया, जुआ खेला। रात-रात जागे। इतना दुःख कभी नहीं भोगा था, जितना इस साल में भोगा।

वह बड़ा सोचता भी था कि बात क्या है? लोग तो कहते हैं—धन हो, तो सुख होता है! मैं पहले ही सुखी था। अपना दिन भर काम कर लेता था। रुपए, दो रुपए कमा लेता था, सब मौज थी। रात अपने घर जाकर शांति से सो जाता था। रुपए ही नहीं थे, तो शराबघर कैसे जाता? रुपए ही नहीं थे, तो वेश्या कहीं खोजता? रुपए ही नहीं थे, तो जुआ कहां खेलता!

कुछ बातों का उसे पता ही नहीं था—कि जुआघर भी होते हैं; वेश्या भी गांव में हैं, शराब भी चलती है—यह उसे पता भी नहीं था। यह पता भी कैसे होता? इसकी सुविधा नहीं थी।

मगर जब लाख रुपए पास आए, तो न केवल सुविधाएं खुल गईं; जिन लोगों की, इसके लाख रुपए पर नजर थी, वे भी आने लगे। कोई इसको जुआघर ले गया—कि पागल, यह मौका न चूक। लाख से और ज्यादा कमा सकता है। कोई इसे वेश्यालय ले गया—कि अब तेरे पास पैसे हैं, तो भोग ले। चार दिन की जिंदगी है, फिर अंधेरी रात!

देखते हैं—भोगी कहता है—चार दिन की जिंदगी है, फिर अंधेरी रात! कबीर कहते हैं—'*चार पहर निसि भोरा*'—यह चार दिन की अंधेरी रात है, फिर सुबह है।

भोगा। साल भर में बिलकुल मुरदे जैसा हो गया। रुपया भी चला गया। उलटी उधारी चढ़ गई। कभी जिंदगी में उधारी न रही थी। उधार करने की कभी हिम्मत ही न की थी। सामर्थ्य ही नहीं थी। सदा शान से चला था। अब लोगों से बचकर निकलने लगा।

सालभर बाद जब वह आकर अपनी दूकान पर खड़ा हुआ, तो ऐसा जैसा कि बीस साल जिंदगी खराब गई हो; जैसे बीस साल बीमार रहा हो; खाट से लगा रहा हो। हड्डी-हड्डी हो गया था। आंखें धंस गई थीं। कुएं में उतरकर किसी तरह चाबी खोजी, फिर अपनी दूकान करने लगा और भगवान को कहा कि अब दुबारा भूलकर भी यह लॉटरी मत खुलाना।

मगर पुरानी आदत जारी रही; वह एक रुपए के टिकट खरीदता रहा और संयोग की बात—साल भर बाद फिर लॉटरी आ गई! जब दरवाज़े पर लॉटरी के रुपए लेकर आदमी आकर खड़े हुए, तो उसने छाती पीट ली। उसने कहा, 'हे प्रभु! फिर से...।'

हालांकि चाहता नहीं है अब, मगर छोड़ भी नहीं सकता। वह मन कहता है कि पागल, अब फ़िर एक मौका मिला! और पता है सब कि वह पहला मौका जो मिला था, सिर्फ दुःख दे गया, हड्डी-हड्डी कर गया, जार-जार कर गया, सीने में छेद कर गया, घाव-ही-घाव छोड़ गया। कभी पति-पत्नी में झगड़ा न हुआ था, वह साल झगड़े में बीता। कभी बच्चों ने गालियां न दी थीं, बच्चों ने पिटाई की। कभी पड़ोसियों ने अनादर न किया था जहां जाए, वहां अनादर होने लगा। सड़कों पर पड़ा रहा। गलियों में, नालियों में पड़ा रहा—रातभर पीकर। सब तरह से सब खराब हो गया। और अब जानता है; लेकिन फिर उठकर खड़ा हो गया।

आदमी इतना बेहोश है! मन ऐसा है फिर द्वार पर ताला लगा दिया। हालांकि उतने बल से नहीं, जितना पहली बार; लेकिन फिर भी लगा दिया। अब सोचता है कि चाबी न फेंकूं, फिर खोजनी पड़ेगी। लेकिन कुछ आदत—कुछ पुराना कि अब करना क्या है? सोचते-सोचते भी चाबी कुएं में फेंक दी। लेकिन उस साल वह बच न सका, मर गया। इसलिए कहानी आगे बढ़ी नहीं।

आदमी का मन ऐसा है!

कबीर कहते हैं—

'मन तू पार उतर कहं जैहौं।
धरनी-गगन-कल्प कछु नाहीं, ना कछु वार न पारा।।
नहिं तहं नीर नाव नहिं खेवट, ना गुन खैंचनहारा।
आगे पंथी न पंथ कोई, कूच-मुकाम न पैंहौं।

शायद मन कहे कि ठीक है, इस संसार में नहीं जाना है कबीर, न जाओ। परलोक तो खोजो! परमात्मा को तो खोजो? तो कबीर उसको भी चेताते हैं—'नहिं तन, नहिं मन, नहिं अपनपौं, सुन्न में सुद्धा न पैहौं।' तन भी खो जाए, अपनापन भी खो जाए तो भी मन के द्वार जो स्थिति आएगी, वह रिक्त शून्य की होगी। उसमें पूर्ण नहीं हो सकता। मन शून्य से पार नहीं ले जा सकता। और कबीर तो पूर्ण के प्रेमी हैं।

'बलीवान होय पैठो घट में, वाहीं ठौरें होइहौ।' कबीर कहते हैं—कहीं जाने की जरूरत नहीं है पागल। अपने घर में बैठ जा, अपने भीतर बैठ जा। 'बलीवान होय पैठो घट में'—यही ध्यान का अर्थ है, जब जमकर अपने भीतर बैठ जाओ, हिलो मत। कंपन छोड़ो, निष्कंप हो जाओ।

'बलीवान होय पैठो घट में, वाहीं ठौरें होइहौ।' और वहीं से ठौर मिलेगी, वहीं से मुकाम मिलेगा।

बाहर नहीं है मंजिल, मंजिल भीतर है। जिस हीरे को तुम खोज रहे, वह बाहर नहीं पड़ा है। उसे तुम लेकर आए हो। वह जन्म के पहले भी तुम्हारे साथ था। वह तुम्हारा स्वरूप है। सच्चिदानंदरूप हो तुम। इसलिए उपनिषद् कहते हैं—तत्त्वमसि। वह तुम ही हो, जिसको तुम खोज रहे हो। खोजी में ही खोज का सारा अर्थ छिपा है। खोजने वाले में ही मंजिल छिपी है। 'बलीवान होय पैठो घट में, वाहीं ठौरें होइहौ।' अपने ही घट में बैठ जाओ, और वहीं से मंजिल मिल जाएगी।

'बारहिं बार विचार देख मन, अंत कहूं मत जैहौ।' कहते हैं कबीर—तू खूब सोच ले, कितना ही विचार करना हो कर ले, लेकिन एक बात अंततः निर्णय में ले ले, कि कहीं जाने से कुछ भी नहीं होना है; जाने से कुछ भी नहीं होना है।

आना है—जाना नहीं है। भीतर आना है—बाहर जाना नहीं है। दूर तो हम वैसे ही अपने से बहुत हैं—न मालूम क्या-क्या खोजते। अब हमें अपने घर लौट आना है।

'कहैं कबीर सब छांड़ि कल्पना . . .।' ये सब कल्पनाएं हैं—धन की, पद की, प्रतिष्ठा की, पुण्य की, स्वर्ग की—ये सब कल्पनाएं हैं।

'कहैं कबीर सब छाड़ि कल्पना, ज्यौं-के-त्यों ठहरे हौ।' और अगर सारी कल्पना छूट जाए तो, तुम जो हो, वही हो जाओगे; इसी क्षण ही जाओगे। कल्पना से ही बाधा पड़ रही है।

'ज्यों के त्यों ठहरै हौ।' और जब तुम अपने स्वरूप में ठहर जाओगे। वह स्वरूप-स्थिति ही मुक्ति है। वही पूर्ण का अनुभव है। और उस अनुभव के अतिरिक्त कोई आनंद नहीं, कोई शांति नहीं, उत्सव नहीं।

'ज्यूं मन मेरा तुज्झ सौं, यों जे तेरा होइ।' कबीर कहते हैं—जैसा मेरा मन परमात्मा में लगा, ऐसा परमात्मा भी मुझ में लग जाए। *'ज्यों मन मेरा तुज्झ सौं*—जैसा मेरा मन मेरी तरफ दौड़ रहा है, ऐसी ही जब तेरी कृपा होगी और तू मेरी तरफ दौड़ेगा, तेरा प्रसाद बरसेगा—*'यों जो तेरा होइ*
'ताता लोहा यौं मिलै, संधि न लखई कोइ।' मैं तो तुझे चाह रहा हूं, मैं तो तुझे पुकार रहा हूं। मेरी तो एक ही प्रार्थना है कि तू मिल जाए, लेकिन तेरे बिना प्रसाद के क्या होगा! मेरा प्रयास और तेरा प्रसाद—जब दोनों मिलेंगे, तब मिलन होगा।

'ताता लोहा यौं मिलै . . .।' मैं तो गरम हुआ जा रहा हूं; मैं तो पुकार-पुकारकर उत्तप्त हुआ जा रहा हूं; मैं तो प्यासा हूं—विरह में। आग जल रही है मेरे भीतर विरह की। *'ताता लोहा यौं मिलै, संधि न लखई कोइ।'* और जब दो गरम लोहे मिल जाते हैं, तो बीच में कोई संधि नहीं छूटती।

कबीर कहते है . . . लेकिन जब तेरा प्रसाद भी इतना ही उत्तप्त होकर मेरी तरफ बहेगा, जितनी उत्तप्तता से मैं बह रहा हूं, तभी मिलन होगा।

भक्त की यह बड़ी गहरी सूझ है कि आदमी के प्रयास से आधा ही काम होता है। आधा काम तो अनुकंपा से, उसकी कृपा से . . .। इस सूझ के कारण भक्त को, अहंकार कभी खड़ा नहीं होता। नहीं तो यही अहंकार आ जाता है कि मेरे ही प्रयास से पा रहा हूं। मैंने परमात्मा को पाया।

भक्त ऐसा कभी नहीं कह सकता कि मैंने परमात्मा को पाया। भक्त इतना ही कहता

है—परमात्मा ने मुझे पाया। मैंने पुकारा, मैंने खोजा, लेकिन मुझसे क्या होगा, मेरे छोटे हाथ इस विराट् को कैसे खोज पाएंगे!

कबीर जाको खोजते, पायो सोई ठौर।
सोई फिरिकै तू भया, जाको कहता और।

'कबीर जाको खोजते...।' परमात्मा को खोजते-खोजते, खोजते एक दिन ठौर मिल जाता है। अपने में ही खोजना है, कहीं बाहर जाना नहीं है। यह अंतर्गति है।

'कबीर जाको खोजते पायो सोई ठौर।' और जिस दिन वह मिल जाता है, उस दिन ठौर मिल गई। *'सोई फिरि कै तूं भया*—और तब, हम फिर वही हो जाते हैं—जो हम हैं। हम फिर वही हो जाते हैं, जो हमारा असली होना है।

'सोई फिरि कै तूं भया, जाको कहता और।' अब तो परमात्मा को दूसरा कहना भी संभव नहीं। भक्त उस घड़ी भगवान हो जाता है, उस घड़ी बूंद सागर में मिल जाती है। बूंद सागर हो जाती है।

मारे बहुत पुकारिया, पीर पुकारे और।
लागी चोट मरम्म की, रह्यो कबीरा ठौर।

कबीर कहते हैं—कुछ लोग परमात्मा को पीड़ा के कारण पुकारते हैं, दुःख के कारण पुकारते हैं, क्योंकि ज़िंदगी में बड़ी मार पड़ती है।

'मारे बहुत पुकारिया...।' कोई हार गया—परमात्मा को याद करता है। किसी का दिवाला निकल गया—परमात्मा को याद करता है। किसी की पत्नी मर गई, पति मर गया—परमात्मा को याद करता है। यह याद ऐसी ही है, जैसे *'मारे बहुत पुकारिया'*—जैसे किसी को पिटाई पड़े और वह याद करने लगे परमात्मा की। वह याद बहुत सच्ची नहीं। जब दुःख चला जाएगा, फिर भूल जाएगी।

दुःख में तो सभी परमात्मा को याद करते हैं, मगर दुःख में याद किया परमात्मा ज्यादा देर टिकता नहीं; सुख आया कि गया। सुख में कौन याद करता है? सुख में तुम बिलकुल भूल जाते हो। जब सब ठीक चलता होता है, परमात्मा का क्या प्रयोजन? जब चीज़े ग़लत में होती हैं, मुश्किल मे होती हैं, तब तुम याद कर लेते हो। तुम मतलब से याद करते हो। इसलिए दुःख में जिसने याद की, उसने परमात्मा को कभी नहीं पाया। जिसने सुख में याद की—उसने पाया।

'मारे बहुत पुकारिया, पीर पुकारे और।' तो जो पिट-पिट के पुकारते हैं, यह एक बात है। और पीर से पुकारना बिलकुल दूसरी बात है। पीर यानी प्यार की पीड़ा।

'मारे बहुत पुकारिया'—यह एक बात है। तुम पर डंडे पड़े, और तुम झुक गए। यह झुकना असली नहीं। प्रेम से झुके—यह झुकना और है।

'पीर पुकारे और'...। पीर का मतलब होता है—मीठी पीड़ा; जहां मिठास है, प्यास है, प्रेम है। इसलिए नहीं पुकार रहे हैं कि हम दुःख में हैं, हमारी दूकान ठीक से चला दे; कि पत्नी बीमार है, इसकी बीमारी ठीक कर दें; कि लड़के की नौकरी नहीं रह गई, नौकरी लगवा दे—इसलिए

नहीं। बल्कि इसलिए—कि तेरे बिना—तेरे बिना कुछ भी नहीं है। दूकान भी ठीक चल रही है। पत्नी भी स्वस्थ है। लड़के की भी नौकरी लग गई, मगर तेरे बिना कुछ भी नहीं। तुझे पाने के लिए पुकारते हैं।

खयाल रखना—परमात्मा से कुछ और मांगा तो, तुमने परमात्मा का अपमान किया। परमात्मा से बस, परमात्मा को ही मांगना। उससे अन्यथा मांगना अत्यंत अपमानजनक है। अन्यथा मांगने का अर्थ है—तुम परमात्मा से भी मूल्यवान कोई चीज मांगते हो।

एक सम्राट् युद्ध पर गया। जब लौटता था, तो उसने अपनी पत्नियों को खबर भेजी—क्या ले आऊं तुम्हारे लिए। सौ पत्नियां थीं उसकी। निन्यानबे ने बड़ी लंबी-लंबी फेहरिस्तें भेजीं। किसी को हीरे चाहिए, किसी को मोती चाहिए। किसी को कुछ, किसी को कुछ। सिर्फ एक पत्नी ने उसे लिखा—आप आ जाओ, सब आ गया।

निन्यानबे के लिए चीजें आईं लेकिन सम्राट् उस सौवीं पत्नी के लिए आया और उसने कहा—एक तेरा ही प्रेम मेरे प्रति मालूम होता है। बाकी किसी को फिक्र नहीं है मेरी। मैं आऊं कि न आऊं, हीरे आने चाहिए, जवाहरात आने चाहिए। एक तूने मुझे पुकारा। तेरे लिए मैं अपना हृदय लाया हूं।

परमात्मा भी उसी के हृदय में आएगा, जिसने अकारण पुकारा है; पीर से पुकारा है—कुछ और मांगने के लिए नहीं। धन मत मांगना, पद मत मांगना। उन्हीं मांगों के कारण तो तुम्हारी प्रार्थना गंदी हो जाती है; पंख कट जाते हैं प्रार्थना के; जमीन पर गिर जाती है; परमात्मा तक नहीं पहुंच पाती।

मारे बहुत पुकारिया, पीर पुकारे और।
लागी चोट मरम्म की, रह्यो कबीरा ठौर।

और कबीर कहते हैं—जिसने पीर से पुकारा, वह आज नहीं कल, किसी सद्‌गुरु को खोज लेगा। क्योंकि जिसने पीर से पुकारा धन के लिए नहीं पुकारा, पद के लिए नहीं पुकारा, पीर से पुकारा, प्रेम से पुकारा, वह आज नहीं कल, किसी सद्‌गुरु को खोजने में समर्थ हो जाएगा।

परमात्मा सीधा नहीं मिलता। जैसे तुम तैरना सीखते हो, तो पहले उथले में सीखते हो, फिर गहरे में जाते हो। ऐसे जब तुम परमात्मा से मिलते हो, तो पहले परदे में मिलते हो।

परमात्मा की रोशनी बहुत ज्यादा होगी। तुम उसे न झेल पाओगे। किसी बुद्ध की रोशनी, किसी कृष्ण की रोशनी, किसी क्राइस्ट की रोशनी—पहले इसे झेलो। पहले क्राइस्ट से आंख-में-आंख मिलाओ, फिर धीरे-धीरे तुम इस योग्य हो जाओगे। क्राइस्ट की आंखों में तैरते-तैरते तुम इस योग्य हो जाओगे कि परमात्मा के गहरे सागर में उतर जाओ।

'लागी चोट मरम्म की...।' सद्‌गुरु की वाणी की ही चोट लगती है, तब मरम्म की चोट लगती है। पहले तो पीर चाहिए। धन न हो, पद न हो, कुछ और मांग न हो, परमात्मा की मांग हो। जिसने परमात्मा को मांगा, उसको सद्‌गुरु मिलता है। जिसने परमात्मा को मांगा, उसको निश्चित सद्‌गुरु मिलता है। परमात्मा भेज देता है। तुम्हें खोजता सद्‌गुरु आ जाता है। अनायास आ जाता है।

अंधेरे में तुम्हारे हाथ को पकड़ लेता है।

तुमने सूरज मांगा; सूरज एकदम नहीं आता, किरण आती है। किरण यानी सद्‌गुरु। किरण को पचा लेना आसान होगा। सूरज को अभी तुम न पचा पाओगे। सूरज एकदम आ जाए तो शायद अंधे हो जाओ। शायद जलकर खाक हो जाओ। वह बहुत ज्यादा होगा।

और जब सद्‌गुरु की वाणी तुम्हारे पीर, तुम्हारी पीड़ा को, तुम्हारे प्रेम को उकसाने लगती है...! सद्‌गुरु जब तुम्हारी पीर के साथ अपनी अंगुलियों का खेल खेलने लगता है, सद्‌गुरु जब तुम्हें और उकसाने लगता है, *'लागी चोट मरम्म की'* जब सद्‌गुरु मरम्म की बात कहने लगता है तब बीज बोए जाने लगे; जब सद्‌गुरु मरम्म की बातें कहता है, तो तुम्हारी प्यास में बड़ी अग्नि प्रज्वलित होती है। तुम प्यास-ही-प्यास हो जाते हो। वह जो प्यास धीमी-धीमी-सी थी, अकेले में, सद्‌गुरु के पास आकर प्रज्वलित होकर जलने लगती है। उसकी लपटें उठने लगती हैं।

'लागी चोट मरम्म की, रह्यो कबीरा ठौर।' और जब चोट की ऐसी गहराई लगती है कि आरपार हो जाए, हृदय को छेद दे, तुम्हारे केंद्र में तीर लग जाए, बस वहीं तुम ठिठककर रह जाते हो।

जब हृदय में तीर छिद जाता है, सद्‌गुरु का, तुम वहीं-के-वहीं ठिठककर रह जाते हो। *'रह्यो कबीरा ठौर...।'* तब कबीर जहां का तहां रह गया। उसी जहां-के-तहां रह जाने में परमात्मा की पहली झलक मिलती है; मन ठिठक जाता है।

सद्‌गुरु के पास ही मन अवाक्‌ हो जाता है, ठिठक जाता है। एक क्षण को भी ठिठक जाए—उस संस्पर्श में, उस संपर्क में उस सत्संग में—एक क्षण को भी ठिठक जाए—तो तत्क्षण तुम पाते हो—अरे, मैं कहां खोजने जाता था, परमात्मा मेरे भीतर रहा! मैं किन मंदिर-मसजिदों के दरवाजे खटकाता था! मैं उसका मंदिर हूं। यह सारा अस्तित्व उससे भरा है। मैं भी उससे भरा हूं।

इसलिए सबसे निकटतम अपने ही भीतर उसे पाना है, और जिसने अपने भीतर पा लिया—*'रह्यो कबीरा ठौर'*...जिसने अपने भीतर उसे पा लिया, वह जब आंख खोलकर देखता है, तो सबके भीतर उसे पाता है। तब यह सारा जगत्‌ वही है। संसार विपुल हो जाता है, सिर्फ परमात्मा ही अनंत-अनंत रंगों-रूपों में, अनंत-अनंत इंद्रधनुषों में, अनंत-अनंत फूलों में प्रकट होता दिखाई पड़ता है। तब एक ही अनेक में छिपा है।

मगर पहली पहचान अपने भीतर, अपने घट के भीतर...।

कबीर जाको खोजते, पायो सोई ठौर।
सोई फिरि के तू भया, जाको कहता और।
मारे बहुत पुकारिया, पीर पुकारे और।
लागी चोट मरम्म की, रह्यो कबीरा ठौर।

तो अगर प्यास हो, तो हृदय खोलो और मरम्म की चोट खाओ। तुम भी ठहर जाओगे। मन के दौड़ने में संसार है—मन के ठहर जाने में परमात्मा।

आज इतना ही।

ओशो का हिंदी साहित्य

उपनिषद
सर्वसार उपनिषद
कैवल्य उपनिषद
अध्यात्म उपनिषद
कठोपनिषद
ईशावास्य उपनिषद
निर्वाण उपनिषद
आत्म-पूजा उपनिषद
केनोपनिषद
मेरा स्वर्णिम भारत (विविध उपनिषद-सूत्र)

कृष्ण
गीता-दर्शन
(आठ भागों में अठारह अध्याय)
कृष्ण-स्मृति

महावीर
महावीर-वाणी (दो भागों में)
जिन-सूत्र (दो भागों में)
महावीर या महाविनाश
महावीर : मेरी दृष्टि में
ज्यों की त्यों धरि दीन्हीं चदरिया

बुद्ध
एस धम्मो सनंतनो (बारह भागों में)

अष्टावक्र
अष्टावक्र महागीता (छह भागों में)

लाओत्से
ताओ उपनिषद (छह भागों में)

कबीर
सुनो भई साधो
कहै कबीर दीवाना
कहै कबीर मैं पूरा पाया
न कानों सुना न आंखों देखा (कबीर व फरीद)

शांडिल्य
अथातो भक्ति जिज्ञासा (दो भागों में)

अन्य रहस्यदर्शी
नाम सुमिर मन बावरे (जगजीवन)
अरी, मैं तो नाम के रंग छकी (जगजीवन)
कानों सुनी सो झूठ सब (दरिया)
अमी झरत बिगसत कंवल (दरिया)
हरि बोलौ हरि बोल (सुंदरदास)
ज्योति से ज्योति जले (सुंदरदास)
अजहूं चेत गंवार (पलटू)
सपना यह संसार (पलटू)
काहे होत अधीर (पलटू)
जस पनिहार धरे सिर गागर (धरमदास)
का सोवै दिन रैन (धरमदास)
सबै सयाने एक मत (दादू)
पिव पिव लागी प्यास (दादू)
कन थोरे कांकर घने (मलूकदास)
रामदुवारे जो मरे (मलूकदास)
भक्ति-सूत्र (नारद)
शिव-सूत्र (शिव)
भजगोविन्दम् मूढ़मते (आदिशंकराचार्य)
एक ओंकार सतनाम (नानक)
जगत तरैया भोर की (दयाबाई)
बिन घन परत फुहार (सहजोबाई)
पद घुंघरू बांध (मीरा)
नहीं सांझ नहीं भोर (चरणदास)
संतो, मगन भया मन मेरा (रज्जब)
कहै वाजिद पुकार (वाजिद)
मरौ हे जोगी मरौ (गोरख)
सहज-योग (सरहपा-तिलोपा)
बिरहिनी मंदिर दियना बार (यारी)
प्रेम-रंग-रस ओढ़ चदरिया (दूलन)

दरिया कहै सब्द निरबाना

(दरियादास बिहारवाले) हंसा तो मोती चुगैं (लाल)

गुरु-परताप साध की संगति (भीखा)

मन ही पूजा मन ही धूप (रैदास)

झरत दसहुं दिस मोती (गुलाल)

जरथुस्त्र: नाचता-गाता मसीहा (जरथुस्त्र)

प्रश्नोत्तर

नहिं राम बिन ठांव

प्रेम-पंथ ऐसो कठिन

उत्सव आमार जाति, आनंद आमार गोत्र

मृत्योर्मा अमृतं गमय

प्रीतम छवि नैनन बसी

रहिमन धागा प्रेम का

उड़ियो पंख पसार

सुमिरन मेरा हरि करैं

पिय को खोजन मैं चली

साहेब मिल साहेब भये

जो बोलैं तो हरिकथा

बहुरि न ऐसा दांव

ज्यूं था त्यूं ठहराया

ज्यूं मछली बिन नीर

दीपक बारा नाम का

अनहद में बिसराम

लगन महूरत झूठ सब

सहज आसिकी नाहिं

पीवत रामरस लगी खुमारी

रामनाम जान्यो नहीं

सांच सांच सो सांच

आपुई गई हिराय

बहुतेरे हैं घाट

कोंपलें फिर फूट आईं

फिर पत्तों की पांजेब बजी

फिर अमरित की बूंद पड़ी

क्या सोवै तू बावरी

चल हंसा उस देस

कहा कहूं उस देस की

पंथ प्रेम को अटपटो

माटी कहै कुम्हार सूं

मैं धार्मिकता सिखाता हूं, धर्म नहीं

झेन, सूफी और उपनिषद की कहानियां

बिन बाती बिन तेल

सहज समाधि भली

दीया तले अंधेरा

तंत्र

संभोग से समाधि की ओर

तंत्र-सूत्र (पांच भागों में)

योग

पतंजलि: योग-सूत्र (पांच भागों में)

योग: नये आयाम

विचार-पत्र

क्रांति-बीज

पथ के प्रदीप

पत्र-संकलन

अंतर्वीणा

प्रेम की झील में अनुग्रह के फूल

पाथेय

बोध-कथा

मिट्टी के दीये

ध्यान, साधना

ध्यानयोग: प्रथम और अंतिम मुक्ति

नेति-नेति

चेति सकै तो चेति

हसिबा, खेलिबा, धरिबा ध्यानम्

समाधि कमल

साक्षी की साधना

धर्म साधना के सूत्र

मैं कौन हूं

समाधि के द्वार पर

अपने माहिं टटोल

ध्यान दर्शन

तृषा गई एक बूंद से

ध्यान के कमल

जीवन संगीत
जो घर बारे आपना
प्रेम दर्शन

साधना-शिविर

साधना-पथ
मैं मृत्यु सिखाता हूं
जिन खोजा तिन पाइयां
समाधि के सप्त द्वार (ब्लावट्स्की)
साधना-सूत्र (मेबिल कॉलिन्स)
ध्यान-सूत्र
जीवन ही है प्रभु
रोम-रोम रस पीजिए

राष्ट्रीय और सामाजिक समस्याएं

देख कबीरा रोया
स्वर्ण पाखी था जो कभी और अब है भिखारी जगत का
शिक्षा में क्रांति
नये समाज की खोज
नये भारत की खोज
नये भारत का जन्म
नारी और क्रांति
शिक्षा और धर्म
भारत का भविष्य

विविध

अमृत-कण
मैं कहता आंखन देखी
एक-एक कदम
जीवन क्रांति के सूत्र
जीवन रहस्य
करुणा और क्रांति
विज्ञान, धर्म और कला
शून्य के पार
प्रभु मंदिर के द्वार पर
तमसो मा ज्योतिर्गमय
प्रेम है द्वार प्रभु का
अंतर की खोज
अमृत की दिशा
अमृत वर्षा
अमृत द्वार
चित चकमक लागे नाहिं
एक नया द्वार
प्रेम गंगा
समुंद समाना बुंद में
सत्य की प्यास
शून्य समाधि
व्यस्त जीवन में ईश्वर की खोज
अज्ञात की ओर
धर्म और आनंद
जीवन-दर्शन
जीवन की खोज
क्या ईश्वर मर गया है
नये मनुष्य का धर्म
धर्म की यात्रा
स्वयं की सत्ता
सुख और शांति
अनंत की पुकार

नये मनुष्य के लिए एक नया दृष्टिकोण

3 पत्रिकाएं –
पथ में आपकी पाथेय...

1

OSHO TIMES
INTERNATIONAL

अंग्रेजी, अब इंटरनेट में www.osho.com पर उपलब्ध

2

OSHO asia edition TIMES

अंग्रेजी, एशिया संस्करण (मासिक), मूल्य प्रति अंकः 20 रु.
वार्षिक सदस्यता शुल्कः 220 रु.* तथा 380 रु.**
अर्ध-वार्षिक सदस्यता शुल्कः 130 रु.* तथा 225 रु.**

* साधारण डाक से, ** रजिस्टर्ड डाक से

3

ओशो टाइम्स
इंटरनेशनल

हिंदी (मासिक), मूल्य प्रति अंकः 20 रु.
वार्षिक सदस्यता शुल्कः 220 रु.* तथा 380 रु.**
अर्ध-वार्षिक सदस्यता शुल्कः 130 रु.* तथा 225 रु.**

ओशो टाइम्स (हिंदी) का विशेष वार्षिकांक
...अब हर वर्ष 11 दिसम्बर पर उपलब्ध।।

संपर्क-सूत्र

ताओ पब्लिशिंग प्रा. लि.

50 कोरेगांव पार्क, पुणे-411001 फोनः020-6136655 फैक्सः020-6139955
E-MAIL: othsubs@osho.net INTERNET WEBSITE: www.osho.com

नये मनुष्य के लिए एक नया दृष्टिकोण